DR. OETKER
HACKFLEISCH VON A–Z

DR. OETKER
HACKFLEISCH VON A–Z

Dr. Oetker Verlag

Abkürzungen

EL	=	Esslöffel
TL	=	Teelöffel
Msp.	=	Messerspitze
Pck.	=	Packung/Päckchen
g	=	Gramm
kg	=	Kilogramm
ml	=	Milliliter
l	=	Liter
evtl.	=	eventuell
geh.	=	gehäuft
gestr.	=	gestrichen
gem.	=	gemahlen
ger.	=	gerieben
TK	=	Tiefkühlprodukt
°C	=	Grad Celsius
Ø	=	Durchmesser

Kalorien-/Nährwertangaben

E	=	Eiweiß
F	=	Fett
Kh	=	Kohlenhydrate
kJ	=	Kilojoule
kcal	=	Kilokalorien
BE	=	Broteinheiten

Bei den Nährwertangaben in den Rezepten handelt es sich um auf- bzw. abgerundete ganze Werte. Lediglich die Broteinheiten werden mit einer Stelle nach dem Komma angegeben.
Aufgrund von ständigen Rohstoffschwankungen und/oder Rezepturveränderungen bei Lebensmitteln, kann es zu Abweichungen kommen. Die Nährwertangaben dienen daher lediglich Ihrer Orientierung und eignen sich nur bedingt für die Berechnung eines Diätplans, zum Beispiel bei Krankheiten wie Diabetes.
Bei krankheitsbedingten Diäten richten Sie sich daher bitte nach den Anweisungen Ihres Diätassistenten bzw. Ihres Arztes.

Hinweise zu den Rezepten

Lesen Sie vor der Zubereitung – besser noch vor dem Einkauf – das Rezept einmal vollständig durch. Dadurch werden Arbeitsabläufe oder -zusammenhänge klarer. In jedem Rezept ist die Anzahl der Portionen angegeben.

Zutatenliste

Die Zutaten sind in der Reihenfolge ihrer Bearbeitung angegeben.

Arbeitsschritte

Die Arbeitsschritte sind einzeln hervorgehoben, in der Reihenfolge, in der sie von uns ausprobiert wurden.

Backofeneinstellung

Die in den Rezepten angegebenen Gartemperaturen und -zeiten sind Werte, die je nach individueller Hitzeleistung Ihres Backofens über- oder unterschritten werden können. Die Temperaturangaben beziehen sich auf Elektrobacköfen. Die Temperatur-Einstellmöglichkeiten für Gasbacköfen variieren je nach Hersteller sehr stark, sodass wir keine allgemeingültigen Angaben machen können. Beachten Sie bitte bei der Einstellung des Backofens die Gebrauchsanleitung des Herstellers.

Zubereitungs- und Garzeiten

Die Zubereitungszeit ist ein Anhaltswert für die Zeit der Vorbereitung und die eigentliche Zubereitung. Sie variiert je nach Geschick und Übung. Die Garzeiten sind, in der Regel, gesondert ausgewiesen.
Bei einigen Rezepten setzt sich die Gesamt-Garzeit aus mehreren Teil-Garzeiten zusammen. Längere Wartezeiten, z. B. Kühl- und Auftauzeiten, sind nicht miteinbezogen.

Vorwort

Folgen Sie uns auf einer kulinarischen Entdeckungsreise durch die Hackfleisch-Welt.

Hackfleisch ist auch heute noch die preiswerte Variante zu einem Bratenstück. Ob als Mett oder Tatar, Suppeneinlage, Beefsteak oder Hackbraten, für die Zubereitung von Hackfleisch gibt es kaum Grenzen.

Sie finden in diesem Buch eine Fülle von raffinierten, aber einfach zuzubereitenden Rezepten für jeden Tag, ob aus Rinder, Schweine-, Lamm- oder Geflügelhack. Falsche Hasen, echte Burger, Aufläufe und raffinierte Füllungen – es ist für jeden Geschmack und jeden Anlass etwas dabei.
Also ran an die aromatische Hackküche! Rund 200 Rezepte bescheren täglich kulinarische Highlights: Klassiker wie Frikadellen und Hackbraten dürfen nicht fehlen. Neue Geschmackswelten eröffnen sich durch exotische Gerichte wie Geflügel-Momos und Lammbällchen-Tajine. Kinder freuen sich über Kleine Frikadellen und Schwedische Köttbullar und Ihre Gäste werden begeistert sein von Scotch eggs go Bollywood – kurzum, mit diesen Hackfleischrezepten wird es nie langweilig.

Wer jetzt noch behauptet, das könne nicht schmecken, kennt diese Hack-Gerichte noch nicht. Hier finden Sie wohlschmeckende Rezepte, die auf jeden Fall gelingen. Probieren Sie es aus, mit den appetitlichen Rezepten aus Dr. Oetker Hackfleisch von A–Z überzeugen Sie Ihre ganze Familie.

Alle Rezepte sind von Dr. Oetker ausprobiert und so beschrieben, dass sie garantiert gelingen.

Amerikanischer Hackbraten I

Für Gäste

4 Portionen

Pro Portion: E: 52 g, F: 49 g, Kh: 21 g, kJ: 3060, kcal: 731, BE: 1,5

1 Brötchen (Semmel) vom Vortag
1–2 Zwiebeln
30 g Butter oder Margarine
250 g abgetropfte Champignonköpfe (aus der Dose)
Salz
gem. Pfeffer
2 EL fein gehackte Petersilie
750 g Gehacktes (halb Rind-, halb Schweinefleisch)
1 Ei (Größe M)
2 Eigelb (Größe M)
1 TL scharfer Senf
Paprikapulver edelsüß
50 g Semmelbrösel
10 dünne Scheiben durchwachsener Speck
2 Eiweiß (Größe M)
1 TL scharfer Senf
Champignonflüssigkeit (aus der Dose)
1–2 EL Weizenmehl
3–4 EL Wasser

Zubereitungszeit: 35 Minuten, ohne Abkühlzeit
Garzeit: etwa 60 Minuten

1. Brötchen in kaltem Wasser einweichen und gut ausdrücken. Zwiebeln abziehen und in kleine Würfel schneiden.

2. Butter oder Margarine in einer Pfanne zerlassen. Zwiebelwürfel darin glasig dünsten.

3. Den Backofen vorheizen.
Ober-/Unterhitze: etwa 200 °C
Heißluft: etwa 180 °C

4. Von den Champignonköpfen die Flüssigkeit auffangen. Champignonköpfe zu den Zwiebelwürfeln in die Pfanne geben und mitdünsten lassen. Mit Salz und Pfeffer würzen. Petersilie unterrühren. Champignonmasse abkühlen lassen.

5. Das Gehackte in eine Schüssel geben. Brötchen, Champignonmasse, Ei, Eigelb und Senf hinzufügen. Die Zutaten zu einem Teig verkneten. Mit Salz, Pfeffer und Paprika würzen.

6. Den Hackfleischteig zu einem länglichen Laib formen, in Semmelbröseln wenden und in eine große, längliche Auflaufform (gefettet) legen. Den Fleischlaib mit Speckscheiben belegen.

7. Die Form auf dem Rost in den vorgeheizten Backofen schieben. Den Hackbraten **etwa 60 Minuten garen.**

8. Das Eiweiß steif schlagen, Senf unterrühren. Die Speckscheiben etwa 5 Minuten vor Ende der Garzeit von dem Hackbraten nehmen. Hackbraten mit der Eischnee-Senf-Masse bestreichen und fertig garen.

9. Den garen Hackbraten aus der Form nehmen, in Scheiben schneiden, mit den Speckscheiben auf einer vorgewärmten Platte anrichten und warm stellen.

10. Für die Sauce den Bratensatz mit etwas Wasser lösen und in einen Topf geben. Die aufgefangene Champignonflüssigkeit und evtl. noch etwas Wasser hinzugießen und zum Kochen bringen.

11. Mehl mit Wasser anrühren. Das angerührte Mehl unter Rühren in den Bratenfond geben, zum Kochen bringen und etwa 5 Minuten unter Rühren kochen lassen.

12. Die Sauce nochmals mit Salz, Pfeffer und Paprika abschmecken. Hackbraten mit der Sauce servieren.

Beilage: Kartoffelpüree, Möhrengemüse.

Tipps: Kartoffelpüree in einen Spritzbeutel mit Sterntülle geben. Den Hackbraten auf einer Platte mit Kartoffelpüree anrichten. Kartoffelpüree mit gehackter Petersilie bestreuen. Mit Petersilienblättchen garniert servieren.

Ananas-Hack-Kuchen I

Für die Party – preiswert
12 Portionen

Pro Portion: E: 23 g, F: 23 g, Kh: 32 g, kJ: 1804, kcal: 430, BE: 2,5

Für den Teig:
350 g Weizenmehl
2 gestr. TL Dr. Oetker Backin
1 Prise Salz
3 EL Speiseöl
6 EL Milch (3,5 % Fett)
250 g Magerquark

Für den Belag:
50 g Butter oder Margarine
750 g Gehacktes (halb Rind-, halb Schweinefleisch)
4 Zwiebeln
Salz, gem. Pfeffer
480 g abgetropfte Ananasstücke (aus der Dose)
6 Tomaten

Für die Sauce:
480 g passierte Tomaten (aus der Dose)
Paprikapulver edelsüß
2 EL Ananassaft (aus der Dose)

200 g Gouda

Zubereitungszeit: 60 Minuten, ohne Ruhezeit
Backzeit: etwa 30 Minuten

1. Für den Teig Mehl mit Backpulver mischen und in eine Rührschüssel geben. Salz, Speiseöl, Milch und Quark hinzufügen. Die Zutaten mit einem Mixer (Knethaken) zunächst kurz auf niedrigster, dann auf höchster Stufe zu einem geschmeidigen Teig verarbeiten. Den Teig etwa 30 Minuten ruhen lassen.

2. Für den Belag in der Zwischenzeit Butter oder Margarine in einer Pfanne zerlassen. Das Gehackte darin portionsweise unter Rühren anbraten. Dabei die Fleischklümpchen mit einer Gabel zerdrücken. Zwiebeln abziehen, in Würfel schneiden, hinzugeben

und mitbraten lassen. Mit Salz und Pfeffer würzen. Hackfleischmasse etwas abkühlen lassen.

3. Den Backofen vorheizen.
Ober-/Unterhitze: etwa 200 °C
Heißluft: etwa 180 °C

4. Den Teig auf einem Backblech (30 x 40 cm, gefettet) ausrollen. Die Hackfleischmasse auf dem Teig verteilen.

5. Von den Ananasstücken den Saft auffangen und 2 Esslöffel Saft abmessen. Ananasstücke in Streifen schneiden und auf der Hackfleischmasse verteilen. Tomaten abspülen, trocken tupfen und die Stängelansätze herausschneiden. Die Tomaten in Scheiben schneiden und auf die Hackfleisch-Ananas-Masse legen. Mit Salz und Pfeffer würzen.

6. Für die Sauce die passierten Tomaten mit Salz, Paprika und dem Ananassaft verrühren. Die Sauce auf der Hackfleisch-Ananas-Masse verstreichen. Den Käse reiben und daraufstreuen.

7. Das Backblech in den vorgeheizten Backofen schieben. Ananas-Hack-Kuchen **etwa 30 Minuten backen.**

Asiatische Hackbällchen I

Für den Männerabend – schnell

40 Stück

Pro Stück: E: 3 g, F: 2 g, Kh: 1 g, kJ: 141, kcal: 34, BE: 0,0

1 Zwiebel
1 Knoblauchzehe
40 g abgetropfter, eingelegter Ingwer (in Sirup)
500 g Rindergehacktes
2 EL Sojasauce
Salz
1 Prise gem. Zimt
½ TL gem. Koriander

1 l Speiseöl

Zubereitungszeit: 25 Minuten

1. Zwiebel und Knoblauch abziehen, in kleine Würfel schneiden. Ingwer ebenfalls klein würfeln. Gehacktes in eine Schüssel geben. Zwiebel-, Knoblauch-, Ingwerwürfel und Sojasauce hinzugeben und gut unterkneten. Die Hackfleischmasse mit Salz, Zimt und Koriander kräftig würzen. Aus der Hackfleischmasse mit angefeuchteten Händen kleine Bällchen (Ø etwa 3 cm) formen.

2. Das Speiseöl in einer Fritteuse auf etwa 180 °C erhitzen und die Hackbällchen darin portionsweise in 4–5 Minuten goldbraun ausbacken, dabei die Bällchen jeweils einmal wenden.

3. Die Hackbällchen mit einer Schaumkelle herausnehmen und auf Küchenpapier abtropfen lassen. Die Hackbällchen auf einer Platte anrichten.

Tipp: Dazu Paprikagemüse, Reis, Sojasauce und Wasabipaste servieren.

Asiatische Hackpizza I

Für die Party

8–10 Portionen

Pro Portion: E: 40 g, F: 40 g, Kh: 25 g, kJ: 2582, kcal: 616, BE: 2,0

2 Brötchen (Semmeln) vom Vortag
500 g abgetropfte Ananasscheiben (aus der Dose)
165 g abgetropfte Tomatenpaprika (aus dem Glas)
100 g geröstete, gesalzene Erdnusskerne
2 Zwiebeln
4 Knoblauchzehen
3 Frühlingszwiebeln
1 1/2 kg Gehacktes (halb Rind-, halb Schweinefleisch)
2 Eier (Größe M)
Salz
gem. Pfeffer
Paprikapulver rosenscharf
2 TL Currypulver
Cayennepfeffer

Für die Tomatensauce:

3 Frühlingszwiebeln
2 Knoblauchzehen
3 EL Sesamöl
500 g passierte Tomaten (aus der Dose)
Ananassaft (aus der Dose)
Chilipulver
Cayennepfeffer
3 EL Sojasauce
2–3 TL flüssiger Honig

Zubereitungszeit: 40 Minuten
Garzeit: etwa 60 Minuten

1. Die Brötchen in kaltem Wasser einweichen. Von den Ananasscheiben den Saft auffangen und für die Sauce beiseitestellen. Die Tomatenpaprika in Streifen, Ananas in kleine Stücke schneiden. Die Erdnusskerne grob hacken.

2. Zwiebeln und Knoblauch abziehen, klein würfeln. Frühlingszwiebeln putzen, abspülen, abtropfen lassen und in feine Scheiben schneiden.

3. Den Backofen vorheizen.
Ober-/Unterhitze: etwa 180 °C
Heißluft: etwa 160 °C

4. Gehacktes in eine Schüssel geben. Eingeweichte Brötchen gut ausdrücken, mit den Eiern, Zwiebel- und Knoblauchwürfeln zum Gehackten geben und zu einem Teig verkneten.

5. Frühlingszwiebelscheiben, Paprikastreifen, Erdnusskerne und die Hälfte der Ananasstücke hinzugeben und unterarbeiten.

6. Den Fleischteig kräftig mit Salz, Pfeffer, Paprika, Curry und Cayennepfeffer würzen.

7. Den Fleischteig in einer Fettpfanne (30 x 40 cm, mit Speiseöl bestrichen) verteilen und glatt streichen.

8. Die Fettpfanne in den vorgeheizten Backofen schieben. Die Hackpizza **etwa 60 Minuten garen.**

9. In der Zwischenzeit für die Sauce Frühlingszwiebeln putzen, abspülen, abtropfen lassen und in feine Scheiben schneiden. Den Knoblauch abziehen und in kleine Würfel schneiden.

10. Sesamöl in einem Topf erhitzen. Frühlingszwiebelscheiben und Knoblauchwürfel darin andünsten. Die passierten Tomaten und etwas von dem aufgefangenen Ananassaft hinzufügen, zum Kochen bringen und unter Rühren etwas einkochen lassen.

11. Die Sauce mit Chili, Cayennepfeffer, Sojasauce und Honig würzen. Die restlichen Ananasstücke unterheben und darin erhitzen. Die Sauce evtl. nochmals mit den Gewürzen süßscharf abschmecken.

12. Die Fettpfanne aus dem Backofen nehmen. Falls sich etwas Flüssigkeit gebildet hat, diese abgießen.

13. Die Hackpizza in Stücke schneiden und mit der Sauce servieren.

Auberginen-Hackfleisch-Gratin I

Schnell – raffiniert

4 Portionen

Pro Portion: E: 21 g, F: 36 g, Kh: 9 g, kJ: 1865, kcal: 445, BE: 0,5

500 g Auberginen
6 EL Speiseöl
1 TL gerebelter Oregano
Paprikapulver edelsüß
Salz
gem. Pfeffer
2 Zwiebeln
3 EL Speiseöl
250 g mageres Rindergehacktes
2 Knoblauchzehen
2 EL gehackte Petersilie
3 Fleischtomaten
125 g abgetropfter Mozzarella
einige Basilikumblättchen

Zubereitungszeit: 40 Minuten
Garzeit: etwa 25 Minuten

1. Auberginen abspülen, abtrocknen und die Stängelansätze abschneiden. Auberginen längs in etwa 1/2 cm dicke Scheiben schneiden. Speiseöl in einer großen Pfanne erhitzen. Die Auberginenscheiben darin von beiden Seiten anbraten. Mit Oregano, Paprika, Salz und Pfeffer würzen.

2. Auberginenscheiben nebeneinander (in 2–3 Lagen) in eine flache Gratinform (gefettet) legen.

3. Den Backofen vorheizen.
Ober-/Unterhitze: etwa 200 °C
Heißluft: etwa 180 °C

4. Zwiebeln abziehen und in kleine Würfel schneiden. Speiseöl in einer Pfanne erhitzen. Zwiebelwürfel darin glasig dünsten. Gehacktes hinzugeben und unter Rühren anbraten. Dabei die Fleischklümpchen mit einer Gabel zerdrücken. Mit Oregano, Paprika, Salz und Pfeffer würzen. Knoblauch abziehen, zerdrücken oder in feine Scheiben schneiden. Knoblauch und Petersilie unter die Hackfleischmasse rühren.

5. Die Tomaten kreuzweise einschneiden und mit kochendem Wasser übergießen. Nach 1–2 Minuten herausnehmen und mit kaltem Wasser abschrecken. Tomaten häuten, halbieren und die Stängelansätze herausschneiden. Tomaten in kleine Würfel schneiden, zur Hackfleischmasse geben und untermischen. Mit Salz würzen.

6. Die Hackfleischmasse auf den Auberginenscheiben verteilen. Mozzarella in Scheiben schneiden und darauflegen. Die Form auf dem Rost in den vorgeheizten Backofen schieben. Das Gratin **etwa 25 Minuten garen.**

7. Basilikumblättchen abspülen und trocken tupfen. Auberginen-Hackfleisch-Gratin mit Basilikumblättchen garnieren und sofort servieren.

Badischer Nudeltraum I

Schmeckt auch Kindern

4 Portionen

Pro Portion: E: 33 g, F: 33 g, Kh: 48 g, kJ: 2595, kcal: 620, BE: 4,0

2 EL	*Speiseöl*
400 g	*Rindergehacktes*
2	*Zwiebeln*
	Salz
	gem. Pfeffer
2 1/2 l	*Wasser*
2 1/2 gestr. TL	*Salz*
250 g	*Nudeln, z. B. Bandnudeln*
250 g	*Brokkoli*
250 ml	*Hühnerbrühe*
3	*Tomaten*
2–3 EL	*frisch ger. mittelalter Gouda*
40 g	*Butter*

Zubereitungszeit: 60 Minuten
Garzeit: etwa 25 Minuten

1. Speiseöl in einer großen Pfanne erhitzen. Gehacktes hinzufügen und unter Rühren anbraten. Dabei die Fleischklümpchen mit einer Gabel zerdrücken.

2. Zwiebeln abziehen, in kleine Würfel schneiden, zum Gehackten geben und 2–3 Minuten mitbraten lassen. Mit Salz und Pfeffer würzen.

3. Das Wasser in einem großen Topf zugedeckt zum Kochen bringen. Dann Salz und Nudeln hinzugeben. Die Nudeln im geöffneten Topf bei mittlerer Hitze nach Packungsanleitung bissfest kochen, dabei gelegentlich umrühren. Anschließend die Nudeln in ein Sieb geben, mit heißem Wasser abspülen und abtropfen lassen.

4. Den Backofen vorheizen.
Ober-/Unterhitze: etwa 200 °C
Heißluft: etwa 180 °C

5. Vom Brokkoli die Blätter entfernen. Den Brokkoli in Röschen teilen. Die Stängel am Strunk schälen und bis kurz vor den Röschen kreuzweise einschneiden. Brokkoliröschen abspülen und abtropfen lassen.

6. Die Brühe in einem Topf zum Kochen bringen. Brokkoliröschen darin etwa 5 Minuten garen. Die Brokkoliröschen in einem Sieb abtropfen lassen, dabei die Brühe auffangen.

7. Tomaten kreuzweise einschneiden und mit kochendem Wasser übergießen. Nach 1–2 Minuten herausnehmen und mit kaltem Wasser abschrecken. Tomaten häuten, halbieren und die Stängelansätze herausschneiden. Tomaten in Scheiben schneiden.

8. Die Gehacktesmasse und zwei Drittel der Nudeln in einer Auflaufform (gefettet) verteilen. Brokkoliröschen und Tomatenscheiben daraufgeben, mit Salz und Pfeffer würzen. Die aufgefangene Brühe hinzugießen, restliche Nudeln darauf verteilen. Den Auflauf mit Käse bestreuen. Butter in Flöckchen daraufsetzen.

9. Die Form auf dem Rost in den vorgeheizten Backofen schieben. Den Auflauf **etwa 25 Minuten garen.**

Bandnudelauflauf mit Hack I

Beliebt

4 Portionen

Pro Portion: E: 39 g, F: 42 g, Kh: 49 g, kJ: 3066, kcal: 732, BE: 3,5

2½ l Wasser
2½ gestr. TL Salz
250 g Bandnudeln

2 mittelgroße Zwiebeln
1 Knoblauchzehe
3 EL Speiseöl
500 g Gehacktes (halb Rind-, halb Schweinefleisch)
Salz
gem. Pfeffer
½ TL Paprikapulver edelsüß
½ TL gerebelter Thymian
500 g Tomaten
100 g ger. Gouda
20 g Butter

2–3 kleine Zweige Thymian

Zubereitungszeit: 35 Minuten
Garzeit: etwa 25 Minuten

1. Das Wasser in einem großen Topf zugedeckt zum Kochen bringen. Dann Salz und Nudeln hinzugeben. Die Nudeln im geöffneten Topf bei mittlerer Hitze nach Packungsanleitung bissfest kochen, dabei gelegentlich umrühren. Anschließend die Nudeln in ein Sieb geben, mit heißem Wasser abspülen und abtropfen lassen.

2. Den Backofen vorheizen.
Ober-/Unterhitze: etwa 180 °C
Heißluft: etwa 160 °C

3. Zwiebeln und Knoblauch abziehen, in kleine Würfel schneiden. Speiseöl in einer großen Pfanne erhitzen, Zwiebel- und Knoblauchwürfel darin glasig dünsten. Gehacktes hinzugeben und unter Rühren anbraten, dabei die Fleischklümpchen mit einer Gabel zerdrücken. Mit Salz, Pfeffer, Paprika und Thymian würzen.

4. Die Tomaten kreuzweise einschneiden und mit kochendem Wasser übergießen. Nach 1–2 Minuten herausnehmen und mit kaltem Wasser abschrecken. Tomaten häuten, halbieren und die Stängelansätze herausschneiden. Tomaten in Stücke schneiden, mit Salz, Pfeffer und Paprika würzen. Tomatenstücke (einige Tomatenstücke zum Garnieren beiseitelegen) unter die Hackfleischmasse rühren.

5. Die Nudeln in eine flache Auflaufform (gefettet) geben. Die Hackfleisch-Tomaten-Masse in die Mitte der Nudeln geben. Mit Käse bestreuen. Butter in Flöckchen daraufsetzen. Die Form auf dem Rost in den vorgeheizten Backofen schieben. Den Auflauf **etwa 25 Minuten garen.**

6. Thymian abspülen und trocken tupfen. Einen kleinen Zweig beiseitelegen. Von den restlichen Zweigen die Blättchen abzupfen. Nudelauflauf mit Thymianblättchen bestreuen. Mit den beiseitegelegten Tomatenstückchen und dem Thymianzweig garnieren.

Barbecue-Hack-Wraps

Zum Mitnehmen

8–10 Stück

Pro Stück: E: 16 g, F: 12 g, Kh: 27 g, kJ: 1186, kcal: 283, BE: 2,0

1	*Knoblauchzehe*
1	*Zwiebel*
½	*kleine, rote Chilischote*
1	*Aubergine (etwa 250 g)*
1 EL	*Olivenöl*
400 g	*Rindergehacktes*
	Salz
½ TL	*Barbecue-Gewürzmischung*
	gem. Pfeffer
150 ml	*Tomatenketchup*
10 EL	*Wasser*
175 g	*Schafskäse*
8–10	*Wraps (Tortilla-Weizenmehl-Fladen)*

Zubereitungszeit: 30 Minuten, ohne Abkühlzeit

1. Knoblauch und Zwiebel abziehen, klein würfeln. Die Chilischote abspülen, trocken tupfen, entstielen und entkernen. Chilischote fein hacken.

2. Aubergine abspülen, abtrocknen und den Stängelansatz abschneiden. Aubergine halbieren und in kleine Stücke schneiden.

3. Das Olivenöl in einem Topf erhitzen. Knoblauch- und Zwiebelwürfel darin anbraten. Gehacktes hinzufügen und unter Rühren anbraten. Dabei die Fleischklümpchen mit einer Gabel zerdrücken.

4. Auberginenstücke und Chili hinzufügen, mit wenig Salz, Gewürzmischung und Pfeffer würzen. Ketchup und Wasser unterrühren. Die Hack-Auberginen-Masse zum Kochen bringen und etwa 15 Minuten bei mittlerer Hitze kochen lassen.

5. Schafskäse in Stücke schneiden, mit einer Gabel fein zerdrücken und unter die Hack-Auberginen-Masse rühren. Mit den Gewürzen abschmecken, erkalten lassen, in ein verschließbares Gefäß füllen und in den Kühlschrank stellen.

6. Jeweils etwas von dem Barbecue-Hack-Aufstrich auf einen Wrap geben. Die Wraps fest aufrollen, evtl. schräg halbieren und nach Belieben in Butterbrotpapier wickeln.

Tipp: Im Kühlschrank ist der Barbecue-Hack-Aufstrich 3–4 Tage haltbar.

Bauernpastete | Deftig

4–6 Portionen

Pro Portion: E: 21 g, F: 37 g, Kh: 25 g, kJ: 2159, kcal: 515, BE: 2,0

500 g grobe Bratwurst
1 EL Speiseöl, z. B. Olivenöl
500 g säuerliche Äpfel, z. B. Boskop oder Cox Orange
30 g Butter
500 g gekochte Pellkartoffeln
1 mittelgroße Zwiebel
2 Eier (Größe M)
125 ml Milch (3,5 % Fett)
1 gestr. TL Salz
1 Msp. Paprikapulver edelsüß

Zubereitungszeit: 35 Minuten
Backzeit: etwa 30 Minuten

1. Die Bratwurstmasse aus der Pelle herausdrücken. Speiseöl in einer Pfanne erhitzen. Die Bratwurstmasse darin unter gelegentlichem Rühren braten.

2. Äpfel schälen, achteln und entkernen. Butter in einem Topf zerlassen. Apfelstücke darin zugedeckt kurz andünsten.

3. Den Backofen vorheizen.
Ober-/Unterhitze: etwa 180 °C
Heißluft: etwa 160 °C

4. Gekochte Kartoffeln pellen und in Würfel schneiden. Zwiebel abziehen und klein würfeln. Bratwurstmasse aus der Pfanne nehmen. Kartoffel- und Zwiebelwürfel in dem verbliebenen Bratfett unter mehrmaligem Wenden anbraten.

5. Nacheinander die Kartoffel-, Apfel- und zuletzt die Bratwurstmasse in eine hohe Auflaufform (etwa 2-Liter-Inhalt, gefettet) oder in zwei Pastetenformen (gefettet) schichten.

6. Eier mit Milch verschlagen, mit Salz und Paprika würzen. Die Eiermilch über die eingeschichteten Zutaten gießen. Die Form auf dem Rost in den vorgeheizten Backofen (unteres Drittel) schieben und die Pastete **etwa 30 Minuten garen.**

Bayerischer Krautbraten I

Deftig

4 Portionen

Pro Portion: E: 29 g, F: 39 g, Kh: 16 g, kJ: 2222, kcal: 530, BE: 1,5

1 Kopf Weißkohl (etwa 1 kg)
1–2 gestr. TL Salz
1 Zwiebel
1 TL Kümmelsamen
60 g Schweineschmalz
Salz, gem. Pfeffer
1 Brötchen (Semmel) vom Vortag
350 g Rindergehacktes
2 Eier (Größe M)
2 EL gehackte Petersilie
100 g magere, durchwachsene Scheiben Speck

Zubereitungszeit: 40 Minuten
Garzeit: etwa 60 Minuten

1. Die schlechten äußeren Blätter von dem Weißkohl entfernen. Den Strunk herausschneiden. Wasser mit Salz in einem großen Topf zum Kochen bringen. Den Kohlkopf 1–2 Minuten in das kochende Salzwasser legen, bis sich die äußeren Blätter lösen lassen. Dann 1–2 Blätter ablösen und diesen Vorgang wiederholen, bis 12–16 große Blätter gelöst sind. Die Blattrippen flach schneiden.

2. Den restlichen Kohl in Streifen schneiden. Die Zwiebel abziehen und klein würfeln. Kümmel zerdrücken. Schweineschmalz in einem Topf zerlassen. Zwiebelwürfel, Kümmel und Kohlstreifen darin fast gar schmoren, mit Salz und Pfeffer würzen, etwas abkühlen lassen.

3. Den Backofen vorheizen.
Ober-/Unterhitze: etwa 180 °C
Heißluft: etwa 160 °C

4. Das Brötchen in kaltem Wasser einweichen. Die Hälfte der Weißkohlblätter in einem länglichen Bräter (gefettet) oder einer längliche Auflaufform (gefettet) etwas übereinanderlappend auslegen.

5. Das Brötchen gut ausdrücken. Gehacktes in eine Schüssel geben. Eier, Brötchen, Petersilie und den geschmortem Kohl hinzugeben. Die Zutaten gut vermengen, mit Salz und Pfeffer würzen.

6. Die Hackfleisch-Kohl-Masse zu einem länglichen Laib formen und auf die Kohlblätter in den Bräter oder die Form legen. Die restlichen Kohlblätter wieder etwas übereinanderlappend darauflegen, fest andrücken (evtl. das Ganze mit Küchengarn zusammenbinden) und mit den Speckscheiben belegen.

7. Den Bräter oder die Form auf dem Rost in den vorgeheizten Backofen schieben. Den Krautbraten **etwa 60 Minuten garen.**

8. Den Krautbraten in Scheiben schneiden und mit den Speckscheiben servieren.

Tipp: Zu dem Krautbraten nach Belieben eine **Tomatensauce** reichen. Dazu 2 Zwiebeln abziehen, würfeln und in 2 Esslöffeln heißem Speiseöl andünsten. Dann 800 g geschälte Tomaten (aus der Dose) hinzugeben und etwa 15 Minuten bei schwacher Hitze kochen lassen. Die Sauce mit etwas Tomatenmark, Salz und Pfeffer abschmecken und pürieren. Evtl. noch etwas Schmand unterrühren.

Berliner-Buletten-Auflauf I

Für die Party

12 Portionen

Pro Portion: E: 46 g, F: 66 g, Kh: 35 g, kJ: 3856, kcal: 923, BE: 3,0

2 mittelgroße Zwiebeln
1,8 kg Gehacktes (halb Rind-, halb Schweinefleisch)
3 Eier (Größe M)
150 g Semmelbrösel
Salz, gem. Pfeffer
5 EL Speiseöl
1 ½ kg kleine, gekochte Pellkartoffeln
250 g Cocktailtomaten
2 Bund Schnittlauch
600 g Crème fraîche
400 g Schlagsahne
8 Eier (Größe M)
Paprikapulver edelsüß
250 g frisch ger. Gouda

Zubereitungszeit: 50 Minuten
Garzeit: etwa 35 Minuten

1. Zwiebeln abziehen und in kleine Würfel schneiden. Gehacktes in eine Schüssel geben. Zwiebelwürfel, Eier und Semmelbrösel hinzugeben. Die Zutaten gut verkneten. Mit Salz und Pfeffer würzen.

2. Aus der Hackfleischmasse mit angefeuchteten Händen 24 Bällchen (Buletten) formen. Jeweils etwas Speiseöl in einer großen Pfanne erhitzen. Die Fleischbällchen darin portionsweise von allen Seiten etwa 6 Minuten anbraten.

3. Den Backofen vorheizen.
Ober-/Unterhitze: etwa 180 °C
Heißluft: etwa 160 °C

4. Die Kartoffeln pellen, je nach Größe halbieren oder vierteln. Die Tomaten abspülen, abtrocknen und evtl. die Stängelansätze herausschneiden. Fleischbällchen (Buletten) mit den Kartoffeln und Tomaten in einer großen Auflaufform (gefettet) oder in einer Fettpfanne (gefettet) verteilen.

5. Schnittlauch abspülen, trocken tupfen und in Röllchen schneiden. Crème fraîche mit Sahne und Eiern verschlagen. Mit Salz, Pfeffer und Paprika würzen. Schnittlauchröllchen unterrühren. Die Eiersahne auf dem Auflauf verteilen. Mit Käse bestreuen.

6. Die Form auf dem Rost oder die Fettpfanne in den vorgeheizten Backofen schieben. Den Auflauf **etwa 35 Minuten garen.**

Blätterteigecken mit Hackfüllung | Für die Party

12 Stück

Pro Stück: E: 9 g, F: 16 g, Kh: 15 g, kJ: 1009, kcal: 241, BE: 1,0

450 g TK-Blätterteig (6 rechteckige Platten)

Für die Füllung:

1 Zwiebel
1 große Tomate
2 EL Olivenöl
300 g Gehacktes (halb Rind-, halb Schweinefleisch)
2 EL Tomatenmark
Salz, gem. Pfeffer
1 TL gerebelter Oregano

Zum Bestreichen:

1 Ei
2 EL Milch

Zum Bestreuen:

40 g Pinienkerne oder
40 g gewürfelter Schafskäse

Zubereitungszeit: 30 Minuten, ohne Auftau- und Abkühlzeit
Backzeit: etwa 20 Minuten je Backblech

1. Blätterteigplatten nebeneinander nach Packungsanleitung auftauen lassen.

2. Für die Füllung die Zwiebel abziehen und in kleine Würfel schneiden. Die Tomate abspülen, abtrocknen, halbieren, entkernen und den Stängelansatz herausschneiden. Tomate in Würfel schneiden.

3. Olivenöl in einer Pfanne erhitzen. Zwiebelwürfel darin andünsten. Gehacktes hinzufügen und unter Rühren anbraten. Dabei die Fleischklümpchen mit einer Gabel zerdrücken. Tomatenmark unterrühren. Mit Salz, Pfeffer und Oregano würzen. Tomatenwürfel unterrühren. Die Hackfleischmasse etwas abkühlen lassen.

4. Den Backofen vorheizen.
Ober-/Unterhitze: etwa 200 °C
Heißluft: etwa 180 °C

5. Die Blätterteigplatten quer halbieren. Die Blätterteighälften jeweils auf einer leicht bemehlten Arbeitsfläche zu einem Quadrat (etwa 14 x 14 cm) ausrollen.

6. Zum Bestreichen Ei trennen. Eiweiß verschlagen, die Teigränder damit bestreichen. Die Hackfleischmasse in die Mitte der einzelnen Teigplatten geben. Die Teigplatten diagonal zusammenklappen, sodass Dreiecke entstehen.

7. Die Teigränder mit einer Gabel gut zusammendrücken. Die Teigdreiecke auf Backbleche (gefettet, mit Backpapier belegt) legen.

8. Eigelb mit Milch verschlagen, die Teigoberfläche damit bestreichen und mit Pinienkernen oder Schafskäsewürfel bestreuen. Die Backbleche nacheinander (bei Heißluft zusammen) in den vorgeheizten Backofen schieben. Die Blätterteigecken **etwa 20 Minuten je Backblech backen.**

9. Die Blätterteigecken mit dem Backpapier von den Backblechen auf Kuchenroste ziehen. Blätterteigecken warm oder kalt servieren.

Bohnensuppe „Cevapcici“ I

Klassisch

4–6 Portionen

Pro Portion: E: 21 g, F: 19 g, Kh: 36 g, kJ: 1713, kcal: 409, BE: 3,0

500 g grüne Bohnen
2 Bund Suppengrün (Sellerie, Möhren, Porree)
500 g Kartoffeln
2 EL Butter
750 ml Fleischbrühe
gerebeltes Bohnenkraut
2 rote Paprikaschoten
420 g weiße Bohnen (aus der Dose)
250 g Thüringer Mett (gewürztes Schweinemett)

2 EL gehackte Kräuter

Zubereitungszeit: 40 Minuten
Garzeit: etwa 25 Minuten

1. Von den Bohnen die Enden abschneiden. Bohnen evtl. abfädeln. Bohnen abspülen, abtropfen lassen und in Stücke schneiden. Suppengrün putzen, abspülen, abtropfen lassen. Sellerie und Möhren in Würfel schneiden. Porree in Streifen schneiden. Kartoffeln schälen, abspülen, abtropfen lassen und ebenfalls in Würfel schneiden.

2. Butter in einem Topf zerlassen. Bohnenstücke und vorbereitetes Gemüse darin unter Rühren andünsten. Brühe hinzugießen, Kartoffelwürfel und Bohnenkraut hinzugeben. Die Zutaten zum Kochen bringen und zugedeckt etwa 15 Minuten kochen lassen.

3. Paprikaschoten halbieren, entstielen, entkernen und die weißen Scheidewände entfernen. Schoten abspülen, abtropfen lassen und in Streifen schneiden. Paprikastreifen und weiße Bohnen mit dem Sud in die Suppe geben und aufkochen lassen. Mett mit angefeuchteten Händen zu Klößchen formen. Klößchen ebenfalls hinzugeben und etwa 10 Minuten mitgaren lassen.

4. Die Suppe mit gehackten Kräutern bestreuen und sofort servieren.

Tipp: Die Gemüsezutaten können je nach Geschmack abgewandelt werden, besonders eignen sich Weißkohlstreifen oder rote Bohnen.

Bratwurstklößchensuppe I

Schnell – schmeckt auch Kindern

4 Portionen

Pro Portion: E: 12 g, F: 25 g, Kh: 9 g, kJ: 1311, kcal: 313, BE: 0,5

250–300 g Bratwurstmasse
Salz
gem. Pfeffer
1 Zwiebel
30 g Butter
2 EL fein gehackte Petersilie
1 Ei (Größe M)
3–5 EL Semmelbrösel
ger. Muskatnuss
evtl. etwas Milch
1–1 ½ l kochende Fleischbrühe

Zubereitungszeit: 20 Minuten
Garzeit: 10–15 Minuten

1. Die Bratwurstmasse in eine Rührschüssel geben. Mit Salz und Pfeffer würzen. Zwiebel abziehen und klein würfeln. Butter in einer Pfanne zerlassen. Die Zwiebelwürfel und 1 Esslöffel Petersilie darin andünsten, herausnehmen und unter die Bratwurstmasse rühren. Ei und Semmelbrösel unterarbeiten. Die Bratwurstmasse mit Muskat abschmecken, evtl. etwas Milch hinzugeben.

2. Fleischbrühe in einem Topf zum Kochen bringen. Von der Bratwurstmasse mit 2 zuvor in Wasser getauchten Teelöffeln Klößchen abstechen. Die Klößchen in der Brühe 10–15 Minuten gar ziehen lassen.

3. Die Suppe mit der restlichen Petersilie bestreuen.

Brühkartoffeln mit Hähnchenfleisch und Fleischklößchen I

Deftig

4 Portionen

Pro Portion: E: 48 g, F: 17 g, Kh: 30 g, kJ: 1979, kcal: 473, BE: 2,0

600 g festkochende Kartoffeln
4 Hähnchenbrustfilets (je etwa 150 g)
3 Möhren
1 Stange Porree (Lauch)
¼ Knollensellerie
1 Bund Frühlingszwiebeln
Salz
250 g Bratwurstbrät
1 l Geflügelfond oder -brühe
1 Bund Petersilie
gem. Pfeffer

Zubereitungszeit: 45 Minuten
Garzeit: etwa 20 Minuten

1. Kartoffeln schälen, abspülen, abtropfen lassen und in nicht zu kleine Würfel schneiden. Hähnchenbrustfilets kurz unter fließendem kalten Wasser abspülen, trocken tupfen und ebenfalls würfeln.

2. Die Möhren putzen, schälen, abspülen, abtropfen lassen. Den Porree putzen, die Stange längs halbieren, gründlich waschen und abtropfen lassen. Den Sellerie putzen, schälen, abspülen und abtropfen lassen. Das vorbereitete Gemüse in kleine Würfel schneiden. Frühlingszwiebeln putzen, abspülen, abtropfen lassen und in Scheiben schneiden.

3. Salzwasser in einem Topf zum Kochen bringen. Aus dem Bratwurstbrät kleine Klößchen formen und in dem Salzwasser etwa 5 Minuten gar ziehen lassen. Klößchen mit einer Schaumkelle herausnehmen und beiseitestellen.

4. In der Zwischenzeit Geflügelfond oder -brühe mit Kartoffel-, Gemüse- und Fleischwürfeln in einem Topf zum Kochen bringen.

5. Petersilie abspülen und trocken tupfen. Die Blättchen von den Stängeln zupfen. Die Blättchen grob zerschneiden. Die Brühe mit Salz und Pfeffer würzen. Petersilie unterrühren. Die Zutaten bei schwacher Hitze etwa 20 Minuten garen, dabei die Brühe hin und wieder abschäumen.

6. Beiseitegestellte Fleischklößchen hinzugeben und miterhitzen. Die Brühkartoffen mit Salz und Pfeffer abschmecken.

Bunte Hackpizza | Einfach

4 Portionen

Pro Portion: E: 40 g, F: 35 g, Kh: 16 g, kJ: 2241, kcal: 535, BE: 1,0

Für den Fleischteig:

1 Brötchen (Semmel) vom Vortag
115 g abgetropfte Champignonköpfe (aus dem Glas)
1 Zwiebel
500 g Gehacktes (halb Rind-, halb Schweinefleisch)
1 Ei (Größe M)
140 g abgetropfter Gemüsemais (aus der Dose)
Salz, gem. Pfeffer
Paprikapulver edelsüß
1 Msp. Cayennepfeffer

Für den Belag:

2 EL Zigeunersauce (aus Flasche oder Glas)
4 mittelgroße Tomaten
gerebelter Oregano
125 g abgetropfter Mozzarella
50 g geraspelter Gratin-Käse
einige Stängel Basilikum

Zubereitungszeit: 25 Minuten
Garzeit: etwa 30 Minuten

1. Für den Fleischteig Brötchen in kaltem Wasser einweichen und gut ausdrücken. Die Hälfte der Champignons in kleine Stücke schneiden. Die restlichen Champignons in Scheiben schneiden und für den Belag beiseitelegen. Zwiebel abziehen und in kleine Würfel schneiden.

2. Gehacktes in eine Schüssel geben. Ei, Brötchen, Champignonstücke, Mais und Zwiebelwürfel hinzugeben. Die Zutaten zu einem Teig verkneten. Mit Salz, Pfeffer, Paprikapulver und Cayennepfeffer würzen. Den Fleischteig in einem runden Pizzablech (gefettet) oder einer Tarteform (Ø 30 cm, gefettet) verteilen.

3. Den Backofen vorheizen.
Ober-/Unterhitze: etwa 180 °C
Heißluft: etwa 160 °C

4. Für den Belag Zigeunersauce auf den Hackfleischteig streichen. Tomaten abspülen, abtrocknen, halbieren und die Stängelansätze herausschneiden. Tomaten in Scheiben schneiden und auf dem Hackfleischteig verteilen. Mit Salz, Pfeffer und Oregano würzen. Die beiseitegelegten Champignonscheiben darauflegen.

5. Mozzarella in Scheiben schneiden und ebenfalls darauf verteilen. Gratin-Käse in die Zwischenräume streuen. Die Form auf dem Rost in den vorgeheizten Backofen schieben und die Hackfleisch-Pizza **etwa 30 Minuten garen.**

6. Basilikum abspülen und trocken tupfen. Die Blättchen von den Stängeln zupfen. Die Hack-Pizza mit Basilikumblättchen bestreut servieren.

Tipp: Wenn Sie kein Pizzablech oder keine Tarteform haben, können Sie auch eine Springform verwenden. Die Form dann von außen gut in Alufolie einschlagen, so kann keine Flüssigkeit in den Backofen tropfen.

Bunter Hackbraten I

(Römertopf®, 3-Liter-Inhalt)

Für Gäste

4 Portionen

Pro Portion: E: 48 g, F: 45 g, Kh: 31 g, kJ: 2998, kcal: 718, BE: 2,0

2 Scheiben Toastbrot
1 Zwiebel
2–3 Möhren
1 Bund Frühlingszwiebeln
700 g Gehacktes (halb Rind-, halb Schweinefleisch)
75 g Speisequark (10 % Fett)
2 Eier (Größe M)
2–3 TL mittelscharfer Senf
2 EL gehackte Petersilie
Salz
gem. Pfeffer
285 g abgetropfter Gemüsemais (aus der Dose)
70 g Frühstücksspeck, in dünnen Scheiben
125 ml Gemüsebrühe
100 g Crème fraîche
1–2 EL dunkler Saucenbinder

Zubereitungszeit: 35 Minuten
Garzeit: etwa 70 Minuten

1. Toastbrotscheiben in kaltem Wasser einweichen. Zwiebel abziehen und würfeln. Die Möhren putzen, schälen, abspülen, abtropfen lassen und in Würfel schneiden. Frühlingszwiebeln putzen, abspülen, abtropfen lassen und in dünne Scheiben schneiden.

2. Die Toastbrotscheiben ausdrücken. Gehacktes in eine Schüssel geben. Quark, Eier, Toastbrotscheiben, Senf und Petersilie hinzugeben. Die Zutaten zu einem Teig verkneten. Mit Salz und Pfeffer würzen. Zwiebel-, Möhrenwürfel, Frühlingszwiebelscheiben und Mais unterarbeiten.

3. Den Fleischteig zu einem Laib formen, in einen gewässerten Römertopf® legen und mit Speckscheiben belegen. Den Römertopf® mit dem Deckel verschließen und auf dem Rost in den kalten Backofen schieben.

Ober-/Unterhitze: etwa 200 °C
Heißluft: etwa 180 °C

4. Den Hackbraten **etwa 70 Minuten garen.**

5. Etwa 15 Minuten vor Ende der Garzeit den Deckel abnehmen und den Hackbraten fertig garen.

6. Den Hackbraten aus dem Römertopf nehmen, auf eine Platte legen und warm stellen.

7. Die Garflüssigkeit aus dem Römertopf® in einen Topf gießen. Brühe und Crème fraîche unterrühren und aufkochen lassen. Die Sauce mit Saucenbinder nach Packungsanleitung andicken. Mit Pfeffer und Senf abschmecken.

8. Den Hackbraten in Scheiben schneiden und mit der Sauce servieren.

Bunter Hackeintopf | Einfach

4 Portionen

Pro Portion: E: 31 g, F: 22 g, Kh: 30 g, kJ: 1858, kcal: 443, BE: 2,5

375 g festkochende Kartoffeln
1 l Fleisch- oder Gemüsebrühe
1 kg TK-Suppengemüse
Salz, gem. Pfeffer

Für die Hackbällchen:

1 Brötchen (Semmel) vom Vortag
1 mittelgroße Zwiebel
500 g Gehacktes (halb Rind-, halb Schweinefleisch)
1 TL mittelscharfer Senf

1 EL gehackte Petersilie

Zubereitungszeit: 25 Minuten
Garzeit: 20–25 Minuten

1. Kartoffeln schälen, abspülen, abtropfen lassen und in kleine Würfel schneiden.

2. Die Brühe in einem Topf zum Kochen bringen. Die Kartoffelwürfel und das gefrorene Suppengemüse in die Brühe geben, mit Salz und Pfeffer würzen. Die Zutaten zum Kochen bringen und zugedeckt etwa 10 Minuten kochen lassen.

3. In der Zwischenzeit für die Hackbällchen das Brötchen in kaltem Wasser einweichen und gut ausdrücken. Zwiebel abziehen, in kleine Würfel schneiden.

4. Das Gehackte in eine Schüssel geben. Brötchen, Zwiebelwürfel und Senf hinzugeben und gut unterkneten. Mit Salz und Pfeffer würzen.

5. Aus der Hackfleischmasse mit angefeuchteten Händen kleine Bällchen formen. Die Bällchen in den Eintopf geben und in 10–15 Minuten gar ziehen lassen. Den Hackeintopf mit Petersilie bestreuen und sofort servieren.

Bunter Paprika-Nudel-Eintopf I

Schmeckt auch Kindern

4 Portionen

Pro Portion: E: 33 g, F: 28 g, Kh: 53 g, kJ: 2500, kcal: 596, BE: 4,5

Für die Fleischklößchen:

1 Brötchen (Semmel) vom Vortag
400 g Gehacktes (halb Rind-, halb Schweinefleisch)
1 Ei (Größe M)
Salz, gem. Pfeffer
Paprikapulver edelsüß

Für den Eintopf:

1 Bund Suppengrün (Sellerie, Möhren, Porree)
3 EL Speiseöl
je 1 rote, grüne und gelbe Paprikaschote
750 ml Fleischbrühe
200 g Hörnchennudeln
400 g geschälte Tomaten (aus der Dose)

Zubereitungszeit: 35 Minuten, ohne Einweichzeit
Garzeit: etwa 15 Minuten

1. Für die Klößchen Brötchen in kaltem Wasser einweichen und gut ausdrücken. Das Gehackte in eine Schüssel geben. Brötchen und Ei gut unterkneten. Mit Salz, Pfeffer und Paprika würzen. Aus der Hackfleischmasse mit angefeuchteten Händen Klößchen formen.

2. Für den Eintopf das Suppengrün putzen, abspülen, abtropfen lassen und in Stücke schneiden. Speiseöl in einem Topf erhitzen. Die Gemüsestücke darin unter Rühren andünsten.

3. Paprikaschoten halbieren, entstielen, entkernen und die weißen Scheidewände entfernen. Schoten abspülen, abtropfen lassen und in Stücke schneiden.

4. Paprikastücke zum angedünsteten Gemüse in den Topf geben. Brühe hinzugießen, zum Kochen bringen und etwa 5 Minuten bei schwacher Hitze kochen lassen.

5. Nudeln mit den Fleischklößchen in den Eintopf geben. Tomaten mit einem scharfen Messer in der Dose zerkleinern und mit dem Sud in den Eintopf geben.

6. Die Zutaten zum Kochen bringen und zugedeckt bei schwacher Hitze etwa 10 Minuten gar ziehen lassen. Den Eintopf mit Salz und Pfeffer abschmecken.

Cannelloni Rosanella | Klassisch
12 Portionen

Pro Portion: E: 37 g, F: 48 g, Kh: 43 g, kJ: 3150, kcal: 754, BE: 3,5

3 Brötchen (Semmeln) vom Vortag
1 1/2 kg Gehacktes (halb Rind-, halb Schweinefleisch)
3 Eier (Größe M)
Salz, gem. Pfeffer
gerebelter Oregano
gerebelter Thymian
etwa 500 g Cannelloni (ohne Vorkochen)

Für die Sauce:
450 g Crème fraîche
50 g Speisestärke
500 ml Milch (3,5 % Fett) oder 500 g Schlagsahne
25 g TK-Basilikum
100 g ger. Parmesan
60 g Butter

evtl. einige Basilikumblättchen

Zubereitungszeit: 35 Minuten
Garzeit: etwa 45 Minuten

1. Brötchen in kaltem Wasser einweichen und gut ausdrücken.

2. Den Backofen vorheizen.
Ober-/Unterhitze: etwa 200 °C
Heißluft: etwa 180 °C

3. Gehacktes in eine Schüssel geben. Eier und Brötchen hinzugeben, gut unterkneten. Mit Salz, Pfeffer, Oregano und Thymian würzen. Die Hackfleischmasse in einen Spritzbeutel mit großer Lochtülle füllen und in die Cannelloni spritzen.

4. Die Cannelloni in eine Fettpfanne (gefettet) oder eine große, flache Auflaufform (gefettet) legen.

5. Für die Sauce Crème fraîche mit Speisestärke und Milch oder Sahne gut verrühren, mit Salz und Pfeffer würzen. Basilikum unterrühren. Die Sauce auf den Cannelloni verteilen (sie müssen ganz mit der Sauce bedeckt sein). Mit Käse bestreuen und Butter in Flöckchen daraufsetzen.

6. Die Fettpfanne oder die Form auf dem Rost in den vorgeheizten Backofen schieben. Die Cannelloni **etwa 45 Minuten garen.**

7. Nach Belieben Basilikumblättchen abspülen und trocken tupfen. Cannelloni mit Basilikumblättchen garnieren.

Carne cruda | Für Gäste

4 Portionen

Pro Portion: E: 31 g, F: 22 g, Kh: 2 g, kJ: 1375, kcal: 328, BE: 0,0

450 g Kalbsfilet (ohne Haut und Sehnen)
Salz, gem. schwarzer Pfeffer
2 EL gutes Trüffelöl
200 g Rucola (Rauke)
100 g Staudensellerie
100 g weiße Champignons
3 EL Zitronensaft
4 EL Olivenöl
60 g Parmesan (am Stück)

Zubereitungszeit: 35 Minuten

1. Das Kalbsfilet mit Küchenpapier trocken tupfen. Kalbsfilet zunächst in kleine Würfel schneiden, dann mit einem großen scharfen Messer sehr klein schneiden und in eine Schüssel geben. Mit Salz und Pfeffer würzen und mit Trüffelöl mischen. Die Hackfleischmasse zugedeckt bis in den Kühlschrank stellen.

2. Den Rucola putzen, abspülen, trocken tupfen oder trocken schleudern. Die harten Stiele abschneiden. Rucola in kleine Stücke zupfen. Den Sellerie putzen und die harten Außenfäden abziehen. Selleriestangen abspülen, gut trocken tupfen und in dünne Scheiben schneiden. Champignons putzen, evtl. kurz abspülen, trocken tupfen und ebenfalls in sehr dünne Scheiben schneiden. Zitronensaft mit Olivenöl und etwas Salz verrühren.

3. Die kalt gestellte Hackfleischmasse (Carne cruda) auf 4 Tellern ausbreiten. Rucola, Champignons und Staudensellerie darauf verteilen. Mit der Vinaigrette beträufeln. Mit grob gemahlenem Pfeffer würzen. Den Parmesan dünn darüberhobeln.

Beilage: Ciabatta oder Baguette.

Hinweis: Die Hackfleischmasse muss immer gut gekühlt werden und am Tag der Zubereitung verbraucht werden.

Carne cruda alla piemontese |

Mit Alkohol (ohne Foto)

2 Portionen

Pro Portion: E: 40 g, F: 41 g, Kh: 7 g, kJ: 2513, kcal: 600, BE: 0,5

125 ml trockener Weißwein
2 TL Zucker, 2 EL gehackte Oliven
6 EL Olivenöl
Salz, gem. Pfeffer
300 g Kalbsfilet (ohne Fett und Sehnen)
1 abgezogene Knoblauchzehe
abgeriebene Schale und Saft von ½ Bio-Limette (unbehandelt, ungewachst)
50 g Rucola (Rauke)
2 Champignons
40 g frisch gehobelter Parmesan

Zubereitungszeit: 20 Minuten

1. Wein und Zucker in einem Topf zum Kochen bringen und sirupartig einkochen lassen. Den Topf von der Kochstelle nehmen. Die Flüssigkeit abkühlen lassen. Oliven und 2 Esslöffel von dem Olivenöl in die abgekühlte Weinflüssigkeit rühren. Mit Salz und Pfeffer würzen.

2. Das Kalbsfilet vom Metzger frisch durchdrehen lassen oder besser selbst zweimal durch die feine Scheibe des Fleischwolfes drehen. Eine Rührschüssel mit der Knoblauchzehe ausreiben. Die Hackfleischmasse hineingeben und 2 Esslöffel des restlichen Olivenöls untermischen.

3. Restliches Olivenöl mit Limettenschale und -saft verrühren. Mit Salz und Pfeffer würzen.

4. Rucola putzen, abspülen, trocken tupfen und in mundgerechte Stücke zupfen, dabei die dicken Stiele entfernen. Champignons putzen, evtl. kurz abspülen, trocken tupfen und in hauchdünne Scheiben schneiden.

5. Den Salat flach auf 2 Tellern anrichten. Die Hackfleischmasse mit angefeuchteten Händen zu 2 Frika-

dellen formen (dabei nicht zu stark drücken) und auf den Salat setzen. Die Hackfleischmasse mit dem Limettenöl beträufeln. Die Champignonscheiben rund um die Hackfleischmasse legen, mit der Oliven-Wein-Mischung beträufeln und mit dem frisch gehobelten Parmesan bestreuen.

Cevapcici I

Klassisch – preiswert

4 Portionen

Pro Portion: E: 44 g, F: 41 g, Kh: 9 g, kJ: 2427, kcal: 580, BE: 0,5

800 g Gehacktes (halb Rind-, halb Schweinefleisch)
2 Eier (Größe M)
Salz
gem. Pfeffer
Paprikapulver edelsüß
125 ml Speiseöl
1 Gemüsezwiebel
je 1 rote und grüne Paprikaschote

Zubereitungszeit: 30 Minuten
Bratzeit: 5–7 Minuten

1. Das Gehackte in eine Schüssel geben, Eier unterkneten. Mit Salz, Pfeffer und Paprika würzen. Aus der Hackfleischmasse mit angefeuchteten Händen fingerlange Rollen formen.

2. Speiseöl in einer Pfanne erhitzen. Die Hackfleischröllchen darin evtl. portionsweise 5–7 Minuten von allen Seiten braten.

3. Zwiebel abziehen, halbieren und in Würfel schneiden. Paprikaschoten entstielen, entkernen und die weißen Scheidewände entfernen. Schoten abspülen, trocken tupfen und in Ringe schneiden.

4. Cevapcici mit Zwiebelwürfeln und Paprikaringen anrichten und servieren.

Tipp: Sie können die Hackfleischröllchen auch unter dem vorgeheizten Grill 5–7 Minuten von allen Seiten grillen.

Cevapcicispieße I

Raffiniert – für Gäste

4 Spieße

Pro Stück: E: 25 g, F: 43 g, Kh: 8 g, kJ: 2168, kcal: 518, BE: 0,5

500 g Schweinegehacktes
1 EL Buchweizenmehl
Salz
gem. Pfeffer
1 TL Paprikapulver edelsüß
1 Zwiebel
2 Knoblauchzehen
3 EL Speiseöl
1 Bund glatte Petersilie
1 frische Peperoni
1 gelbe Paprikaschote
1 rote Zwiebel
2 Knoblauchzehen
3 EL Olivenöl
geschrotete, rote Pfefferbeeren

Außerdem:

4 Schaschlik- oder Holzspieße

Zubereitungszeit: 30 Minuten, ohne Marinierzeit
Garzeit: etwa 10 Minuten

1. Das Gehackte in eine Schüssel geben, Buchweizenmehl unterarbeiten. Mit Salz, Pfeffer und Paprika würzen.

2. Zwiebel und Knoblauch abziehen, in kleine Würfel schneiden.

3. Speiseöl in einer Pfanne erhitzen, die Zwiebelwürfel darin glasig dünsten. Knoblauchwürfel hinzugeben und kurz mit andünsten.

4. Petersilie abspülen und trocken tupfen. Die Blättchen von den Stängeln zupfen. Die Blättchen klein schneiden, zu den Zwiebel- und Knoblauchwürfeln geben, kurz umrühren und unter die Hackfleischmasse mischen.

5. Peperoni halbieren, entstielen, entkernen und die Scheidewände entfernen. Peperoni abspülen, fein hacken, zum Fleischteig geben und untermischen. Aus der Hackfleischmasse mit angefeuchteten Händen fingerlange Röllchen formen.

6. Paprikaschote halbieren, entstielen, entkernen und die weißen Scheidewände entfernen. Schoten abspülen, trocken tupfen und in größere Stücke schneiden. Die rote Zwiebel abziehen, vierteln und in einzelne Schichten zerlegen.

7. Die Fleischröllchen abwechselnd mit den Paprikastücken und Zwiebeln auf 4 Spieße stecken.

8. Knoblauch abziehen, durch eine Knoblauchpresse in eine Schüssel drücken, Olivenöl unterrühren. Die Hackfleischröllchen mit dem Knoblauchöl bestreichen und etwa 30 Minuten durchziehen lassen.

9. Die Cevapcicispieße mit Pfefferbeeren bestreuen, auf den heißen Grillrost legen, etwa 5 Minuten grillen, wenden, nochmals mit dem Knoblauchöl bestreichen und in etwa 5 Minuten fertig grillen.

Tipp: Gut schmecken die Hackfleischröllchen auch, wenn sie statt mit Peperoni mit 20 abgetropften, zerkleinerten Kapern zubereitet werden.

Cheeseburger I

Klassisch

4 Portionen

Pro Portion: E: 39 g, F: 42 g, Kh: 54 g, kJ: 3157, kcal: 754, BE: 4,5

4 Hamburger-Brötchen mit Sesam

1 Brötchen (Semmel) vom Vortag
400 g Gehacktes (halb Rind-, halb Schweinefleisch)
1 Ei (Größe M)
Salz
gem. Pfeffer
1 gestr. TL mittelscharfer Senf
3 EL Speiseöl
3 Tomaten
1 Gemüsezwiebel
einige grüne Salatblätter, z. B. Frisée
2 abgetropfte Gewürzgurken

2 EL Salatmayonnaise
8 Scheiblettenkäse
2 EL Tomatenketchup

Zubereitungszeit: 30 Minuten

1. Hamburger-Brötchen halbieren und unter dem vorgeheizten Grill kurz von beiden Seiten grillen.

2. Brötchen in kaltem Wasser einweichen und gut ausdrücken. Gehacktes in eine Schüssel geben. Ei und Brötchen hinzugeben, gut unterkneten. Mit Salz, Pfeffer und Senf würzen. Aus der Hackfleischmasse mit angefeuchteten Händen 4 flache Hamburger (etwas größer als die Brötchen) formen. Speiseöl in einer Pfanne erhitzen. Die Hamburger von jeder Seite etwa 5 Minuten bei mittlerer Hitze braten, herausnehmen und etwas abkühlen lassen.

3. Tomaten abspülen, abtrocknen und die Stängelansätze herausschneiden. Tomaten in Scheiben schneiden. Die Zwiebel abziehen, halbieren und in dünne Scheiben schneiden. Salatblätter abspülen und trocken tupfen. Gurken in Scheiben schneiden.

4. Die unteren Brötchenhälften mit Mayonnaise bestreichen. Salatblätter darauflegen. Zuerst Tomatenscheiben, dann Zwiebelscheiben darauf verteilen und mit jeweils 1 Scheibe Käse belegen. Die belegten Brötchenhälften unter dem vorgeheizten Grill kurz grillen, bis der Käse etwas zerlaufen ist. Hamburger daraufgeben, wieder mit 1 Scheibe Käse belegen. Gurkenscheiben darauf verteilen, mit Ketchup bestreichen. Obere Brötchenhälfte darauflegen, leicht andrücken.

Chili con Carne I

Klassisch

4 Portionen

Pro Portion: E: 40 g, F: 23 g, Kh: 29 g, kJ: 2021, kcal: 481, BE: 2,0

50 g durchwachsener Speck
2–3 Zwiebeln
1–2 Knoblauchzehen
500 g Rindergehacktes
800 g geschälte Tomaten (aus der Dose)
800 g Chilibohnen (aus der Dose)
2–3 EL Chilisauce
1 Lorbeerblatt
2 TL Chilipulver
Salz
1 Prise Zucker

Zubereitungszeit: 30 Minuten
Garzeit: etwa 20 Minuten

1. Speck in Würfel schneiden und in einem Topf unter Rühren anbraten. Zwiebeln und Knoblauch abziehen, ebenfalls klein würfeln und in dem Speckfett glasig dünsten lassen. Rindergehacktes hinzufügen und unter ständigem Rühren etwa 5 Minuten anbraten. Dabei die Fleischklümpchen mit einer Gabel zerdrücken.

2. Tomaten in der Dose grob zerkleinern. Tomaten mit der Flüssigkeit, Chilibohnen mit der Flüssigkeit, Chilisauce und Lorbeerblatt zum Gehackten geben. Das Ganze mit Chili, Salz und Zucker würzen, zum Kochen bringen. Die Zutaten zugedeckt etwa 15 Minuten garen, dabei gelegentlich umrühren.

3. Das fertige Chili con Carne nochmals mit den Gewürzen feurig-scharf abschmecken und das Lorbeerblatt entfernen.

Tipp: Besonders gut schmeckt das Chili con Carne, wenn es am Vortag zubereitet und am nächsten Tag wieder heiß gemacht wird.

Chinakohleintopf mit Hack

Macht richtig satt

4 Portionen

Pro Portion: E: 29 g, F: 30 g, Kh: 18 g, kJ: 1918, kcal: 457, BE: 1,0

750 g Chinakohl
2–3 Zwiebeln
250 g Tomaten
375 g Kartoffeln
40 g Butter oder Margarine
500 g Gehacktes (halb Rind-, halb Schweinefleisch)
Salz
gem. Pfeffer
500 ml Gemüsebrühe
2 EL Tomatenmark
2 EL Schnittlauchröllchen

Zubereitungszeit: 45 Minuten
Garzeit: etwa 30 Minuten

1. Chinakohl putzen, halbieren und den Strunk herausschneiden. Kohlhälften nochmals halbieren und in schmale Streifen schneiden. Kohlstreifen abspülen und abtropfen lassen. Zwiebeln abziehen und klein würfeln.

2. Die Tomaten kreuzweise einschneiden und mit kochendem Wasser übergießen. Nach 1–2 Minuten herausnehmen und mit kaltem Wasser abschrecken. Tomaten häuten, halbieren und die Stängelansätze herausschneiden. Die Tomaten in Stücke schneiden. Kartoffeln schälen, abspülen, abtropfen lassen und in Würfel schneiden.

3. Die Butter oder Margarine in einem Topf zerlassen. Zwiebelwürfel darin goldgelb dünsten. Gehacktes hinzufügen und unter Rühren anbraten, dabei die Fleischklümpchen mit einer Gabel etwas zerdrücken. Mit Salz und Pfeffer würzen.

4. Kartoffelwürfel und Gemüsebrühe hinzugeben, zum Kochen bringen und etwa 10 Minuten garen. Chinakohlstreifen hinzufügen und weitere 15–20 Minuten garen.

5. Tomatenstücke und -mark unterrühren, den Eintopf nochmals erhitzen und mit den Gewürzen abschmecken. Den Eintopf vor dem Servieren mit Schnittlauchröllchen bestreuen.

Chinesische Gemüsesuppe mit Hackbällchen | Für Gäste

4 Portionen

Pro Portion: E: 16 g, F: 16 g, Kh: 18 g, kJ: 1189, kcal: 284, BE: 1,5

1 Zwiebel
10 g frischer Ingwer
400 g Möhren
1 Stange Porree (Lauch, etwa 200 g)
1 rote Paprikaschote (etwa 200 g)
1 kleiner Knollensellerie (etwa 200 g)
300 g Chinakohl
100 g Sprossen-Mix oder Sojabohnensprossen

Für die Hackfleischbällchen:
10 g frischer Ingwer
200 g Schweinegehacktes
Salz
2 EL Speisestärke
½ EL Wasser

1–2 EL Speiseöl
1 l Gemüsebrühe
2–3 TL Sojasauce
gem. Pfeffer
etwa ½ TL Chinagewürz

Zubereitungszeit: 50 Minuten
Garzeit: 10–12 Minuten

1. Zwiebel abziehen und in kleine Würfel schneiden. Ingwer schälen, abspülen, abtropfen lassen und ebenfalls klein würfeln. Die Möhren putzen, schälen, abspülen, abtropfen lassen und schräg in dünne Scheiben schneiden. Den Porree putzen, die Stange längs halbieren, gründlich waschen und abtropfen lassen. 20 g Porree (ein etwa 4 cm langes Stück) für die Hackbällchen beiseitelegen. Restlichen Porree in feine Streifen schneiden. Paprikaschote halbieren, entstielen, entkernen und die weißen Scheidewände entfernen. Die Schote abspülen, abtropfen lassen und in schmale Streifen schneiden.

2. Sellerie schälen, abspülen, abtropfen lassen und in Rauten schneiden. Dafür Sellerie zuerst in dünne Scheiben, dann jede Scheibe schräg und längs in etwa 1 ½ cm breite Stücke schneiden. Chinakohl putzen, den Kohl vierteln und den Strunk herausschneiden. Kohlviertel abspülen, abtropfen lassen und in schmale Streifen schneiden. Die Sprossen in ein Sieb geben, mit kochendem Wasser übergießen, abtropfen lassen und beiseitestellen.

3. Für die Hackbällchen den beiseitegelegten Porree klein scheiden. Ingwer schälen, abspülen und ebenfalls klein schneiden. Das Gehackte in eine Schüssel geben. Porree-, Ingwerstückchen, Salz, Speisestärke und Wasser hinzufügen. Die Zutaten mit einem Mixer (Knethaken) zunächst kurz auf niedrigster, dann auf höchster Stufe gut durcharbeiten. Aus dem Fleischteig mit angefeuchteten Händen etwa 20 walnussgroße Bällchen formen und beiseitelegen.

4. Das Speiseöl in einem Topf erhitzen. Zwiebel- und Ingwerwürfel darin andünsten. Die Möhrenscheiben, Porree-, Paprikastreifen und Sellerierauten hinzufügen, unter Rühren mitdünsten lassen. Die Brühe hinzugießen. Die Zutaten zum Kochen bringen. Das Gemüse zugedeckt etwa 5 Minuten garen.

5. Chinakohlstreifen, Sprossen und Hackbällchen in die Suppe geben, wieder zum Kochen bringen und weitere 5–7 Minuten garen, dabei gelegentlich umrühren. Die Suppe vor dem Servieren mit Sojasauce, Salz, Pfeffer und Chinagewürz abschmecken.

Chorizo-Hack-Spieße mit Gazpacho-Salat I

Raffiniert – für Gäste

4 Portionen

Pro Portion: E: 4 g, F: 55 g, Kh: 38 g, kJ: 3403, kcal: 813, BE: 3,0

Für den Gazpacho-Salat:

200 g Baguette
10 EL Olivenöl
1 kleine, rote Zwiebel
300 g Tomaten
2 gelbe Paprikaschoten (etwa 400 g)
1 Salatgurke (etwa 350 g)
1 Knoblauchzehe
1 Bund glatte Petersilie
1 Bio-Zitrone (unbehandelt, ungewachst)
Salz
gem. schwarzer Pfeffer

Für die Chorizo-Hack-Spieße:

600 g Gehacktes (halb Rind-, halb Schweinefleisch)
50 g Chorizo-Aufschnitt (spanische Paprikasalami)
2 Stängel Oregano
1 EL Paprikapulver rosenscharf

Außerdem:

12 Holzspieße

Zubereitungszeit: 60 Minuten

1. Für den Salat Baguette zuerst in dünne Scheiben, dann in etwa 2 cm große Würfel schneiden. 4 Esslöffel des Olivenöls in einer Pfanne erhitzen. Die Brotwürfel darin von allen Seiten goldbraun rösten.

2. Die Zwiebel abziehen, längs halbieren und quer in dünne Scheiben schneiden. Die Tomaten abspülen, trocken tupfen, halbieren und die Stängelansätze herausschneiden. Paprikaschoten halbieren, entstielen, entkernen und die weißen Scheidewände entfernen. Schoten abspülen und trocken tupfen. Gurke schälen und die Enden abschneiden. Die Gurke abspülen und trocken tupfen. Tomaten, Paprika und die Salatgurke in kleine Würfel schneiden.

3. Knoblauch abziehen und klein würfeln. Petersilie abspülen und trocken tupfen. Die Blättchen von den Stängeln zupfen. Die Hälfte der Petersilienblättchen klein schneiden. Die restlichen Petersilienblättchen beiseitelegen.

4. Die vorbereiteten Salatzutaten in einer Schüssel mischen.

5. Die Zitrone heiß abwaschen, abtrocknen und die Schale fein abreiben. Zitronenschale für die Hackfleischzubereitung beiseitelegen.

6. Zitrone halbieren, den Saft auspressen und 4 Esslöffel Saft abmessen. Den Zitronensaft und 4 Esslöffel des restlichen Olivenöls mit den Salatzutaten vermischen, mit Salz und Pfeffer würzen. Den Salat etwa 20 Minuten durchziehen lassen.

7. Für die Spieße in der Zwischenzeit Gehacktes in eine Schüssel geben. Die Chorizo sehr klein würfeln. Oregano abspülen und trocken tupfen. Die Blättchen von den Stängeln zupfen. Oregano und beiseitegelegte Petersilienblättchen klein schneiden.

8. Chorizowürfel mit Oregano, Petersilie, beiseitegelegter Zitronenschale, Salz, Pfeffer und Paprika zum Gehackten geben und gut unterkneten.

9. Die Hackmasse in 12 gleich große Portionen teilen. Die Hackportionen jeweils mit leicht angefeuchteten Händen zu je 1 ovalen, flachen Bulette formen und auf Holzspieße stecken.

10. Restliches Olivenöl in 2 großen Pfannen erhitzen. Die Spieße darin von jeder Seite etwa 5 Minuten braten.

11. Kurz vor dem Servieren die gerösteten Brotwürfel unter den Salat heben.

12. Die Chorizo-Hack-Spieße mit dem Gazpacho-Salat servieren.

Crêpes-Taschen mit Zwiebel-Mett-Füllung

Für Gäste – gut vorzubereiten

6 Stück

Pro Stück: E: 18 g, F: 30 g, Kh: 23 g, kJ: 1783, kcal: 427, BE: 1,5

Für den Crêpes-Teig:

150 g Weizenmehl
2 Eier (Größe M)
250 ml Milch (3,5 % Fett)
100 ml Mineralwasser mit Kohlensäure
1 gestr. TL Salz

Für die Füllung:

300 g Gemüsezwiebeln
2 EL Speiseöl, z. B. Rapsöl
250 g Schweinemett
Salz
gem. Pfeffer
Chilipulver
1 Bund glatte Petersilie

6 EL Speiseöl, z. B. Rapsöl
125 g Frühstücksspeck in Scheiben (Bacon)

Zubereitungszeit: 50 Minuten, ohne Ruhezeit

1. Für den Crêpes-Teig Mehl in eine Rührschüssel geben. Eier mit Milch, Mineralwasser und Salz verschlagen. Nach und nach unter Rühren zum Mehl geben. Darauf achten, dass keine Klümpchen entstehen. Den Teig 20–30 Minuten ruhen lassen.

2. Für die Füllung Zwiebeln abziehen, halbieren und in Scheiben schneiden. Speiseöl in einer Pfanne erhitzen. Die Zwiebelscheiben darin unter Rühren andünsten. Mett hinzugeben und unter Rühren anbraten. Dabei die Fleischklümpchen mit einer Gabel zerdrücken. Mit Salz, Pfeffer und Chili würzen.

3. Petersilie abspülen und trocken tupfen. Die Blättchen von den Stängeln zupfen. Blättchen klein schneiden und unter die Zwiebel-Mett-Masse rühren.

4. Etwas Speiseöl in einer Pfanne (Ø 28 cm) erhitzen. Den Teig gut durchrühren und eine dünne Teiglage mit einer drehenden Bewegung gleichmäßig auf dem Boden der Pfanne verteilen. Den Crêpe von beiden Seiten goldgelb backen und warm stellen. Bevor der Crêpe gewendet wird, etwas Speiseöl in die Pfanne geben. Aus dem restlichen Teig weitere 5 Crêpes backen.

5. Den Backofengrill vorheizen.

6. Die Crêpes jeweils zur Hälfte gleichmäßig mit der Zwiebel-Mett-Masse belegen. Die andere Hälfte darüberlegen und dann zu einem Dreieck zusammenklappen, sodass eine Tasche entsteht.

7. Die Crêpes-Taschen auf ein Backblech (gefettet) legen und jeweils mit 1 Scheibe Frühstücksspeck belegen. Das Backblech unter dem vorgeheizten Grill (etwa 230 °C) in den Backofen schieben. Crêpes so lange backen, bis der Speck knusprig ist. Crêpes-Taschen sofort servieren.

Currybuletten | Zum Mitnehmen

4 Portionen

Pro Portion: E: 37 g, F: 48 g, Kh: 22 g, kJ: 2793, kcal: 667, BE: 2,0

3 EL geröstete, gesalzene Erdnusskerne (40 g)
10–12 Minzeblättchen
50 g Schalotten
600 g Gehacktes (halb Rind-, halb Schweinefleisch)
2 TL mildes Currypulver
1–2 EL Sambal Oelek
Salz
2 EL Speiseöl
250 g Joghurt (1,5 % Fett)
1 EL Zitronensaft
1 reife Avocado
2 Sesamkringel (erhältlich im türkischen Lebensmittelladen)

Zubereitungszeit: 30 Minuten
Garzeit: 5–6 Minuten

1. Erdnusskerne klein hacken. Minzeblättchen abspülen und trocken tupfen. 5 Minzeblättchen klein schneiden. Restliche Blättchen beiseitelegen. Die Schalotten abziehen und in kleine Würfel schneiden.

2. Gehacktes in eine Schüssel geben. Erdnusskerne, klein geschnittene Minze, Schalottenwürfel, Curry, Sambal Oelek und Salz hinzufügen. Die Zutaten mit dem Gehackten gut vermischen. Hackfleischmasse in einen Einwegspritzbeutel oder großen Gefrierbeutel füllen und eine etwa 4 cm große Ecke abschneiden.

3. Hackfleischmasse direkt auf ein Schneidbrett zu langen Rollen spritzen und mit einem Messer in etwa 8 cm lange Röllchen schneiden. Das Speiseöl in einer Pfanne erhitzen. Die Röllchen darin von allen Seiten 5–6 Minuten bei mittlerer Hitze goldbraun braten, herausnehmen und auf Küchenpapier abtropfen lassen.

4. Beiseitegelegte Minzeblättchen klein schneiden. Joghurt mit Zitronensaft und Salz glatt rühren, Minze unterrühren.

5. Avocado halbieren und den Stein herausnehmen. Das Fruchtfleisch mit einem Esslöffel aus der Schale lösen. Avocado in kleine Stücke schneiden und sofort unter den Joghurt heben.

6. Currybuletten mit dem Avocado-Joghurt und den Sesamkringeln servieren.

Tipps: Currybuletten mobil verpacken und mit den Sesamkringeln mitnehmen. Dazu passt ein Fläschchen mit frisch gepresstem Orangensaft.

Deutsche Hacksteaks à la Mayer

Preiswert

4 Portionen

Pro Portion: E: 44 g, F: 57 g, Kh: 37 g, kJ: 3533, kcal: 843, BE: 2,5

7 Zwiebeln
600 g Rindergehacktes
1 Ei (Größe M)
Salz
Paprikapulver edelsüß
gerebelter Thymian
1 kg Kartoffeln
60 g Gänseschmalz
gem. Pfeffer
50 g Butter
20 g Butter oder Margarine
4 Eier (Größe M)

Zubereitungszeit: 40 Minuten

1. Zwiebeln abziehen, davon 3 Zwiebeln in kleine Würfel schneiden. Gehacktes in eine Schüssel geben. 2 gewürfelte Zwiebeln und das Ei unterkneten. Mit Salz, Paprika und Thymian würzen.

2. Die Kartoffeln schälen, abspülen, trocken tupfen und in dünne Scheiben schneiden. Gänseschmalz in einer Pfanne erhitzen. Die Kartoffelscheiben darin unter Wenden knusprig braun braten. Mit Salz und Pfeffer würzen. Gegen Ende der Garzeit die restlichen Zwiebelwürfel hinzugeben.

3. In der Zwischenzeit aus der Hackfleischmasse mit angefeuchteten Händen 4 Hacksteaks formen.

4. Butter in einer zweiten Pfanne zerlassen. Die Hacksteaks darin etwa 10 Minuten von beiden Seiten braten, herausnehmen und warm stellen.

5. Die restlichen 4 Zwiebeln in feine Scheiben schneiden und in dem verbliebenen Bratfett unter Rühren garen.

6. Butter oder Margarine in einer weiteren Pfanne zerlassen. Die Eier vorsichtig aufschlagen und nebeneinander in das Fett gleiten lassen. Eiweiß mit Salz bestreuen. Die Eier etwa 5 Minuten bei mittlerer Hitze braten.

7. Hacksteaks mit Zwiebelscheiben, Spiegeleiern und Bratkartoffeln servieren.

Deutsches Beefsteak I

Traditionell

4 Portionen

Pro Portion: E: 27 g, F: 30 g, Kh: 4 g, kJ: 1638, kcal: 391, BE: 0,0

4 mittelgroße Zwiebeln

500 g Gehacktes (halb Rind-, halb Schweinefleisch)
1 Ei (Größe M)
Salz
gem. Pfeffer
Knoblauchpfeffer
Paprikapulver edelsüß
mittelscharfer Senf
40 g Pflanzenfett

Zubereitungszeit: 30 Minuten
Bratzeit: etwa 10 Minuten

1. Zwiebeln abziehen, halbieren, in Scheiben schneiden und beiseitelegen.

2. Gehacktes in eine Schüssel geben und mit dem Ei vermengen, mit Salz, Pfeffer, Knoblauchpfeffer, Paprika und Senf würzen.

3. Aus der Hackfleischmasse mit angefeuchteten Händen runde Bällchen formen, etwas flach drücken und mit einem Messer gitterförmig einkerben.

4. Pflanzenfett in einer Pfanne erhitzen. Die Fleischbällchen darin etwa 10 Minuten von beiden Seiten braun braten, herausnehmen, auf einer vorgewärmten Platte anrichten und warm stellen.

5. Beiseitegelegte Zwiebelscheiben in dem verbliebenen Bratfett unter Wenden bräunen. Mit Salz und Pfeffer würzen.

6. Die Zwiebelscheiben auf den Beefsteaks verteilen und sofort servieren.

Beilage: Spiegeleier, Bratkartoffeln.

Tipp: Beefsteaks mit Petersilie, Radieschenscheiben und Salatblättern garniert servieren.

Farmersteak I

Klassisch

12 Portionen

Pro Portion: E: 30 g, F: 26 g, Kh: 7 g, kJ: 1603, kcal: 383, BE: 0,5

2 Brötchen (Semmeln) vom Vortag
4 Zwiebeln
1 1/2 kg Gehacktes (halb Rind-, halb Schweinefleisch)
2 EL gehackte Petersilie
1 EL mittelscharfer Senf
100 g grob gehackte Erdnusskerne
3 Eier (Größe M)
Salz
gem. Pfeffer
Paprikapulver edelsüß
3 grüne Paprikaschoten

Außerdem:

Alufolie

Zubereitungszeit: 45 Minuten
Grillzeit: etwa 16 Minuten

1. Brötchen in kaltem Wasser einweichen und gut ausdrücken. Zwiebeln abziehen und in kleine Würfel schneiden.

2. Gehacktes in eine Schüssel geben. Brötchen, Zwiebelwürfel, Petersilie, Senf, Erdnusskerne und Eier gut unterkneten. Mit Salz, Pfeffer und Paprika würzen.

3. Aus der Hackfleischmasse mit angefeuchteten Händen 12 Steaks formen, auf den heißen Holzkohlegrill (mit Alufolie belegt) legen und von jeder Seite etwa 8 Minuten grillen.

4. In der Zwischenzeit die Paprikaschoten vierteln, entstielen, entkernen und die weißen Scheidewände entfernen. Die Schoten abspülen, abtropfen lassen, in sehr kleine Würfel schneiden und auf die gegrillten Steaks streuen.

Beilage: Verschiedene Salate, z. B. Kartoffelsalat, Feldsalat, Tomaten-Gurken-Salat. Baguettescheiben.

Tipps: Die Farmersteaks können auch in der Pfanne gebraten werden und lassen sich gut für ein Picknick vorbereiten.

Feuerbohnentopf I

Gut vorzubereiten – für die Party

12 Portionen

Pro Portion: E: 26 g, F: 23 g, Kh: 19 g, kJ: 1633, kcal: 390, BE: 1,5

7 EL Speiseöl
1,2 kg Gehacktes (halb Rind-, halb Schweinefleisch)
4 große Zwiebeln
je 2 gelbe und rote Paprikaschoten
1 grüne Paprikaschote
5 EL Tomatenmark
750 ml Gemüsebrühe
510 g abgetropfte, rote Bohnen (aus Dosen)
425 g Gemüsemais (aus der Dose)
300 ml Chilisauce
Salz
gem. Pfeffer

Zubereitungszeit: 45 Minuten
Garzeit: etwa 20 Minuten

1. Das Speiseöl in einem großen Topf erhitzen. Das Gehackte darin portionsweise unter Rühren anbraten. Dabei die Fleischklümpchen mit einer Gabel zerdrücken. Zwiebeln abziehen und in kleine Würfel schneiden. Paprikaschoten halbieren, entstielen, entkernen und die weißen Scheidewände entfernen. Schoten abspülen, abtropfen lassen und in Streifen schneiden.

2. Zwiebelwürfel und Paprikastreifen zum Gehackten in den Topf geben und etwa 10 Minuten unter mehrmaligem Rühren schmoren lassen. Das Tomatenmark unterrühren, Brühe hinzugießen, zum Kochen bringen und etwa 10 Minuten garen.

3. Bohnen, Mais mit dem Sud und Chilisauce in die Suppe geben, unter Rühren aufkochen lassen. Mit Salz und Pfeffer abschmecken.

Beilage: Stangenweißbrot.

Fit-Brötchen | Zum Mitnehmen

4 Stück

Pro Stück: E: 23 g, F: 22 g, Kh: 42 g, kJ: 1923, kcal: 459, BE: 3,5

1	*kleine Zwiebel*
300 g	*Gehacktes (halb Rind-, halb Schweinefleisch)*
1	*Ei (Größe M)*
2 EL	*blütenzarte Haferflocken*
1 EL	*Semmelbrösel*
1 gestr. TL	*Salz*
	gem. Pfeffer
1 TL	*mittelscharfer Senf*
1 EL	*Speiseöl, z. B. Rapsöl*
1	*große Fleischtomate*
4 Blätter	*Eisbergsalat*
4	*Hafer-Vollkorn-Baguettebrötchen*
8 TL	*Joghurt-Salatcreme*
4 TL	*Tomatenketchup*
8 dünne Scheiben	*Salatgurke*

Zubereitungszeit: 30 Minuten
Bratzeit: Burger etwa 7 Minuten

1. Die Zwiebel abziehen und in kleine Würfel schneiden. Gehacktes in eine Schüssel geben. Zwiebelwürfel, Ei, Haferflocken und Semmelbrösel hinzufügen. Alles mit Salz, Pfeffer und Senf würzen. Die Zutaten zu einem glatten Teig verkneten.

2. Den Hackfleischteig in 4 Portionen teilen und daraus mit leicht angefeuchteten Händen flache, glatte Burger formen.

3. Das Speiseöl in einer großen Pfanne erhitzen. Die Burger darin etwa 4 Minuten bei mittlerer Hitze braten. Dann die Burger wenden und weitere etwa 3 Minuten bei schwacher Hitze fertig braten. Danach die Burger aus der Pfanne nehmen und etwas abkühlen lassen.

4. In der Zwischenzeit die Tomate abspülen, abtrocknen und den Stängelansatz herausschneiden. Die Tomate in 8 dünne Scheiben schneiden. Salatblätter abspülen und mit Küchenpapier trocken tupfen.

5. Die Brötchen waagerecht aufschneiden. Die oberen Brötchenhälften jeweils mit 2 Teelöffeln Salatcreme bestreichen. Dann den Ketchup auf die Brötchenunterhälften streichen.

6. Den Salat auf den Brötchenunterhälften verteilen und je 1 Burger daraufsetzen. Tomaten- und vorbereitete Gurkenscheiben darauflegen und mit den oberen Brötchenhälften belegen.

Fleischbällchen in Mischgemüse I

Schmeckt auch Kindern

4 Portionen

Pro Portion: E: 28 g, F: 21 g, Kh: 14 g, kJ: 1517, kcal: 363, BE: 0,5

500 g Möhren
500 g Chinakohl
1 Vollkorn-Brötchen (Semmel) vom Vortag
400 g Rindergehacktes
1 Ei (Größe M)
1 TL mittelscharfer Senf
100 g Magerquark
1 EL gerebelter Oregano
Salz
gem. Pfeffer
Paprikapulver edelsüß
ger. Muskatnuss
2 EL Olivenöl
einige Stängel Petersilie

Zubereitungszeit: 50 Minuten
Garzeit: etwa 20 Minuten

1. Möhren putzen, schälen, abspülen und abtropfen lassen. Chinakohl putzen, den Kohl vierteln und den Strunk herausschneiden. Die Kohlviertel abspülen und abtropfen lassen. Möhren und Kohl in etwa gleich große Streifen schneiden. Brötchen in kaltem Wasser einweichen und gut ausdrücken.

2. Gehacktes in eine Schüssel geben. Brötchen, Ei, Senf, Quark und Oregano hinzufügen. Die Zutaten gut unterkneten. Mit Salz, Pfeffer, Paprika und Muskat kräftig würzen.

3. Aus der Hackfleischmasse mit angefeuchteten Händen kleine Bällchen formen. Das Olivenöl in einer großen Pfanne erhitzen. Die Fleischbällchen darin von allen Seiten etwa 10 Minuten braun braten, herausnehmen und warm stellen.

4. Die Möhren- und Kohlstreifen in die Pfanne geben und in dem verbliebenen Bratfett unter mehrmaligem Wenden andünsten. Gemüse mit Salz, Pfeffer, Paprika und Muskatnuss würzen. Das Gemüse zugedeckt bei schwacher Hitze etwa 10 Minuten garen, evtl. etwas Wasser hinzugießen.

5. Petersilie abspülen und trocken tupfen. Die Blättchen von den Stängeln zupfen. Die Blättchen klein schneiden. Die warm gestellten Fleischbällchen und Petersilie zu dem Gemüse geben und untermischen. Evtl. nochmals mit den Gewürzen abschmecken und servieren.

Fleischklößchen auf syrische Art I

Raffiniert

4 Portionen

Pro Portion: E: 46 g, F: 71 g, Kh: 22 g, kJ: 3774, kcal: 904, BE: 2,0

Für die Sauce:

150 g Crème fraîche
150 g Joghurt (3,5 % Fett)
Salz
gem. Pfeffer
Currypulver
4–5 Zweige Zitronenmelisse

750 g Lammfleisch
250 g gekochte Möhren
1–2 Knoblauchzehen
150 g gegarter Reis (50 g Rohgewicht)
2 Eier (Größe M)
10 EL Sesamsamen

125 ml Speiseöl

Zubereitungszeit: 50 Minuten

1. Für die Sauce Crème fraîche und Joghurt in einer Schüssel gut verrühren. Mit Salz, Pfeffer und Curry würzen.

2. Zitronenmelisse abspülen und trocken tupfen. Die Blättchen von den Stängeln zupfen (einige Blättchen zum Garnieren beiseitelegen). Blättchen klein schneiden und unter die Sauce rühren.

3. Lammfleisch mit Küchenpapier trocken tupfen, von Fett und Haut befreien. Lammfleisch in große Würfel schneiden, zusammen mit den Möhren durch einen Fleischwolf (feine Scheibe) drehen. Lammhack in eine Schüssel geben.

4. Knoblauch abziehen, zerdrücken oder durch eine Knoblauchpresse drücken. Knoblauch, Reis und Eier zur Lammhackmasse geben und gut vermengen. Mit Salz, Pfeffer und Curry würzen.

5. Aus der Lammhackmasse mit angefeuchteten Händen etwa 50 walnussgroße Klößchen formen. Sesam in einen Teller geben und die Fleischklößchen darin wälzen.

6. Das Speiseöl in einer großen Pfanne erhitzen. Die Fleischklößchen darin portionsweise etwa 5 Minuten unter mehrmaligem Wenden braten. Die Fleischklößchen herausnehmen, auf Küchenpapier legen und abtropfen lassen.

7. Die heißen Klößchen mit den beiseitegelegten Melisseblättchen garnieren und sofort servieren. Die Sauce dazureichen.

Tipp: Zu den Fleischklößchen Fladenbrot, Mixed Pickles und Aprikosensauce mit Curry reichen.

Fleischklößchen mit Roquefortfüllung I

Gut vorzubereiten

16 Stück

Pro Stück: E: 9 g, F: 12 g, Kh: 5 g, kJ: 672, kcal: 161, BE: 0,5

1 Brötchen (Semmel) vom Vortag
1 Zwiebel
1 Knoblauchzehe
1 Bund Petersilie
1 EL Speiseöl
500 g Rindergehacktes
2 Eier (Größe M)
2 EL Tomatenketchup
Salz
gem. Pfeffer
100 g Roquefort
60 g Semmelbrösel

1 kg Ausbackfett

Zubereitungszeit: 35 Minuten

1. Das Brötchen in kaltem Wasser einweichen und gut ausdrücken. Zwiebel und Knoblauch abziehen, in kleine Würfel schneiden. Die Petersilie abspülen und trocken tupfen. Die Blättchen von den Stängeln zupfen. Blättchen klein schneiden.

2. Speiseöl in einer Pfanne erhitzen. Zwiebel- und Knoblauchwürfel darin glasig dünsten, herausnehmen und in eine Schüssel geben. Brötchen, Gehacktes, Eier, Ketchup und Petersilie hinzufügen. Die Zutaten gut verkneten, mit Salz und Pfeffer würzen.

3. Den Roquefort in 16 kleine Stücke schneiden. Aus der Hackfleischmasse 16 walnussgroße Klößchen formen. Jeweils in die Mitte eine Vertiefung drücken. Je 1 Stück Käse hineindrücken und mit der Hackfleischmasse wieder umschließen.

4. Die Semmelbrösel auf einen flachen Teller geben. Die Fleischklößchen darin wälzen.

5. Das Ausbackfett in einem hohen Topf oder in einer Fritteuse auf etwa 180 °C erhitzen. Die Fleischklößchen portionsweise schwimmend in dem siedendem Ausbackfett jeweils etwa 5 Minuten ausbacken, mit einer Schaumkelle herausnehmen, auf Küchenpapier legen und abtropfen lassen.

Tipp: Die Fleischklößchen können auch sehr gut in einer großen Pfanne zubereitet werden. Dafür 3 Esslöffel Speiseöl in einer Pfanne erhitzen. Die Fleischklößchen darin von allen Seiten braten.

Friesische Hackbällchen | Schnell

4 Portionen

Pro Portion: E: 34 g, F: 30 g, Kh: 7 g, kJ: 1828, kcal: 437, BE: 0,5

1	*Brötchen (Semmel) vom Vortag*
250 g	*Rindergehacktes*
250 g	*Thüringer Mett (gewürztes Schweinemett)*
2	*Eier (Größe M)*
100 g	*frisch gepulte Krabben*
	gehackter Dill
	abgeriebene Schale von
½	*Bio-Zitrone (unbehandelt, ungewachst)*
	Salz, gem. Pfeffer
125 ml	*Speiseöl*

Zubereitungszeit: 35 Minuten

1. Brötchen in kaltem Wasser einweichen und gut ausdrücken. Gehacktes und Thüringer Mett in eine Schüssel geben. Brötchen und Eier hinzugeben und gut unterkneten.

2. Krabben hacken, mit Dill und Zitronenschale zur Hackfleischmasse geben und gut untermischen, mit Salz und Pfeffer würzen.

3. Aus der Hackfleischmasse mit angefeuchteten Händen walnussgroße Bällchen formen.

4. Speiseöl in einer großen Pfanne erhitzen. Die Hackbällchen darin portionsweise unter häufigem Wenden etwa 5 Minuten braten, herausnehmen und auf Küchenpapier abtropfen lassen.

Frikadellen (Buletten, Fleischpflanzl) I

Für den Männerabend

3–4 Portionen

Pro Portion: E: 36 g, F: 40 g, Kh: 11 g, kJ: 2275, kcal: 543, BE: 1,0

1	*Brötchen (Semmel) vom Vortag*
2	*Zwiebeln*
1–2 EL	*Speiseöl, z. B. Sonnenblumenöl*
600 g	*Gehacktes (halb Rind-, halb Schweinefleisch)*
1	*Ei (Größe M)*
	Salz
	gem. Pfeffer
	Paprikapulver edelsüß
40 g	*Butterschmalz oder Margarine oder 5 EL Speiseöl, z. B. Sonnenblumenöl*

Zubereitungszeit: 35 Minuten, ohne Abkühlzeit
Bratzeit: etwa 10 Minuten

1. Brötchen in kaltem Wasser einweichen und gut ausdrücken. Zwiebeln abziehen und klein würfeln.

2. Speiseöl in einer Pfanne erhitzen. Die Zwiebelwürfel darin unter Rühren 2–3 Minuten glasig dünsten, aus der Pfanne nehmen und auf einem Teller etwas abkühlen lassen.

3. Gehacktes in eine Schüssel geben. Brötchen, abgekühlte Zwiebelwürfel und das Ei gut unterkneten. Mit Salz, Pfeffer und Paprika würzen.

4. Aus der Hackfleischmasse mit angefeuchteten Händen 8 Frikadellen formen.

5. Butterschmalz oder Margarine oder das Speiseöl in der Pfanne erhitzen. Die Frikadellen darin etwa 10 Minuten von beiden Seiten unter gelegentlichem Wenden bei mittlerer Hitze braun braten.

Beilage: Kartoffelpüree und Möhren oder als Snack eine ordentliche Portion Senf und Brötchen.

Tipps: Sie können zusätzlich 1–2 Esslöffel klein geschnittene Petersilie mit den Zwiebelwürfeln andünsten oder 1 Teelöffel mittelscharfen Senf unter die Hackfleischmasse kneten. Die Frikadellen eignen sich auch hervorragend für einen spontanen Fußballabend mit den Jungs, denn sie können problemlos eingefroren werden.

Frikadellen im Ciabatta-Brötchen | Für Gäste

12 Stück

Pro Stück: E: 12 g, F: 20 g, Kh: 21 g, kJ: 1398, kcal: 333, BE: 1,5

1 Brötchen (Semmel) vom Vortag
1 Zwiebel
1 Bund Petersilie
500 g Schweinegehacktes
1 Ei (Größe M)
2 TL Senf, z. B. Dijon-Senf
1 TL Pul Biber (geschrotete Pfefferschoten)
Salz
gem. Pfeffer
6 EL Olivenöl
6 Ciabatta-Brötchen zum Aufbacken
2 abgetropfte, saure Gurken
200 g Salatmayonnaise
1 TL Zaziki-Gewürzmischung
12 Salatblätter, z. B. Lollo bionda

Zubereitungszeit: 45 Minuten, ohne Abkühlzeit

1. Brötchen in kaltem Wasser einweichen und gut ausdrücken. Zwiebel abziehen und in kleine Würfel schneiden. Petersilie abspülen und trocken tupfen. Die Blättchen von den Stängeln zupfen. Blättchen klein schneiden.

2. Gehacktes in eine Schüssel geben. Brötchen, Zwiebelwürfel, Petersilie, Ei und Senf hinzugeben und gut unterkneten. Mit Pul Biber, Salz und Pfeffer würzen.

3. Aus der Hackfleischmasse mit angefeuchteten Händen 12 flache Frikadellen formen. Olivenöl in einer großen Pfanne erhitzen. Die Frikadellen darin von beiden Seiten in etwa 10 Minuten knusprig braun braten. Frikadellen herausnehmen und abkühlen lassen.

4. Ciabatta-Brötchen nach Packungsanleitung aufbacken und anschließend etwas abkühlen lassen.

5. Gurken in kleine Würfel schneiden, mit Mayonnaise und Zaziki-Gewürzmischung verrühren. Etwa 1 Esslöffel von der Gurken-Mayonnaise zum Garnieren beiseitelegen. Salatblätter abspülen, trocken tupfen.

6. Ciabatta-Brötchen waagerecht aufschneiden und die Schnittseiten jeweils mit der Gurken-Mayonnaise bestreichen. Zuerst Salatblätter darauflegen, dann jeweils 1 Frikadelle daraufgeben. Zum Garnieren je einen kleinen Tupfen der beiseitegelegten Gurken-Mayonnaise daraufsetzen.

Frikadellen in Pilz-Zwiebel-Sauce I

Beliebt – schnell

4 Portionen

Pro Portion: E: 26 g, F: 41 g, Kh: 68 g, kJ: 3178, kcal: 752, BE: 5,5

250 g Langkornreis (2 Kochbeutel)
230 g abgetropfte Champignons (aus dem Glas)
1 EL Butterschmalz
500 g Mini-Frikadellen (aus dem Kühlregal)
500 ml Wasser
1 Pck. Zwiebelsuppe (für 750 ml)
2 Tomaten
4 EL Schlagsahne
Salz, gem. Pfeffer
Paprikapulver edelsüß
1 EL TK-Petersilie

Zubereitungszeit: 20–25 Minuten

1. Den Reis nach Packungsanleitung zubereiten. Anschließend die Kochbeutel aus dem Wasser nehmen, aufschneiden, den Reis entnehmen und warm stellen.

2. Große Champignons evtl. halbieren oder vierteln.

3. Butterschmalz in einer Pfanne zerlassen. Champignons darin unter Rühren anbraten. Frikadellen hinzugeben. Wasser hinzugießen und zum Kochen bringen. Zwiebelsuppenpulver einrühren, aufkochen lassen und zugedeckt bei schwacher Hitze etwa 5 Minuten unter gelegentlichem Rühren kochen lassen.

4. In der Zwischenzeit Tomaten abspülen, abtropfen lassen, vierteln und die Stängelansätze herausschneiden. Tomaten in Würfel schneiden.

5. Die Tomatenwürfel und Sahne in die Sauce geben und nochmals unter Rühren aufkochen lassen. Pilz-Zwiebel-Sauce mit Salz, Pfeffer und Paprika würzen. Petersilie darüberstreuen. Frikadellen mit der Sauce und dem Reis anrichten.

Tipp: Sie können die Frikadellen auch selbst zubereiten. Dafür 500 g Gehacktes (halb Rind-, halb Schweinefleisch) in einer Schüssel mit 1 abgezogenen und fein gewürfelten Zwiebel, 1 Ei (Größe M), 2–3 Esslöffeln Semmelbröseln, Salz, Pfeffer und etwas Paprikapulver edelsüß vermengen. Etwa 20 kleine, flache Frikadellen daraus formen und rundherum in 2–3 Esslöffeln Butterschmalz braun anbraten.

Frikadellen mit Käsehaube I

Fruchtig

4 Portionen

Pro Portion: E: 38 g, F: 39 g, Kh: 31 g, kJ: 2630, kcal: 268, BE: 2,5

1	***Brötchen (Semmel) vom Vortag***
2	***mittelgroße Zwiebeln***
500 g	***Gehacktes (halb Rind-, halb Schweinefleisch)***
1	***Ei (Größe M)***
2 EL	***Mango-Chutney***
	Salz
	gem. Pfeffer
1 Kästchen	***Kresse***
2 EL	***Olivenöl***
8	***abgetropfte Pfirsichhälften (aus der Dose)***
8 Scheiben	***Käse, z. B. Gouda (je etwa 20 g)***

Zubereitungszeit: 30 Minuten
Garzeit: etwa 35 Minuten

1. Brötchen in kaltem Wasser einweichen und gut ausdrücken. Zwiebeln abziehen und in kleine Würfel schneiden. Gehacktes in eine Schüssel geben. Brötchen, Zwiebelwürfel, Ei und Mango-Chutney hinzugeben. Die Zutaten gut verkneten, mit Salz und Pfeffer würzen.

2. Den Backofen vorheizen.
Ober-/Unterhitze: etwa 200 °C
Heißluft: etwa 180 °C

3. Kresse abspülen, trocken tupfen und vom Beet schneiden. Die Hälfte davon unter die Hackfleischmasse mischen. Restliche Kresse beiseitelegen.

4. Ein Backblech mit dem Olivenöl bestreichen. Aus der Hackfleischmasse mit angefeuchteten Händen 8 Bällchen formen, etwas flach drücken und auf das Backblech legen.

5. Das Backblech in den vorgeheizten Backofen schieben. Die Frikadellen etwa 15 Minuten garen. Dann die Frikadellen wenden und weitere etwa 15 Minuten garen.

6. Je 1 Pfirsichhälfte mit der Wölbung nach oben auf 1 Frikadelle legen, mit je 1 Käsescheibe belegen und mit etwas Pfeffer bestreuen. Die belegten Frikadellen im Backofen noch etwa 5 Minuten überbacken.

7. Die Frikadellen mit der beiseitegelegten Kresse garnieren und sofort servieren.

Frikadellentopf I

Für die Party – raffiniert

12 Portionen

Pro Portion: E: 36 g, F: 45 g, Kh: 14 g, kJ: 2537, kcal: 607, BE: 1,0

2 Brötchen (Semmeln) vom Vortag
4 Zwiebeln (etwa 350 g)
1 ½ kg Gehacktes (halb Rind-, halb Schweinefleisch)
3 Eier (Größe M)
Salz, gem. Pfeffer
2 TL Paprikapulver edelsüß

Für die Sauce:

5 Zwiebeln (etwa 500 g)
3 EL Olivenöl
200 g magerer, gewürfelter Schinkenspeck
250 g Schmand (Sauerrahm)
250 g Crème fraîche
250 g Schlagsahne
250 ml Milch (3,5 % Fett)
600 g abgetropfte Champignonscheiben (aus Gläsern)
2 Pck. helle Bratensauce (für je 250 ml)

Zubereitungszeit: 45 Minuten, ohne Abkühl- und Durchziehzeit
Garzeit: etwa 2 ½ Stunden

1. Brötchen in kaltem Wasser einweichen und gut ausdrücken. Zwiebeln abziehen und klein würfeln. Gehacktes in eine große Schüssel geben. Brötchen, Eier und Zwiebelwürfel gut unterkneten. Mit Salz, Pfeffer und Paprika würzen.

2. Aus der Hackfleischmasse mit angefeuchteten Händen kleine Frikadellen (Ø 3–4 cm) formen und in einen großen Bräter legen.

3. Für die Sauce Zwiebeln abziehen und in dünne Scheiben schneiden. Olivenöl in einem Topf erhitzen. Die Zwiebelscheiben und Speckwürfel darin etwa 10 Minuten unter Rühren anbraten. Schmand, Crème fraîche, Sahne und Milch hinzugeben und gut unterrühren.

4. Champignonscheiben in die Sauce geben und aufkochen lassen. Saucenpulver nach Packungsanleitung einrühren, unter Rühren nochmals aufkochen lassen. Die Frikadellen sofort mit der heißen Sauce übergießen und abkühlen lassen.

5. Den Bräter mit dem Deckel verschließen und in den Kühlschrank stellen. Den Frikadellentopf 5–6 Stunden durchziehen lassen.

6. Den Backofen vorheizen.
Ober-/Unterhitze: etwa 200 °C
Heißluft: etwa 180 °C

7. Den Bräter zugedeckt auf dem Rost in den vorgeheizten Backofen schieben. Den Frikadellentopf etwa 2 ½ Stunden garen. Nach etwa 1 ½ Stunden Garzeit den Frikadellentopf einmal vorsichtig umrühren und zugedeckt weitergaren. Etwa 15 Minuten vor Ende der Garzeit den Deckel abnehmen. Frikadellentopf fertig garen.

Beilage: Basmatireis.

Gebratenes „Club-Sandwich“ mit Geflügelhack I

Raffiniert – für Gäste

4 Portionen

Pro Portion: E: 37 g, F: 29 g, Kh: 42 g, kJ: 2417, kcal: 577, BE: 3,5

400 g Hähnchenbrustfilet
½ Bund Dill
Salz
gem. schwarzer Pfeffer
3 EL Meerrettich (aus Glas oder Tube)
3 EL mittelscharfer Senf
8 Sandwichbrotscheiben (etwa 320 g)
6 EL Sonnenblumenöl
8 Scheiben Bacon (Frühstücksspeck, etwa 150 g)
250 g Tomaten
50 g schöne Römersalatblätter

Außerdem:
evtl. 1 Holzspieß

Zubereitungszeit: 45 Minuten

1. Hähnchenbrustfilet kurz unter fließendem kalten Wasser abspülen, trocken tupfen und in etwa 2 cm große Würfel schneiden. Hähnchenfleischwürfel im Blitzhacker fein zerkleinern.

2. Dill abspülen und trocken tupfen. Die Spitzen von den Stängeln zupfen. Spitzen klein schneiden.

3. Dill mit Salz, Pfeffer, Meerrettich und Senf zum Geflügelhack geben und untermischen.

4. Den Backofen vorheizen.
Ober-/Unterhitze: etwa 180 °C
Heißluft: etwa 160 °C

5. Die Geflügelhackmasse auf die Hälfte der Sandwichbrotscheiben streichen und mit den restlichen Scheiben belegen, leicht andrücken.

6. Fünf Esslöffel des Sonnenblumenöls in einer großen Pfanne erhitzen. Die Sandwiches von jeder Seite bei starker Hitze goldbraun anbraten, herausnehmen und auf ein Backblech (mit Backpapier belegt) legen.

7. Das Backblech in den vorgeheizten Backofen schieben. und die Sandwiches **etwa 10 Minuten backen.**

8. In der Zwischenzeit restliches Sonnenblumenöl in einer Pfanne erhitzen. Die Baconscheiben darin von jeder Seite goldbraun und knusprig braten.

9. Die Tomaten abspülen, trocken tupfen und die Stängelansätze herausschneiden. Tomaten in Scheiben schneiden.

10. Römersalatblätter abspülen, trocken tupfen und klein schneiden.

11. Die Sandwiches vom Backblech nehmen und einmal diagonal durchschneiden.

12. Sandwiches übereinandergelegt anrichten. Mit Salat, Tomaten- und Baconscheiben belegen. Nach Belieben mit einem Holzspieß feststecken.

Tipps: Wer mag, kann noch Tomatenketchup dazu essen. Und sehr gut passt dazu ein kaltes Bier.

Gedämpfte Geflügel-Momos I

(Zubereitung im Bambusdämpfer, Ø etwa 26 cm)

Etwas aufwendiger

4 Portionen

Pro Portion: E: 44 g, F: 10 g, Kh: 59 g, kJ: 2115, kcal: 505, BE: 5,0

Für den Teig:

250 g	*Weizenmehl*
	Salz
1 EL	*Sonnenblumenöl*
140 ml	*lauwarmes Wasser*

Für die Tomatensauce:

20 g	*frischer Ingwer*
300 g	*Pizzatomaten (aus der Dose)*
3 EL	*Ketjap Manis (süße Sojasauce)*
2 EL	*dunkles, asiatisches Sesamöl*

Für die Füllung:

600 g	*Hähnchenbrustfilet*
50 g	*rote Zwiebel*
40 g	*frischer Ingwer*
100 g	*Chinakohl*
8 Stängel	*Koriander*
2 gestr. EL	*mildes oder scharfes Currypulver nach Geschmack*
2 gestr. EL	*Garam Masala (indische Gewürzmischung, erhältlich im Asialaden)*

Zubereitungszeit: 60 Minuten, ohne Ruhezeit
Dämpfzeit: etwa 10 Minuten

1. Für den Teig Mehl mit ½ Teelöffel Salz, Sonnenblumenöl und lauwarmem Wasser in der Küchenmaschine mit dem Schneidmesser mischen und so lange durcharbeiten, bis sich der Teig zu einer Kugel formt. Nochmals weitere etwa 3 Minuten mit dem Schneidmesser durcharbeiten, bis ein glatter, elastischer Teig entsteht. Den Teig in Frischhaltefolie wickeln und bei Zimmertemperatur etwa 1 Stunde ruhen lassen.

2. Für die Sauce Ingwer schälen und klein würfeln. Ingwerwürfel, Pizzatomaten, Ketjap Manis und Sesamöl im Blitzhacker fein pürieren. Evtl. mit Salz würzen.

3. Für die Füllung das Hähnchenbrustfilet kurz unter fließendem kalten Wasser abspülen, trocken tupfen und in etwa 2 cm große Stücke schneiden. Zwiebel abziehen in kleine Würfel schneiden. Ingwer schälen und klein würfeln.

4. Chinakohl putzen, abspülen, abtropfen lassen und in kleine Stücke schneiden. Koriander abspülen und trocken tupfen. Die Blättchen von den Stängeln zupfen. Blättchen grob zerschneiden.

5. Fleischwürfel, Zwiebel-, Ingwerwürfel, Kohlstücke, Koriander, Curry, Garam Masala und etwas Salz in 2 Portionen in den Blitzhacker geben und kleinstückig hacken.

6. Den Teig auf einer Arbeitsfläche etwa 3 mm dick ausrollen (die Arbeitsfläche nicht bemehlen, der Teig klebt nicht) und große, runde Platten (Ø etwa 10 cm) ausstechen.

7. Jeweils 1 Esslöffel der Füllung auf einer Seite verteilen und die andere Seite darüberklappen. Die Teigtaschen mit der Naht nach oben auf die Arbeitsfläche legen und die Ränder fest zusammendrücken.

8. Die Teigtaschen (Momos) auf Backpapier legen und am besten in zwei große Bambus-Dämpfkorbe legen.

9. Den restlichen Teig immer wieder zusammenkneten und ausrollen, bis insgesamt 32 Momos entstanden sind.

10. Die Dampfkörbe jeweils mit dem Deckel verschließen. Zwei Töpfe etwa in Größe der Dampfkörbe je etwa zu einem Viertel mit Wasser füllen und zum Kochen bringen. Jeweils den Dampfkorb daraufsetzen. Die Momos etwa 10 Minuten dämpfen.

11. Die Geflügel-Momos mit der Tomatensauce anrichten und sofort servieren.

Tipps: Wenn Sie keine Küchenmaschine zur Hand haben, können Sie den Teig auch sehr gut mit einem Mixer (Knethaken) zubereiten. Oder die Teigzutaten mit den Händen zu einem glatten, elastischen Teig verkneten.

Geflügelburger I

Schmeckt auch Kindern

4 Portionen

Pro Portion: E: 33 g, F: 18 g, Kh: 41 g, kJ: 1911, kcal: 456, BE: 3,5

2	*kleine Möhren (je etwa 70 g)*
1	*Zwiebel*
500 g	*Geflügelhackfleisch (evtl. beim Metzger vorbestellen)*
135 g	*abgetropfter Gemüsemais (aus der Dose)*
1	*Ei (Größe M)*
	Salz
	gem. Pfeffer
1	*kleiner Kopfsalat (etwa 200 g)*
4	*Hamburger-Brötchen (je etwa 50 g)*
2 EL	*Speiseöl, z. B. Sonnenblumenöl*
180 ml	*Hot Chilisauce (aus der Flasche)*

Zubereitungszeit: 30 Minuten
Grillzeit: etwa 15 Minuten

1. Den Grill vorheizen.

2. Möhren putzen, schälen, abspülen, abtropfen lassen und in kleine Würfel schneiden. Zwiebel abziehen und ebenfalls klein würfeln.

3. Das Geflügelhackfleisch in eine Schüssel geben. Möhren-, Zwiebelwürfel, Mais und Ei hinzufügen. Die Zutaten gut verkneten. Mit Salz und Pfeffer würzen. Aus der Hackfleischmasse mit angefeuchteten Händen 4 flache Burger in Größe der Brötchen formen und beiseitelegen.

4. Von dem Salat die äußeren, welken Blätter entfernen. Salatblätter vorsichtig vom Strunk lösen, abspülen, gut abtropfen lassen und trocken tupfen. Die Brötchen waagerecht halbieren.

5. Die beiseitegelegten Burger mit Speiseöl bestreichen, evtl. in eine Aluschale legen und auf dem heißen Grillrost etwa 10 Minuten unter Wenden grillen. Die Brötchenhälften mit der Schnittfläche nach unten ebenfalls auf den heißen Grillrost legen und etwa 5 Minuten grillen.

6. Die unteren Brötchenhälften zuerst mit den Salatblättern, dann mit den Burgern belegen. Jeweils 1 Esslöffel Chilisauce darauf verteilen. Die oberen Brötchenhälften darauflegen und sofort servieren. Restliche Chilisauce dazureichen.

Geflügelfrikadellen auf buntem Paprikasalat I

Gut vorzubereiten

8 Portionen

Pro Portion: E: 18 g, F: 16 g, Kh: 10 g, kJ: 1076, kcal: 257, BE: 1,0

Für die Geflügelfrikadellen:

1 Brötchen (Semmel) vom Vortag
600 g Geflügelhackfleisch (evtl. beim Metzger vorbestellen)
1 Ei (Größe M)
Salz, gem. Pfeffer
Paprikapulver edelsüß
1 Bund Petersilie
4 EL Speiseöl

Für den Paprikasalat:

je 2 rote, grüne und gelbe Paprikaschoten
2 Zwiebeln
4 EL Weißweinessig
6 EL Speiseöl

1 Bund Thymian

Zubereitungszeit: 40 Minuten, ohne Durchziehzeit

1. Für die Geflügelfrikadellen das Brötchen in kaltem Wasser einweichen und ausdrücken. Geflügelhackfleisch in eine Schüssel geben. Brötchen und das Ei gut unterkneten. Mit Salz, Pfeffer und Paprika würzen.

2. Petersilie abspülen und trocken tupfen. Die Blättchen von den Stängeln zupfen. Blättchen klein schneiden und unter den Hackfleischteig kneten. Aus der Hackfleischmasse mit angefeuchteten Händen 8 kleine Frikadellen formen.

3. Speiseöl in einer großen Pfanne erhitzen. Die Frikadellen darin von beiden Seiten braten, herausnehmen und erkalten lassen.

4. Für den Paprikasalat die Paprikaschoten halbieren, entstielen, entkernen und die weißen Scheidewände entfernen. Schoten abspülen, abtropfen lassen, klein würfeln und in kochendem Salzwasser etwa 2 Minuten blanchieren. Paprikawürfel in einem Sieb abtropfen lassen. Zwiebeln abziehen und in kleine Würfel schneiden.

5. Essig mit Speiseöl in einer Schüssel verrühren, mit Salz und Pfeffer würzen. Paprikawürfel hinzugeben und etwa 1 Stunde durchziehen lassen.

6. Thymian abspülen und trocken tupfen. Die Blättchen von den Stängeln zupfen.

7. Den Salat auf einem Teller anrichten. Frikadellen darauf verteilen. Mit Thymianblättchen garnieren.

Tipps: Wenn Sie die Paprikaschoten nicht blanchieren möchten, können Sie die Paprikaschoten auch mithilfe eines Sparschälers dünn schälen. Die Geflügelfrikadellen schmecken noch herzhafter, wenn statt des Eies 1–2 Esslöffel Magerquark untergemischt werden, dann evtl. zusätzlich Semmelbrösel untermischen.

Geflügel-Fritters in Tempura auf knackigem Gemüse I

Exotisch – mit Alkohol

4 Portionen

Pro Portion: E: 34 g, F: 27 g, Kh: 38 g, kJ: 2218, kcal: 530, BE: 3,0

Für die Geflügel-Fritters:

20 g frischer Ingwer
2 Knoblauchzehen
150 g Frühlingszwiebeln
450 g Hähnchenbrustfilet
2 EL Sake (Reiswein)
2 EL Mirin (süßer, japanischer Reiswein)
2 EL Sojasauce
1 EL brauner Zucker
4 EL Sonnenblumenöl

200 g Shiitakepilze
250 g Zuckerschoten

Für den Tempurateig:

100 g Weizenmehl
25 g Speisestärke
Salz
200 ml kaltes Mineralwasser mit Kohlensäure

Zum Frittieren:

2 l Speiseöl

250 ml Gemüsebrühe
6 EL Teriyakisauce (erhältlich im Asialaden)

Zubereitungszeit: 50 Minuten

1. Für die Fritters Ingwer schälen und in kleine Würfel schneiden. Knoblauch abziehen und klein würfeln. 1 Frühlingszwiebel putzen, abspülen, abtropfen lassen und klein schneiden.

2. Hähnchenbrustfilet kurz unter fließendem kalten Wasser abspülen, trocken tupfen und in etwa 2 cm große Stücke schneiden.

3. Ingwer-, Knoblauchwürfel, Frühlingszwiebelstücke und Fleischwürfel zusammen mit Sake, Mirin, Sojasauce und Zucker im Blitzhacker kleinstückig hacken. Aus der Masse mit einem Esslöffel 16 Nocken formen und auf einen Teller (mit 1 Esslöffel Sonnenblumenöl bestrichen) oder ein Tablett (mit 1 Esslöffel Sonnenblumenöl bestrichen) legen.

4. Pilze putzen, evtl. kurz abspülen und trocken tupfen. Die Stiele herausdrehen. Die Hüte in etwa 1 cm breite Scheiben schneiden. Von den Zuckerschoten die Enden abschneiden, evtl. abfädeln. Zuckerschoten abspülen, trocken tupfen und jeweils 2-mal der Länge nach schräg durchschneiden.

5. Für den Teig Mehl mit Speisestärke, etwas Salz und Mineralwasser in einer Rührschüssel glatt rühren. Die restlichen Frühlingszwiebeln putzen, abspülen, abtropfen lassen, in dünne Scheiben schneiden und unter den Teig heben.

6. Zum Frittieren Speiseöl in einem hohen Topf oder einer Fritteuse auf etwa 180 °C erhitzen.

7. In der Zwischenzeit restliches Sonnenblumenöl in einer großen Pfanne erhitzen. Die Pilzscheiben und Zuckerschoten darin bei starker Hitze etwa 1 Minute unter Wenden ohne Farbe andünsten.

8. Mit etwas Brühe ablöschen und zum Kochen bringen. Nach und nach die restliche Brühe hinzugießen und ganz einkochen lassen. Dann die Teriyakisauce unter das Gemüse mischen. Das Gemüse warm halten.

9. Die Hähnchennocken mit einer Gabel vorsichtig durch den Tempurateig ziehen und in dem erhitztem Speiseöl 3–4 Minuten ohne Farbe ausbacken, dabei einmal wenden. Die Nocken mit einer Schaumkelle herausnehmen und auf Küchenpapier gut abtropfen lassen.

10. Die Geflügel-Fritters auf dem heißen Gemüse anrichten und sofort servieren.

Tipp: Wer mag, kann noch gedämpften Jasminreis dazu servieren.

Geflügelklößchen mit Zuckerschoten I

Raffiniert

4 Portionen

Pro Portion: E: 26 g, F: 24 g, Kh: 17 g, kJ: 1417, kcal: 339, BE: 1,5

200 g Gehacktes vom Hähnchen
200 g Gehacktes von Tauben
4 EL Semmelbrösel
1 Ei (Größe M)
Salz
gem. Pfeffer
200 ml Geflügelfond oder -brühe
200 g Schlagsahne
ger. Muskatnuss
1 EL gehackte Petersilie
300 g Zuckerschoten

Zubereitungszeit: 50 Minuten
Garzeit: Klößchen 5–7 Minuten je Portion

1. Gehacktes in eine Schüssel geben. Mit Semmelbröseln, Ei, Salz und Pfeffer zu einem glatten Fleischteig verarbeiten.

2. Geflügelfond oder -brühe in einem Topf erhitzen. Von dem Hackfleischteig mit angefeuchteten Händen kleine Klößchen formen, portionsweise in den Fond oder die Brühe geben und 5–7 Minuten gar ziehen lassen. Geflügelklößchen mit einer Schaumkelle herausnehmen und warm stellen.

3. Verbliebenen Geflügelfond oder die Geflügelbrühe mit Sahne auffüllen, zum Kochen bringen und etwas einkochen lassen. Mit Salz, Pfeffer und Muskat würzen. Petersilie unterrühren. Die Geflügelklößchen in der Sauce erhitzen.

4. Von den Zuckerschoten die Enden abschneiden, evtl. abfädeln. Die Zuckerschoten abspülen, abtropfen lassen und in kochendem Salzwasser etwa 3 Minuten blanchieren. Die Zuckerschoten mit eiskaltem Wasser abschrecken, in einem Sieb abtropfen lassen, mit der Sauce und den Geflügelklößchen mischen.

Gefüllte Brötchen I

Einfach

4 Portionen

Pro Portion: E: 36 g, F: 33 g, Kh: 23 g, kJ: 2219, kcal: 530, BE: 2,0

4	*Brötchen (Semmeln)*
1	*Zwiebel*
400 g	*Gehacktes (halb Rind-, halb Schweinefleisch)*
1	*Ei (Größe M)*
1 EL	*Semmelbrösel*
1 EL	*Speiseöl*
	Salz
	gem. Pfeffer
½ TL	*gerebelter Oregano*
4 Scheiben	*Chester-Käse*
einige	*Tomatenspalten*
evtl. einige	*Kräuterblättchen*

Zubereitungszeit: 20 Minuten

Backzeit: etwa 20 Minuten

1. Den Backofen vorheizen.

Ober-/Unterhitze: etwa 200 °C

Heißluft: etwa 180 °C

2. Brötchen waagerecht in der Mitte durchschneiden. Brötchenhälften etwas aushöhlen. Zwiebel abziehen und in kleine Würfel schneiden. Das Gehackte in eine Schüssel geben. Zwiebelwürfel, Ei, Semmelbrösel und Speiseöl hinzufügen. Die Zutaten gut verkneten, mit Salz, Pfeffer und Oregano würzen.

3. Den Fleischteig in den Brötchenhälften verteilen und auf ein Backblech (mit Backpapier belegt) legen. Das Backblech in den vorgeheizten Backofen schieben. Die Brötchenhälften **etwa 15 Minuten backen.**

4. Das Backblech auf einen Rost stellen. Die Brötchenhälften mit je 1 Käsescheibe belegen. Das Backblech wieder in den heißen Backofen schieben. Die Käsescheiben so lange bei gleicher Backofeneinstellung überbacken, bis der Käse anfängt zu zerlaufen.

5. Die Brötchen mit Tomatenspalten und abgespülten, trocken getupften Kräuterblättchen garnieren.

Gefüllte Chicoréehälften I

Raffiniert – schnell

2 Portionen

Pro Portion: E: 26 g, F: 19 g, Kh: 11 g, kJ: 1341, kcal: 320, BE: 0,0

2 TL Zitronensaft
250 ml Fleischbrühe
2 Chicorée (etwa 500 g)
2 Frühlingszwiebeln
2 EL Speiseöl
200 g Beefsteakhackfleisch
1 rote Paprikaschote (etwa 100 g)
Salz
gem. Pfeffer
Paprikapulver rosenscharf
2–3 EL Schlagsahne

Zubereitungszeit: 20 Minuten

1. Zitronensaft mit Brühe in einem breiten Topf zum Kochen bringen.

2. Den Chicorée von den schlechten Blättern befreien, halbieren und die bitteren Strünke keilförmig herausschneiden.

3. Die Chicoréehälften in der Brühe von jeder Seite 2–3 Minuten dünsten, dazu die Hälften evtl. mit Holzstäbchen zusammenhalten.

4. Frühlingszwiebeln putzen, abspülen, abtropfen lassen und in feine Scheiben schneiden.

5. Speiseöl in einer beschichteten Pfanne erhitzen. Hackfleisch darin unter Rühren anbraten. Dabei die Fleischklümpchen mit einer Gabel zerdrücken. Anschließend die Frühlingszwiebelscheiben hinzugeben. Die Hackfleischmasse unter Rühren etwa 4 Minuten braten.

6. In der Zwischenzeit die Paprikaschote halbieren, entstielen, entkernen und die weißen Scheidewände entfernen. Schote abspülen, abtropfen lassen und in kleine Würfel schneiden.

7. Paprikawürfel zur Hackfleischmasse geben und etwa 1 Minute mitgaren lassen. Mit Salz, Pfeffer und Paprika würzen.

8. Die Chicoréehälften mit der Hackfleischmasse füllen und mit der Sahne beträufeln. Sofort servieren.

Beilage: Reis.

Tipps: Sie können die 2–3 inneren Blätter vor dem Dünsten herauslösen, in feine Streifen schneiden und mit der Paprika ins Hackfleisch geben. Dann lassen sich die Chicoréehälften besser füllen. Sie können diese magere Hackfüllung auch in andere Gemüse geben. Versuchen Sie es einmal mit abgespülten, ausgehöhlten, halbierten Fleischtomaten, mit entkernten, halbierten Gurken oder halbierten, rohen Paprika. Oder entkernen Sie 2 Avocados, höhlen Sie sie etwas stärker aus und beträufeln Sie sie mit Zitronensaft. Geben Sie das Fruchtfleisch zum Schluss unter die Hackfleischmasse und beträufeln Sie die Hackfleischmasse mit wenigen Tropfen Tabasco. Das reicht dann für 4 Portionen als Vorspeise. Wenn Sie 4 große Backkartoffeln im Backofen zubereiten, diese nach dem Backen halbieren und etwas aushöhlen, können Sie die doppelte Hackfleischmasse darauffüllen. Geben Sie zum Schluss etwas mit Meerrettich verrührte Crème fraîche über die Hackmasse. Das reicht dann mit einem bunten Salat als Abendmahlzeit.

Gefüllte Fleischbällchen I

Für die Party

12 Portionen

Pro Portion: E: 22 g, F: 24 g, Kh: 9 g, kJ: 1428, kcal: 341, BE: 0,5

2 Brötchen (Semmeln) vom Vortag
2 Zwiebeln
250 g Fetakäse
1 kg Gehacktes (halb Rind-, halb Schweinefleisch)
1 EL Zitronensaft
2 Eier (Größe M)
2 EL gehackte Petersilie
1 EL gehackte Minze
Salz
gem. Pfeffer
4 EL Weizenmehl
1 kg Ausbackfett oder Butterschmalz

Zubereitungszeit: 40 Minuten

1. Die Brötchen in kaltem Wasser einweichen. Die Zwiebeln abziehen und in kleine Würfel schneiden. Fetakäse ebenfalls klein würfeln. Eingeweichtes Brötchen ausdrücken.

2. Das Gehackte in eine Schüssel geben. Brötchen, Zwiebelwürfel, Zitronensaft und Eier hinzufügen. Die Zutaten gut verkneten. Petersilie und Minze unterarbeiten. Mit Salz und Pfeffer würzen.

3. Von der Hackfleischmasse mit einem Esslöffel kleine Portionen abstechen und mit bemehlten Händen flach drücken. Jeweils 1 Käsewürfel daraufgeben und mit dem Fleischteig umhüllen. Die Fleischbällchen leicht in Mehl wenden.

4. Das Ausbackfett in einer Fritteuse auf etwa 180 °C erhitzen. Die Fleischbällchen darin portionsweise unter mehrmaligem Wenden frittieren, mit einer Schaumkelle herausnehmen und auf Küchenpapier abtropfen lassen. Oder Butterschmalz in einer großen Pfanne erhitzen. Die Fleischbällchen darin von allen Seiten braun braten.

Gefüllte Hackbällchen als Fondue

Für Gäste

6 Portionen

Pro Portion: E: 34 g, F: 36 g, Kh: 16 g, kJ: 2198, kcal: 525, BE: 1,0

2 Zwiebeln
1 Bund glatte Petersilie
2 Knoblauchzehen
150 g Schafskäse
je 1/2 rote, grüne und gelbe Paprikaschote
800 g Gehacktes (halb Rind-, halb Schweinefleisch)
100 g Semmelbrösel
2 Eier (Größe M)
Salz
gem. Pfeffer
1 l Pflanzenöl oder 1 kg Pflanzenfett

Zubereitungszeit: 40 Minuten

1. Die Zwiebeln abziehen und in kleine Würfel schneiden. Die Petersilie abspülen und trocken tupfen. Die Blättchen von den Stängeln zupfen, Blättchen klein schneiden. Knoblauch abziehen und durch eine Knoblauchpresse drücken.

2. Den Schafskäse in kleine Würfel schneiden. Die Paprikahälften entstielen, entkernen und die weißen Scheidewände entfernen. Schotenhälften in kleine Würfel schneiden.

3. Gehacktes in eine Schüssel geben. Zwiebelwürfel, Knoblauch, Petersilie, Semmelbrösel und Eier hinzugeben und unterkneten. Mit Salz und Pfeffer würzen.

4. Die Hackfleischmasse halbieren. Aus einer Hackfleischportion mit angefeuchteten Händen Bällchen formen. Bällchen etwas flach drücken, einen Schafskäsewürfel hineingeben und mit der Hackfleischmasse umschließen. Die Hackbällchen auf einem Teller anrichten. Unter die restliche Hackfleischmasse die Paprikawürfel mischen, ebenfalls zu Bällchen formen. Die Hackbällchen ebenfalls auf einem Teller anrichten.

5. Das Pflanzenöl oder -fett in einem Fonduetopf erhitzen. Den Topf auf dem Rechaud weiterköcheln lassen. Die Bällchen auf Fonduegabeln stecken und in dem heißen Fett frittieren.

Beilage: Fladenbrot, Salate, Oliven.

Gefüllte Hacktaler | Für die Party

10 Stück

Pro Stück: E: 24 g, F: 24 g, Kh: 1 g, kJ: 1323, kcal: 316, BE: 0,0

Für die Hackfleischtaler:

1 kg Gehacktes (halb Rind-, halb Schweinefleisch)
1 Ei (Größe M)
1 Eigelb (Größe M)
Salz, gem. Pfeffer

Für die Gemüse-Käse-Füllung:

je 1 kleine, rote und grüne Paprikaschote
1 EL Butter
1 EL Weißweinessig
2 EL Wasser
150 g mittelalter Gouda

etwas Rucola (Rauke)

Zum Bestreuen:

50 g Sprossenmix
je
1 Kästchen grüne und rote Shisokresse

Zubereitungszeit: 40 Minuten, ohne Abkühlzeit
Garzeit: etwa 20 Minuten

1. Den Backofen vorheizen.
Ober-/Unterhitze: etwa 200 °C
Heißluft: etwa 180 °C

2. Für die Hacktaler Gehacktes in eine Schüssel geben. Ei und Eigelb hinzufügen, gut unterkneten, mit Salz und Pfeffer würzen.

3. Aus der Hackfleischmasse mit angefeuchteten Händen 20 runde Taler (Ø je etwa 5 cm) formen. Die Hacktaler auf ein Backblech (mit Backpapier belegt) legen. Das Backblech in den vorgeheizten Backofen schieben. Hackfleischtaler **etwa 20 Minuten garen.**

4. Das Backblech auf einen Kuchenrost stellen. Die Hacktaler abkühlen lassen.

5. Für die Füllung die Paprikaschoten halbieren, entstielen, entkernen und die weißen Scheidewände entfernen. Schoten abspülen, abtropfen lassen und sehr fein würfeln. Die Butter in einer Pfanne zerlassen. Die Paprikawürfel darin unter Rühren andünsten. Essig und Wasser hinzugeben. Die Paprikawürfel noch etwa 1 Minute dünsten, herausnehmen und abkühlen lassen.

6. Von dem Gouda 100 g in sehr kleine Würfel schneiden und mit den Paprikawürfeln mischen. Restlichen Gouda fein reiben und zum Bestreuen beiseitestellen.

7. Rucola verlesen und dicke Stängel abschneiden. Rucola abspülen, gut abtropfen lassen oder trocken schleudern und evtl. etwas kleiner zupfen.

8. Die Hälfte der Hacktaler mit je 1 Rucolablättchen belegen. Jeweils etwas von der Gemüse-Käse-Mischung daraufgeben und mit je 1 unbelegten Hacktaler bedecken.

9. Zum Bestreuen die Sprossen in ein Sieb geben, mit kaltem Wasser abspülen und gut abtropfen lassen. Kresse abspülen, trocken tupfen und mit einer Küchenschere vom Beet abschneiden. Die Hacktaler mit geriebenem Käse, Kresse und Sprossen bestreuen und anrichten.

Tipp: Wenn es ganz schnell gehen muss, bereiten Sie die Hacktaler aus frischen Bratwürsten zu. Dazu die Masse aus der Pelle drücken, zu kleinen Bällchen formen und wie beschrieben garen oder in der Pfanne etwa 10 Minuten braten.

Gefüllte Kohlblätter I

Raffiniert

4 Portionen

Pro Portion: E: 24 g, F: 48 g, Kh: 13 g, kJ: 2433, kcal: 581, BE: 0,5

	Salzwasser (auf 1 l Wasser 1 TL Salz)
1	*Rotkohl (1600–1800 g)*
600 g	*Bratwurstbrät*
1	*Gemüsezwiebel (etwa 300 g)*
200 g	*weiße oder rosa Champignons*
4 EL	*Speiseöl*
	Salz
	gem. Pfeffer
	gem. Kümmelsamen
1 Bund	*Suppengrün (etwa 500 g, küchenfertig vorbereitet, z. B. Möhren, Porree, Sellerie)*
200 ml	*Fleischbrühe*
einige	*Basilikumblättchen*

Zubereitungszeit: 65 Minuten, ohne Abkühlzeit
Garzeit: etwa 50 Minuten

1. Das Salzwasser in einem großen, weiten Topf zum Kochen bringen. In der Zwischenzeit vom Rotkohl die äußeren, welken Blätter entfernen. Rotkohl abspülen, den Strunk unten keilförmig herausschneiden.

2. Den Rotkohl so lange in kochendes Wasser legen, bis sich die äußeren Blätter lösen. Diesen Vorgang wiederholen, bis sich etwa 8 Blätter lösen lassen und etwas weich sind. Die Blätter abtropfen lassen und trocken tupfen. Dicke Blattrippen flach schneiden.

3. Bratwurstbrät in eine Schüssel geben. Die Gemüsezwiebel abziehen, halbieren und würfeln. Champignons putzen, evtl. kurz abspülen, abtropfen lassen und klein schneiden.

4. Zwei Esslöffel des Speiseöls in einer Pfanne erhitzen. Die Hälfte der Zwiebelwürfel darin glasig dünsten. Die Champignonstücke hinzugeben und mit andünsten, etwas abkühlen lassen.

5. Den Backofen vorheizen.
Ober-/Unterhitze: etwa 180 °C
Heißluft: etwa 160 °C

6. Die Champignonmasse zu dem Bratwurstbrät in die Schüssel geben und gut unterkneten. Mit Salz, Pfeffer und Kümmel würzen.

7. Das vorbereitete Suppengrün in Würfel schneiden. Restliches Speiseöl in einem Bräter erhitzen. Suppengrünwürfel und die restlichen Zwiebelwürfel darin unter Rühren andünsten. Brühe hinzugießen. Den Bräter von der Kochstelle nehmen.

8. Jeweils 2 Rotkohlblätter übereinanderlegen. Die Brät-Champignon-Masse darauf verteilen. Die Blätter seitlich einschlagen und aufrollen. Die Rouladen mit der Nahtseite nach unten auf das angedünstete Gemüse setzen.

9. Den Bräter auf dem Rost in den vorgeheizten Backofen schieben. Die gefüllten Rotkohlblätter **etwa 50 Minuten garen.**

10. Die gefüllten Rotkohlblätter mit dem Gemüse anrichten und mit abgespülten, trocken getupften Basilikumblättchen garniert servieren.

Tipp: Den restlichen Rotkohl in feine Streifen schneiden, blanchieren, in Eiswasser abschrecken, abtropfen lassen und für ein Rotkohlgemüse einfrieren.

Gefüllte Kohlrabi I

Preiswert

4 Portionen

Pro Portion: E: 32 g, F: 16 g, Kh: 23 g, kJ: 1539, kcal: 367, BE: 2,0

4	*dicke Kohlrabi (je etwa 400 g)*
2 Scheiben	*Toastbrot (etwa 60 g)*
etwas	*Milch oder Wasser*
400 g	*Geflügelhackfleisch, (evtl. beim Metzger vorbestellen)*
1	*Ei (Größe M)*
	Salz
	gem. Pfeffer
½ Bund	*Petersilie*
2	*Fleischtomaten (etwa 300 g)*
1	*Gemüsezwiebel (etwa 300 g)*
4 EL	*Olivenöl*
200 ml	*Gemüsebrühe*

Zubereitungszeit: 45 Minuten
Garzeit: etwa 40 Minuten

1. Kohlrabi putzen, schälen, abspülen, trocken tupfen und mit einem Kugelausstecher oder einem Teelöffel so aushöhlen, dass ein etwa ½ cm breiter Rand stehen bleibt. Das ausgehöhlte Kohlrabifleisch klein schneiden und beiseitelegen.

2. Die Toastbrotscheiben in eine Schale legen, mit Milch oder Wasser übergießen und kurz einweichen. Hackfleisch in eine Schüssel geben. Toastbrotscheiben ausdrücken und mit dem Ei unter das Hackfleisch mischen. Mit Salz und Pfeffer würzen.

3. Petersilie abspülen und trocken tupfen. Die Blättchen von den Stängeln zupfen. Einige Blättchen zum Garnieren beiseitelegen. Restliche Blättchen klein schneiden und unter die Gehacktesmasse kneten.

4. Tomaten abspülen, abtrocknen, vierteln und die Stängelansätze herausschneiden. Tomaten in kleine Stücke schneiden.

5. Salzwasser in einem großen Topf zum Kochen bringen. Die ausgehöhlten Kohlrabi darin 5–8 Minuten vorgaren, anschließend in ein Sieb geben, mit kaltem Wasser übergießen und abtropfen lassen. Die Kohlrabi mit der Hackfleischmasse füllen.

6. Den Backofen vorheizen.
Ober-/Unterhitze: etwa 200 °C
Heißluft: etwa 180 °C

7. Zwiebel abziehen, halbieren und in kleine Würfel schneiden. Das Olivenöl in einem Bräter erhitzen. Die Zwiebelwürfel darin glasig dünsten. Das beiseitegelegte Kohlrabifleisch und die Tomatenstückchen hinzugeben, kurz mit andünsten. Brühe hinzugießen und kurz aufkochen lassen.

8. Die gefüllte Kohlrabi in den Bräter setzen. Den Bräter auf dem Rost in den vorgeheizten Backofen schieben. Die Kohlrabi **etwa 40 Minuten garen.**

9. Die gefüllten Kohlrabi mit dem Gemüse aus dem Bräter nehmen.

10. Kohlrabi mit den beiseitegelegten Petersilienblättchen garnieren und sofort servieren.

Gefüllte Paprikaschoten und Auberginen I

Gut vorzubereiten
4 Portionen

Pro Portion: E: 30 g, F: 47 g, Kh: 23 g, kJ: 2650, kcal: 633, BE: 2,0

4 mittelgroße Paprikaschoten
4 kleine Auberginen

Für die Füllung:
60 g Langkornreis
Salz
3 Knoblauchzehen
je 1 Bund Petersilie und Zitronenmelisse
5 EL Olivenöl
250 g mageres Lammgehacktes
250 g Schweinemett
Salz, gem. Pfeffer
Saft von
½ Zitrone

Für den Sud:
6 EL Olivenöl
2 EL Tomatenmark
125 ml Fleischbrühe

Zubereitungszeit: 60 Minuten
Garzeit: etwa 45 Minuten

1. Von den Paprikaschoten am Stielende einen flachen Deckel abschneiden. Schoten entkernen und die weißen Scheidewände entfernen. Schoten abspülen und abtrocknen. Auberginen abspülen, abtrocknen und die Stängelansätze entfernen. Von den Auberginen längs einen flachen Deckel abschneiden. Fruchtfleisch mit einem Löffel bis auf einen etwa 1 cm breiten Rand aushöhlen. Fruchtfleisch beiseitelegen.

2. Für die Füllung Reis in kochendem Salzwasser zugedeckt etwa 10 Minuten ausquellen lassen. Reis in einem Sieb abtropfen lassen. Knoblauch abziehen und durch eine Knoblauchpresse drücken. Petersilie und Zitronenmelisse abspülen, trocken tupfen. Die Blättchen von den Stängeln zupfen. Blättchen klein schneiden.

3. Den Backofen vorheizen.
Ober-/Unterhitze: etwa 200 °C
Heißluft: etwa 180 °C

4. Beiseitegelegtes Auberginenfruchtfleisch in kleine Würfel schneiden. Olivenöl in einer großen Pfanne erhitzen. Auberginenwürfel und Knoblauch darin andünsten. Reis, Petersilie, Melisse, Gehacktes und Schweinemett hinzufügen, kurz unter Rühren mit andünsten, dabei die Fleischklümpchen mit einer Gabel zerdrücken. Mit Salz, Pfeffer und Zitronensaft würzen.

5. Paprikaschoten und Auberginen nebeneinander in eine große, flache Auflaufform setzen. Die Hackfleisch-Reis-Masse in den Paprikaschoten und Auberginen verteilen.

6. Für den Sud Olivenöl mit Tomatenmark und Brühe verrühren, in die Zwischenräume der Paprikaschoten und Auberginen gießen. Die Form mit gefettetem Backpapier zudecken und auf dem Rost in den vorgeheizten Backofen schieben. Die gefüllten Paprikaschoten und Auberginen **etwa 45 Minuten garen.** Nach etwa 30 Minuten Garzeit das Backpapier entfernen. Das Gericht fertig garen.

Gefüllte Schmorgurken I

Preiswert

4 Portionen

Pro Portion: E: 37 g, F: 56 g, Kh: 14 g, kJ: 2975, kcal: 710, BE: 0,5

Für die Füllung:

4 EL Speiseöl
600 g Gehacktes (halb Rind-, halb Schweinefleisch)
2 Möhren
1 Stange Porree (etwa 200 g)
1 EL Butter
1 EL Speiseöl
2 Knoblauchzehen
200 g Schmand (Sauerrahm)
1 Bund Dill
Salz
gem. Pfeffer

4 kleine Schmorgurken (je etwa 250 g)
1 EL Semmelbrösel
2 EL ger. Parmesan
2 große Fleischtomaten
125 ml Gemüsebrühe

Zubereitungszeit: 40 Minuten, ohne Abkühlzeit
Garzeit: etwa 35 Minuten

1. Für die Füllung Speiseöl in einer großen Pfanne erhitzen. Gehacktes darin unter Rühren anbraten, dabei die Fleischklümpchen mit einer Gabel zerdrücken.

2. Möhren putzen, schälen, abspülen, abtropfen lassen, grob raspeln oder würfeln. Porree putzen, die Stange längs halbieren, gründlich waschen, abtropfen lassen und in dünne Streifen schneiden. Butter in einem Topf zerlassen, Speiseöl miterhitzen. Möhrenraspel oder -würfel und Porreestreifen darin unter Rühren gar dünsten, abkühlen lassen. Knoblauch abziehen und durch eine Knoblauchpresse drücken.

3. Den Backofen vorheizen.
Ober-/Unterhitze: etwa 200 °C
Heißluft: etwa 180 °C

4. Die angebratene Hackfleischmasse, gegartes Gemüse, Knoblauch und Schmand in einer Schüssel gut vermengen. Den Dill abspülen und trocken tupfen. Die Spitzen von den Stängeln zupfen. Spitzen klein schneiden und unter die Hackfleisch-Gemüse-Masse rühren. Mit Salz und Pfeffer würzen.

5. Die Gurken schälen, abspülen, trocken tupfen und längs das obere Drittel abschneiden. Die Gurkenhälften nebeneinander in eine große, flache Auflaufform legen. Die Hackfleisch-Gemüse-Masse darauf verteilen. Semmelbrösel mit Käse mischen und daraufstreuen. Den Gurkendeckel drauflegen.

6. Die Tomaten kreuzweise einschneiden und mit kochendem Wasser übergießen. Nach 1–2 Minuten herausnehmen und mit kaltem Wasser abschrecken. Tomaten häuten, halbieren und die Stängelansätze herausschneiden. Tomaten in Würfel schneiden und in die Zwischenräume der Gurkenhälften legen. Brühe hinzugießen. Die Form auf dem Rost in den vorgeheizten Backofen schieben. Die gefüllten Schmorgurken **etwa 35 Minuten garen.**

Beilage: Reis oder ofenfrisches Knoblauch-Baguette.

Gefüllte Spitzkohlblätter I

Für Gäste

4 Portionen

Pro Portion: E: 19 g, F: 17 g, Kh: 17 g, kJ: 1268, kcal: 302, BE: 1,0

	Salzwasser (auf 1 l Wasser 1 TL Salz)
1	*Spitzkohl (etwa 700 g)*

Für die Füllung:

200 g	*festkochende Kartoffeln*
1 Bund	*Suppengrün (etwa 500 g, küchenfertig vorbereitet, z. B. Möhren, Sellerie, Porree)*
200 g	*Schweinefilet*
4 EL	*Speiseöl*
	Salz
	gem. Pfeffer
1/2 TL	*gehackter Thymian*
1	*Zwiebel*
4 Scheiben	*durchwachsener, magerer Speck (je etwa 20 g)*

Zubereitungszeit: 50 Minuten
Garzeit: etwa 45 Minuten

1. In einem großen Topf Salzwasser zum Kochen bringen. Vom Spitzkohl die äußeren welken Blätter entfernen. Den Spitzkohl abspülen, abtropfen lassen und den Strunk unten keilförmig herausschneiden. Den Spitzkohl so lange in kochendes Wasser legen, bis sich die äußeren Blätter lösen. Diesen Vorgang wiederholen, bis sich etwa 8 Blätter lösen lassen. Die Blätter abtropfen lassen, mit Küchenpapier trocken tupfen. Dicke Blattrippen flach schneiden.

2. Für die Füllung die Kartoffeln schälen, abspülen, abtropfen lassen und in Würfel schneiden. Möhren und Sellerie putzen, schälen, abspülen, abtropfen lassen und in kleine Stücke schneiden. Porree putzen, die Stange längs halbieren, gründlich waschen, abtropfen lassen und in dünne Streifen schneiden. Schweinefilet mit Küchenpapier trocken tupfen, in Stücke schneiden und im Blitzhacker fein hacken.

3. Den Backofen vorheizen.
Ober-/Unterhitze: etwa 200 °C
Heißluft: etwa 180 °C

4. Zwei Esslöffel des Speiseöls in einer Pfanne erhitzen. Fleisch darin von allen Seiten anbraten, mit einer Gabel zerdrücken und herausnehmen. Zuerst die Kartoffelwürfel, dann die Gemüsewürfel in dem verbliebenen Bratfett andünsten. Fleisch wieder hinzugeben. Mit Salz, Pfeffer und Thymian würzen.

5. Jeweils 2 Kohlblätter übereinanderlegen, mit je einem Viertel der Fleischmasse füllen. Die überlappenden Blätter zur Mitte hin einschlagen und aufrollen.

6. Zwiebel abziehen und in kleine Würfel schneiden. Restlichen Spitzkohl in Streifen schneiden. Restliches Speiseöl in einer Pfanne erhitzen. Zwiebelwürfel und Spitzkohlstreifen darin andünsten, etwas Wasser hinzugießen. Die Spitzkohlstreifen in einen Bräter geben. Die Spitzkohlrouladen darauflegen, mit je 1 Scheibe Speck belegen. Den Bräter auf dem Rost in den vorgeheizten Backofen schieben. Die gefüllten Spitzkohlblätter **etwa 45 Minuten garen.**

7. Das Gemüse während der Garzeit vorsichtig umrühren, sodass die Rouladen unbeschädigt bleiben.

Beilage: Wildreismischung.

Gefüllter Rollbraten I

Dauert länger

4 Portionen

Pro Portion: E: 35 g, F: 23 g, Kh: 12 g, kJ: 1667, kcal: 398, BE: 0,5

1 große, doppelte Rinderroulade (etwa 25 x 30 cm, vom Metzger zuschneiden lassen)
1 Zwiebel
200 g Rindergehacktes
1 Ei (Größe M)
2 EL Semmelbrösel
Salz
gem. Pfeffer
1 gestr. TL Paprikapulver edelsüß
1/4 TL Chilipulver
1 rote Paprikaschote (etwa 200 g)
4 EL Speiseöl, z. B. Rapsöl
400 ml Fleischbrühe
400 g passierte Tomaten (aus der Dose)

Außerdem:

Küchengarn oder Rouladennadeln

Zubereitungszeit: 20 Minuten
Bratzeit: etwa 6 Stunden

1. Den Backofen vorheizen.
Ober-/Unterhitze: etwa 80 °C

2. Rinderroulade mit Küchenpapier trocken tupfen, evtl. vorhandenes Fett und Sehnen abschneiden.

3. Zwiebel abziehen und klein würfeln. Gehacktes in eine Schüssel geben. Zwiebelwürfel, Ei und Semmelbrösel hinzugeben und unterkneten. Mit Salz, Pfeffer, Paprika- und Chili würzen.

4. Paprikaschote halbieren, entstielen, entkernen und die weißen Scheidewände entfernen. Schote abspülen, abtropfen lassen, Paprikahälften nochmals vierteln.

5. Die Roulade mit Salz und Pfeffer würzen. Die Hackfleischmasse in die Mitte der Roulade geben und mit Paprikastücken belegen. Die Roulade von der schmalen Seite her fest aufrollen und mit Küchengarn verschnüren oder mit Rouladennadeln feststecken.

6. Speiseöl in einem großen, flachen Bräter erhitzen. Die Fleischrolle darin von allen Seiten etwa 10 Minuten kräftig anbraten. Brühe und passierte Tomaten unterrühren, kurz aufkochen lassen. Den Bräter (ohne Deckel) auf dem Rost in den vorgeheizten Backofen (unteres Drittel) schieben und den Rollbraten **etwa 6 Stunden braten,** dabei 2–3-mal wenden.

7. Küchengarn oder Rouladennadeln vom Rollbraten entfernen. Den Braten in Scheiben schneiden und mit der Sauce servieren.

Beilage: Petersilienkartoffeln, Kohlrabi.

Gehacktes-Porree-Topf | Schnell

4 Portionen

Pro Portion: E: 34 g, F: 30 g, Kh: 46 g, kJ: 2476, kcal: 591, BE: 4,0

2 Stangen Porree (Lauch)
3 EL Speiseöl
500 g Gehacktes (halb Rind-, halb Schweinefleisch)
Salz
gem. Pfeffer
500 ml Fleisch- oder Gemüsebrühe
250 g Gabelspaghetti

Zubereitungszeit: 20 Minuten
Garzeit: 12–15 Minuten

1. Den Porree putzen, die Stangen längs halbieren, gründlich waschen und abtropfen lassen. Porree in Streifen schneiden.

2. Speiseöl in einer großen, beschichteten Pfanne oder einem großen Topf erhitzen. Gehacktes darin unter Rühren anbraten, dabei die Fleischklümpchen mit einer Gabel zerdrücken. Das Gehackte mit Salz und Pfeffer würzen.

3. Porreestreifen, Brühe und Gabelspaghetti hinzufügen, zum Kochen bringen, zugedeckt etwa 8 Minuten bei mittlerer Hitze garen, dabei zwischendurch umrühren. Mit Salz und Pfeffer abschmecken.

Tipp: Geben Sie noch 2 geputzte, fein gewürfelte Möhren mit dem Porree hinzu.

Gemischte gefüllte Gemüse I

Etwas aufwendiger

6 Portionen

Pro Portion: E: 53 g, F: 13 g, Kh: 30 g, kJ: 1965, kcal: 469, BE: 2,0

4 kleine Fleischtomaten
4 kleine, grüne oder gelbe Paprikaschoten
2 mittelgroße, gelbe oder grüne Zucchini
2 kleine Kohlrabi
1 Bund Petersilie
800 g Geflügelhackfleisch (evtl. beim Metzger vorbestellen)
1 Ei (Größe M)
Salz
gem. Pfeffer
1 Zwiebel
500 g kleine Kartoffeln
2 EL Speiseöl

Zubereitungszeit: 65 Minuten
Garzeit: 50–60 Minuten

1. Tomaten und Paprikaschoten abspülen, abtrocknen und je einen Deckel abschneiden. Aus den Tomaten das Fruchtfleisch mit einem Teelöffel herauslösen, dabei einen Rand stehen lassen. Tomatenfruchtfleisch beiseitelegen. Paprikaschoten entkernen und die weißen Scheidewände entfernen.

2. Zucchini abspülen, abtrocknen und die Enden abschneiden. Zucchini längs halbieren und vorsichtig aushöhlen, dabei einen etwa 1 cm breiten Rand stehen lassen. Zucchini nochmals quer halbieren. Von den Kohlrabi jeweils einen Deckel abschneiden. Kohlrabi schälen, abspülen, trocken tupfen und aushöhlen, dabei ebenfalls einen etwa 1 cm breiten Rand stehen lassen. Zucchini- und Kohlrabifruchtfleisch beiseitelegen. Petersilie abspülen und trocken tupfen. Die Blättchen von den Stängeln zupfen. Blättchen klein schneiden.

3. Hackfleisch in eine Schüssel geben, mit Petersilie und Ei verkneten und mit Salz und Pfeffer würzen. Das vorbereitete, ausgehöhlte Gemüse mit der Hackfleischmasse füllen.

4. Den Backofen vorheizen.
Ober-/Unterhitze: etwa 180 °C
Heißluft: etwa 160 °C

5. Das beiseitegelegte Zucchini- und Kohlrabifruchtfleisch in große Würfel schneiden. Zwiebel abziehen und in kleine Würfel schneiden. Kartoffeln schälen, abspülen, abtropfen lassen und ebenfalls würfeln.

6. Speiseöl in einem Bräter erhitzen. Zwiebel-, Kartoffel-, Zucchini- und Kohlrabiwürfel darin unter Rühren andünsten. Beiseitegelegtes Tomatenfruchtfleisch unterrühren. Die gefüllten Paprikaschoten, Zucchini und Kohlrabi daraufsetzen. Den Bräter auf dem Rost in den vorgeheizten Backofen schieben. Das gefüllte Gemüse **50–60 Minuten garen.** Nach 25–30 Minuten Garzeit die gefüllten Tomaten hinzugeben. Evtl. etwas Wasser hinzugießen.

7. Das gefüllte Gemüse mit dem Gemüse anrichten und sofort servieren.

Beilage: Reis.

Gemüseeintopf mit Mettklößchen I

Deftig – gut vorzubereiten

4 Portionen

Pro Portion: E: 30 g, F: 39 g, Kh: 26 g, kJ: 2424, kcal: 579, BE: 2,0

2 mittelgroße Zwiebeln
4 große Möhren
2 Stangen Porree (Lauch)
500 g Kartoffeln
250 g Zucchini
50 g Butter
1 Lorbeerblatt
je 1 TL gehackter Rosmarin und Thymian
Salz
gem. Pfeffer
ger. Muskatnuss
750 ml Gemüsebrühe
500 g Thüringer Mett (gewürztes Schweinemett)
2 EL gehackte Petersilie

Zubereitungszeit: 60 Minuten
Garzeit: 20–25 Minuten

1. Zwiebeln abziehen und in kleine Würfel schneiden. Möhren putzen, schälen, abspülen, abtropfen lassen und ebenfalls klein würfeln. Porree putzen, die Stangen längs halbieren, gründlich waschen, abtropfen lassen und in Streifen schneiden.

2. Kartoffeln schälen, abspülen, abtropfen lassen und würfeln. Zucchini abspülen, abtrocknen und die Enden abschneiden. Zucchini in Scheiben schneiden.

3. Butter in einem Topf zerlassen. Zwiebel-, Möhren- und Kartoffelwürfel darin portionsweise andünsten. Porreestreifen hinzufügen und kurz mitdünsten lassen. Lorbeerblatt, Rosmarin und Thymian hinzugeben. Mit Salz, Pfeffer und Muskat würzen.

4. Brühe hinzugießen. Die Zutaten zum Kochen bringen und zugedeckt etwa 15 Minuten garen. Lorbeerblatt entfernen.

5. Aus dem Mett mit angefeuchteten Händen kleine Klößchen formen. Mettklößchen mit den Zucchinischeiben in den Eintopf geben und in 5–10 Minuten gar ziehen lassen. Petersilie abspülen und trocken tupfen. Die Blättchen von den Stängeln zupfen klein schneiden. Die Suppe mit Petersilie bestreuen und servieren.

Glasnudelsalat mit geröstetem Hackfleisch | Gut vorzubereiten

4 Portionen

Pro Portion: E: 28 g, F: 23 g, Kh: 54 g, kJ: 2280, kcal: 542, BE: 4,0

1 rote Chilischote
1 Knoblauchzehe
½ Bund Koriander
1 EL Speiseöl, z. B. Maiskeimöl
500 g Gehacktes (halb Rind-, halb Schweinefleisch)
Salz
1–2 EL Sojasauce
1 EL Fischsauce
Zucker
200 g Glasnudeln
1 EL Sojasauce
200 g Zuckerschoten
1 Bund Frühlingszwiebeln

Für die Limettenmarinade:
½ rote Chilischote
40 ml Limettensaft

einige Römersalatblätter

Zubereitungszeit: 45 Minuten, ohne Abkühlzeit

1. Chilischote abspülen, trocken tupfen und klein schneiden. Knoblauch abziehen und ebenfalls klein schneiden. Koriander abspülen und trocken tupfen. Die Blättchen von den Stängeln zupfen. Blättchen für die Marinade beiseitelegen. Die Korianderstängel klein hacken.

2. Das Speiseöl in einer großen Pfanne erhitzen. Das Gehackte hineingeben, mit Salz, Soja-, Fischsauce, Chilischote, Knoblauch und 1 Prise Zucker würzen. Die Zutaten bei starker Hitze unter Rühren kräftig braun anbraten. Dabei die Fleischklümpchen mit einer Gabel zerdrücken. Klein gehackte Korianderstängel unterrühren. Die Hackfleischmasse herausnehmen, in eine Schüssel geben und erkalten lassen.

3. Die Glasnudeln nach Packungsanleitung zubereiten, anschließend mit einer Küchenschere in Stücke schneiden. Die Glasnudeln mit Salz und Sojasauce abschmecken und zur Hackfleischmasse in die Schüssel geben.

4. Von den Zuckerschoten die Enden abschneiden, evtl. abfädeln. Zuckerschoten abspülen, abtropfen lassen und in feine Streifen schneiden. Frühlingszwiebeln putzen, abspülen, abtropfen lassen, in feine Scheiben schneiden. Zuckerschotenstreifen und Frühlingszwiebelscheiben zu der Glasnudel-Hackfleisch-Masse geben und vorsichtig unterheben.

5. Für die Marinade die Chilischotenhälfte entstielen, entkernen, abspülen, trocken tupfen und fein hacken. Chili mit ½ Teelöffel Salz und 1 Prise Zucker unter den Limettensaft rühren. Beiseitegelegte Korianderblätter (einige Blättchen abnehmen) grob zerzupfen.

6. Die Limettenmarinade kurz vor dem Servieren auf dem Salat verteilen und gut untermischen. Römersalatblätter abspülen und abtropfen lassen. Den Salat auf den Römersalatblättern anrichten, mit den abgenommenen Korianderblättchen bestreuen und sofort servieren.

Tipp: Statt der Limettenmarinade können Sie Limettenviertel zum Selbstauspressen dazureichen.

Gratinierte Cannelloni mit Zucchini-Mett-Füllung I

Schmeckt auch Kindern – gut vorzubereiten

4 Portionen

Pro Portion: E: 44 g, F: 46 g, Kh: 56 g, kJ: 3414, kcal: 816, BE: 4,5

350 g Zucchini
1 Zwiebel
1 Knoblauchzehe
25 g gemischte TK-Kräuter
400 g Thüringer Mett (gewürztes Schweinemett)
gem. Pfeffer
20–24 Cannelloni (ohne Vorkochen, etwa 250 g)

Für die Sauce:

400 g rosé Champignons
1 geh. EL Butter
150 ml Gemüsebrühe
250 ml Milch (3,5 % Fett)
1/2 EL Butter
1 leicht geh. EL Weizenmehl
150 g Schmelzkäse-Zubereitung, z. B. Champignon, Kräuter oder Sahne
abgeriebene Schale und Saft von 1/2 Bio-Zitrone (unbehandelt, ungewachst)
evtl. Salz

50 g ger. Parmesan

Zubereitungszeit: 40 Minuten
Garzeit: etwa 40 Minuten

1. Den Backofen vorheizen.
Ober-/Unterhitze: etwa 200 °C
Heißluft: etwa 180 °C

2. Zucchini abspülen, abtrocknen und die Enden abschneiden. Zucchini auf der Küchenreibe grob raspeln. Zwiebel und Knoblauch abziehen, in kleine Würfel schneiden. Zucchiniraspel mit Zwiebel- und Knoblauchwürfeln, Kräutern und Mett gut vermengen. Mit etwas Pfeffer würzen.

3. Die Mett-Zucchini-Masse in die Cannelloni füllen und in eine Auflaufform (leicht gefettet) legen.

4. Für die Sauce die Champignons putzen, evtl. kurz abspülen, trocken tupfen und klein schneiden. Butter in einer Pfanne zerlassen. Champignonstücke darin unter Wenden etwa 2 Minuten andünsten. Brühe und Milch hinzugießen.

5. Butter mit Mehl verkneten, in die Sauce rühren und zerlassen, etwa 1 Minute unter Rühren kochen lassen. Schmelzkäse unterrühren und schmelzen lassen. Die Sauce mit Zitronenschale, -saft, Pfeffer und evtl. etwas Salz abschmecken.

6. Die Champignonsauce auf den Cannelloni verteilen. Mit Käse bestreuen. Die Form auf dem Rost in den vorgeheizten Backofen schieben. Die Cannelloni **etwa 40 Minuten garen.**

Tipp: Garnieren Sie den Auflauf mit etwas gehackter Petersilie.

Graupeneintopf mit Geflügelklößchen I

Macht richtig satt

4 Portionen

Pro Portion: E: 27 g, F: 2 g, Kh: 42 g, kJ: 127, kcal: 302, BE: 3,5

150 g feine Perlgraupen
Salz
300 g Hähnchenbrustfilet
6 Stängel Dill
30 g Semmelbrösel
2 EL grobkörniger Senf
gem. schwarzer Pfeffer
400 g Hokkaido-Kürbis
300 g Pastinaken
1 Stange Porree (etwa 225 g)
2 Stängel Liebstöckel
1 3/4 l Hühnerbrühe
10 Schnittlauchhalme

Zubereitungszeit: 55 Minuten

1. Graupen in kochendem Salzwasser nach Packungsanweisung gar kochen. Graupen in ein Sieb geben, mit kaltem Wasser abschrecken und abtropfen lassen.

2. Das Hähnchenbrustfilet kurz unter fließendem kalten Wasser abspülen, trocken tupfen und in etwa 2 cm große Würfel schneiden. Die Fleischwürfel im Blitzhacker fein pürieren und in eine Schüssel geben.

3. Dill abspülen und trocken tupfen. Die Spitzen von den Stängeln zupfen. Spitzen klein schneiden. Dill, Semmelbrösel, Senf, Salz und Pfeffer zum pürierten Fleisch in die Schüssel geben und gut untermischen.

4. Aus der Masse mit leicht angefeuchteten Händen 24 glatte Klößchen formen und zugedeckt in den Kühlschrank stellen.

5. Kürbis abspülen, trocken tupfen, vierteln und die Kerne mit einem Löffel herauslösen. Kürbisviertel mit der Schale in dünne Scheiben schneiden. Pastinaken putzen, schälen, abspülen, abtropfen lassen.

6. Porree putzen, die Stange längs halbieren, gründlich waschen und abtropfen lassen. Pastinaken und Kürbis in dünne Scheiben schneiden. Porree in feine Streifen schneiden.

7. Liebstöckelstängel abspülen und trocken tupfen. Die Brühe mit dem Liebstöckel in einem Topf zum Kochen bringen.

8. Porreestreifen hinzugeben und etwa 3 Minuten ohne Deckel kochen lassen. Die Kürbis- und Pastinakenscheiben hinzugeben und weitere etwa 3 Minuten ohne Deckel kochen lassen. Mit Salz würzen.

9. Anschließend die Klößchen und Graupen in den Eintopf geben, wieder zum Kochen bringen und noch weitere etwa 5 Minuten bei mittlerer Hitze ohne Deckel mitkochen lassen.

10. In der Zwischenzeit Schnittlauch abspülen, trocken tupfen und in feine Röllchen schneiden.

11. Die Liebstöckelstängel aus dem Eintopf entfernen und den Eintopf in tiefen Tellern anrichten. Mit Schnittlauchröllchen bestreuen und mit grob gemahlenem Pfeffer würzen. Graupeneintopf mit Geflügelklößchen heiß servieren.

Griechischer Hackbraten I

Für die Party – deftig

4 Portionen

Pro Portion: E: 44 g, F: 57 g, Kh: 18 g, kJ: 3198, kcal: 764, BE: 1,5

1 Brötchen (Semmel) vom Vortag
75 g durchwachsener Speck
1 EL Speiseöl
2 Zwiebeln
2 Knoblauchzehen
600 g Rindergehacktes
2 Eier (Größe M)
1 EL Tomatenmark
1 EL gehackte Petersilie
2 EL Schnittlauchröllchen
Salz
gem. Pfeffer
Paprikapulver rosenscharf
100 g Schafskäse
3 EL Schlagsahne
gerebelter Thymian
gerebeltes Basilikum
3 EL Olivenöl
3 Lorbeerblätter
1–2 EL Pinienkerne

Für den Tomatenketchup:

2 Zwiebeln
2 Knoblauchzehen
500 g Tomaten (aus der Dose)
3 EL Rotweinessig
2 TL Dijon-Senf
1 EL Zucker
1 TL gem. Zimt
Chilipulver

Zubereitungszeit: 40 Minuten, ohne Abkühlzeit
Garzeit: Hackbraten etwa 50 Minuten

1. Brötchen in kaltem Wasser einweichen und gut ausdrücken. Den Speck in Würfel schneiden.

2. Speiseöl in einer Pfanne erhitzen, die Speckwürfel darin ausbraten.

3. Die Zwiebeln abziehen und in kleine Würfel schneiden. Knoblauch abziehen und zerdrücken.

4. Zwiebelwürfel und Knoblauch zu den Speckwürfeln in die Pfanne geben und glasig dünsten. Anschließend in eine Schüssel geben und etwas abkühlen lassen.

5. Den Backofen vorheizen.
Ober-/Unterhitze: etwa 200 °C
Heißluft: etwa 180 °C

6. Das Gehackte zu der Speck-Zwiebel-Mischung in die Schüssel geben. Brötchen, Eier, Tomatenmark, Petersilie und Schnittlauchröllchen hinzufügen. Die Zutaten gut vermengen, mit Salz, Pfeffer und Paprika würzen.

7. Schafskäse zerbröseln, mit Sahne, Thymian und Basilikum verrühren.

8. Die Hälfte der Hackfleischmasse in eine flache Auflaufform (gefettet) geben und glatt streichen.

9. Die Schafskäsemischung darauf verteilen, dabei einen 1–2 cm breiten Rand frei lassen. Die restliche Hackfleischmasse daraufgeben, glatt streichen und mit Olivenöl beträufeln.

10. Die Form auf dem Rost in den vorgeheizten Backofen schieben. Den Hackbraten **etwa 50 Minuten garen.** Nach etwa 40 Minuten Garzeit die Lorbeerblätter und Pinienkerne auf dem griechischen Hackbraten verteilen.

11. Für den Ketchup in der Zwischenzeit Zwiebeln und Knoblauch abziehen, in kleine Würfel schneiden. Tomaten, Essig, Zwiebel- und Knoblauchwürfel in einem Topf zum Kochen bringen und zugedeckt etwa 15 Minuten dünsten.

12. Die Tomatensauce durch ein Sieb streichen. Mit Salz, Senf, Zucker und Zimt würzen. Die Sauce wieder zum Kochen bringen und in 20–30 Minuten dicklich einkochen lassen. Ketchup vor dem Servieren nochmals mit Salz, Pfeffer und Chili würzen.

Tipp: Dazu frisches Fladenbrot servieren.

Griechischer Nudelauflauf I

Etwas aufwendiger – für die Party
12 Portionen

Pro Portion: E: 36 g, F: 59 g, Kh: 59 g, kJ: 3796, kcal: 908, BE: 4,5

4	*mittelgroße Auberginen*
3	*mittelgroße Zucchini*
	Salz
etwa 100 ml	*Olivenöl*
750 g	*Makkaroni*
je 3 1/2 l	*Wasser*
je 3 1/2 gestr. TL	*Salz*
3	*große Zwiebeln*
6	*Knoblauchzehen*
150 ml	*Olivenöl*
1,2 kg	*Lammhackfleisch (evtl. beim Metzger vorbestellen)*
1,2 kg	*stückige Tomaten (aus Dosen)*
330 g	*Ajvar (Paprikapaste, aus dem Glas)*
3 TL	*gerebelter Thymian*
	Salz
	gem. Pfeffer
450 g	*Crème fraîche*
300 g	*ger. Käse, z. B. Gratin-Käse gemischt mit Mozzarella*
3 EL	*Semmelbrösel*
	einige halbierte, grüne und schwarze Oliven

Zubereitungszeit: 60 Minuten, ohne Ziehzeit
Garzeit: etwa 40 Minuten

1. Auberginen und Zucchini abspülen, abtrocknen und die Stängelansätze bzw. Enden abschneiden. Auberginen und Zucchini in dicke Scheiben schneiden.

2. Die Auberginenscheiben auf einer Arbeitsfläche ausbreiten, mit Salz bestreuen und etwa 30 Minuten ziehen lassen. Anschließend Auberginenscheiben mit Küchenpapier trocken tupfen.

3. Jeweils etwas Olivenöl in einer großen Pfanne erhitzen. Die Auberginenscheiben darin portionsweise von beiden Seiten anbraten und herausnehmen.

4. Makkaroni in fingerlange Stücke brechen. Die Nudeln in 2 Portionen kochen. Dafür jeweils Wasser in einem großen Topf zugedeckt zum Kochen bringen. Dann Salz und Nudeln hinzugeben.

5. Die Nudeln im geöffneten Topf bei mittlerer Hitze nach Packungsanleitung bissfest kochen, dabei gelegentlich umrühren. Anschließend die Nudeln in ein Sieb geben, mit heißem Wasser abspülen und abtropfen lassen.

6. Den Backofen vorheizen.
Ober-/Unterhitze: etwa 180 °C
Heißluft: etwa 160 °C

7. Zwiebeln und Knoblauch abziehen, jeweils in kleine Würfel schneiden. Etwas von dem Olivenöl in einer großen Pfanne erhitzen. Lammhackfleisch darin portionsweise unter Rühren anbraten. Dabei die Fleischklümpchen mit einer Gabel zerdrücken. Zwiebel- und Knoblauchwürfel hinzugeben und mit anbraten.

8. Stückige Tomaten und Ajvar verrühren. Mit Thymian, Salz und Pfeffer kräftig würzen.

9. Etwa ein Drittel der Tomatensauce in eine große Auflaufform (gefettet) oder Fettpfanne (gefettet) geben. Die Hälfte der Nudeln daraufgeben. Die Lammhackmasse darauf verteilen.

10. Die Hälfte der Auberginen- und Zucchinischeiben darauflegen und mit Crème fraîche bestreichen. Restliche Nudeln darauf verteilen. Den Auflauf mit den restlichen Auberginen- und Zucchinischeiben belegen und anschließend mit der restlichen Tomatensauce bestreichen.

11. Käse mit Semmelbröseln und Olivenhälften mischen, auf dem Auflauf verteilen.

12. Die Form auf dem Rost oder die Fettfangschale in den vorgeheizten Backofen schieben. Den Auflauf **etwa 40 Minuten garen.**

Grüne Spaghetti in Gemüse-Hack-Sauce I

Einfach

4 Portionen

Pro Portion: E: 39 g, F: 24 g, Kh: 112 g, kJ: 3477, kcal: 831, BE: 9,0

2	*kleine Zwiebeln*
2	*kleine Zucchini (je etwa 200 g)*
1	*Aubergine (etwa 250 g)*
1	*kleine Fenchelknolle (etwa 200 g)*
4	*mittelgroße Tomaten*
2 EL	*Olivenöl*
400 g	*Lammhackfleisch (evtl. beim Metzger vorbestellen)*
	Salz
	gem. Pfeffer
einige	*frische Thymian- und Majoranblättchen*
je 3 l	*Wasser*
je 3 gestr. TL	*Salz*
600 g	*grüne oder weiße Spaghetti*

Zubereitungszeit: 40 Minuten, ohne Durchziehzeit

1. Zwiebeln abziehen. Zucchini und Aubergine abspülen, abtrocknen und die Enden bzw. den Stängelansatz abschneiden. Fenchelknolle putzen, abspülen, abtropfen lassen und halbieren. Tomaten abspülen, trocken tupfen, halbieren und die Stängelansätze herausschneiden. Das vorbereitete Gemüse in kleine Würfel schneiden.

2. Olivenöl in einer großen Pfanne erhitzen. Lammhackfleisch, Zwiebel- und Fenchelwürfel darin unter Rühren anbraten. Zucchini-, Auberginen- und Tomatenwürfel hinzufügen, gut durchdünsten lassen. Mit Salz und Pfeffer würzen. Abgespülte, trocken getupfte Thymian- und Majoranblättchen unterheben. Lammhack-Gemüse-Pfanne zugedeckt etwa 10 Minuten garen, evtl. etwas Wasser hinzugießen.

3. Wasser in einem großen Topf zugedeckt zum Kochen bringen. Dann Salz und Spaghetti hinzugeben. Die Spaghetti im geöffneten Topf bei mittlerer Hitze nach Packungsanleitung bissfest kochen, dabei gelegentlich umrühren. Anschließend die Spaghetti in ein Sieb geben, mit heißem Wasser abspülen und abtropfen lassen.

4. Spaghetti vorsichtig unter die Gemüse-Hack-Sauce rühren und einige Minuten ziehen lassen. Nochmals mit den Gewürzen abschmecken und servieren.

Grünkern-Lamm-Hacksteaks I

Raffiniert

4 Portionen

Pro Portion: E: 39 g, F: 48 g, Kh: 24 g, kJ: 2852, kcal: 681, BE: 2,0

2 Zwiebeln
2 Knoblauchzehen
3 EL Olivenöl
200 ml Gemüsebrühe
140 g Grünkernschrot
800 g Lammgehacktes
Salz, gem. Pfeffer
gerebelter Thymian
gerebelter Rosmarin
etwas Speiseöl

Außerdem:

Alufolie

Zubereitungszeit: 35 Minuten, ohne Abkühlzeit
Grillzeit: etwa 10 Minuten

1. Den Backofengrill vorheizen.

2. Zwiebeln und Knoblauch abziehen, in kleine Würfel schneiden. Olivenöl in einem Topf erhitzen. Zwiebel- und Knoblauchwürfel darin andünsten. Brühe hinzugießen und zum Kochen bringen. Grünkernschrot einrühren. Grünkernmasse erkalten lassen.

3. Gehacktes in eine Schüssel geben. Grünkernmasse hinzufügen und gut unterarbeiten. Mit Salz, Pfeffer, Thymian und Rosmarin würzen.

4. Aus der Grünkern-Hack-Masse mit angefeuchteten Händen kleine Steaks formen. Hacksteaks leicht mit Speiseöl bestreichen.

5. Die Hacksteaks auf Alufolie legen und unter dem vorgeheizten Grill von beiden Seiten etwa 10 Minuten grillen.

Tipps: Hacksteaks mit grünen Böhnchen und Rosmarinkartoffeln anrichten. Mit abgespülten und trocken getupften Rosmarin- und Thymianzweigen garnieren.

Gundermannbuletten

Für den Männerabend

4 Portionen

Pro Portion: E: 35 g, F: 27 g, Kh: 14 g, kJ: 1849, kcal: 442, BE: 1,0

1 Brötchen (Semmel) vom Vortag
2 Zwiebeln
2 Knoblauchzehen
1 Möhre
2 EL Olivenöl
3 Blätter Gundermann
500 g Lammhackfleisch
1 Ei (Größe M)
1 EL Joghurt (3,5 % Fett)
1 Msp. Chilipulver
Salz
gem. Pfeffer

5 EL Olivenöl

Zubereitungszeit: 35 Minuten, ohne Abkühlzeit
Garzeit: etwa 10 Minuten

1. Brötchen in kaltem Wasser einweichen. Zwiebeln und Knoblauch abziehen, in kleine Würfel schneiden. Möhre putzen, schälen, abspülen, abtropfen lassen und ebenfalls klein würfeln. Olivenöl in einer Pfanne erhitzen. Zwiebel-, Knoblauch- und Möhrenwürfel darin unter Rühren 2–3 Minuten glasig dünsten.

2. Gundermannblätter abspülen, trocken tupfen, in feine Streifen schneiden und hinzugeben. Die Pfanne von der Kochstelle nehmen. Die Zwiebel-Möhren-Masse erkalten lassen.

3. Eingeweichtes Brötchen gut ausdrücken. Lammhackfleisch in eine Schüssel geben. Zwiebel-Möhren-Masse, Ei, Joghurt, Chili und Brötchen hinzugeben. Die Zutaten gut verkneten. Mit Salz und Pfeffer würzen.

4. Aus der Hackfleischmasse mit angefeuchteten Händen 8 Buletten formen. Olivenöl in einer Pfanne erhitzen.

5. Die Buletten darin von beiden Seiten unter gelegentlichem Wenden etwa 10 Minuten bei mittlerer Hitze gar und braun braten.

Beilage: Frisch aufgebackenes Fladenbrot und **Kräuterquark** (4 Portionen). Für den Quark 500 g Speisequark (20 % Fett) mit 125 g Schlagsahne verrühren. Je 1 Bund Schnittlauch und Petersilie abspülen und trocken tupfen. Von der Petersilie die Blättchen abzupfen und klein schneiden. Schnittlauch in Röllchen schneiden. Die Kräuter unter den Quark rühren. Mit Salz und Pfeffer würzen. Den Kräuterquark cremig aufschlagen.

Tipps: Der Gundermann gehört zur Familie der Lippenblütler. Er schmeckt leicht scharf und herb und sollte vorsichtig dosiert werden. Getrocknete Gundermannblätter können Sie mit grobem Meersalz mischen und als Würzsalz verwenden. Es passt besonders gut zu Kartoffel- und Schweinefleischgerichten. Wenn Sie keinen Gundermann finden, können Sie die Buletten auch mit 2 Esslöffeln gehackter, glatter Petersilie, 1 Esslöffel gehacktem Thymian und 1 Teelöffel fein gehackten Rosmarinnadeln würzen. Geben Sie statt des Kräuterquarks dann etwas cremig gerührten griechischen Joghurt zu den Buletten.

Hack-Auberginen-Auflauf I

Raffiniert

8–10 Portionen

Pro Portion: E: 55 g, F: 54 g, Kh: 17 g, kJ: 3233, kcal: 772, BE: 1,5

etwa 1 1/2 kg Auberginen
500 g abgetropfte, weiße Cannellini-Bohnen (aus Dosen)
9 EL Olivenöl
Salz
2 große Zwiebeln
2–3 Knoblauchzehen
1 1/2 kg Gehacktes (halb Rind-, halb Schweinefleisch)
100 g TK-Suppengrün
gem. Pfeffer
Paprikapulver edelsüß
1 EL gem. Zimt

Für die Quarkhaube:

600 g Speisequark (40 % Fett)
140 g Tomatenmark (aus der Dose)
220 g fein ger. Parmesan

Zum Bestreuen:

einige Stängel glatte Petersilie

Zubereitungszeit: 60 Minuten
Garzeit: 30–35 Minuten

1. Auberginen abspülen, abtrocknen und die Enden abschneiden. Auberginen längs in dünne Scheiben schneiden (evtl. mit einer Aufschnittmaschine). Bohnen in ein Sieb geben, mit kaltem Wasser abspülen und gut abtropfen lassen.

2. Den Backofen vorheizen.
Ober-/Unterhitze: etwa 200 °C
Heißluft: etwa 180 °C

3. Jeweils etwas Olivenöl in einer großen Pfanne erhitzen. Auberginenscheiben darin portionsweise unter Wenden goldbraun braten, mit Salz würzen, herausnehmen und auf Küchenpapier abtropfen lassen.

4. Zwiebeln und Knoblauch abziehen, in kleine Würfel schneiden. Restliches Olivenöl (etwa 2 Esslöffel) in der Pfanne erhitzen. Gehacktes hinzufügen und unter Rühren anbraten (evtl. in 2 Portionen). Dabei die Fleischklümpchen mit einer Gabel zerdrücken.

5. Zwiebel-, Knoblauchwürfel und gefrorenes Suppengrün hinzufügen, kurz mitbraten lassen. Mit Salz, Pfeffer, Paprika und Zimt würzen. Bohnen untermengen. Die Hackfleisch-Bohnen-Mischung in eine große Auflaufform (gefettet) oder Fettpfanne (gefettet) geben. Auberginenscheiben darauf verteilen.

6. Für die Quarkhaube Quark mit Tomatenmark und Parmesan glatt rühren. Die Quarkmasse auf die Auberginenscheiben streichen. Die Form auf dem Rost oder die Fettpfanne in den vorgeheizten Backofen schieben. Den Auflauf **30–35 Minuten garen.**

7. Zum Bestreuen Petersilie abspülen und trocken tupfen. Die Blättchen von den Stängeln zupfen. Den Auflauf mit Petersilienblättchen bestreut servieren.

Tipp: Dazu passt türkisches Fladenbrot.

Hackauflauf mit Möhren und Blumenkohl | Schmeckt auch Kindern

4 Portionen

Pro Portion: E: 32 g, F: 38 g, Kh: 15 g, kJ: 2195, kcal: 524, BE: 1,0

1	*kleiner Blumenkohl*
250 g	*Möhren*
500 ml	*Salzwasser*
1	*Zwiebel*
1 EL	*Butterschmalz*
400 g	*Rindergehacktes*
	Salz, gem. Pfeffer
	Currypulver
	gerebelter Thymian
	Paprikapulver edelsüß
100 g	*durchwachsener Speck*
1 EL	*Speiseöl*
25 g	*Weizenmehl*
250 ml	*Milch (3,5 % Fett)*
125 ml	*Gemüse-Kochflüssigkeit*
2 Ecken	*Schmelzkäse*
½ Bund	*Thymian*

Zubereitungszeit: 50 Minuten
Garzeit: Hackauflauf etwa 35 Minuten

1. Von dem Blumenkohl die Blätter und schlechten Stellen entfernen. Den Strunk abschneiden. Blumenkohl in Röschen teilen, abspülen und abtropfen lassen. Möhren putzen, schälen, abspülen, abtropfen lassen und in dünne Scheiben schneiden.

2. Salzwasser in einem Topf zum Kochen bringen. Blumenkohlröschen darin zugedeckt etwa 4 Minuten garen. Anschließend die Möhrenscheiben hinzugeben, mit den Blumenkohlröschen weitere etwa 4 Minuten garen. Anschließend in ein Sieb geben, die Gemüse-Kochflüssigkeit dabei auffangen, 125 ml abmessen.

3. Zwiebel abziehen und klein würfeln. Butterschmalz in einer Pfanne zerlassen. Rindergehacktes darin unter Rühren anbraten. Dabei die Fleischklümpchen mit einer Gabel zerdrücken. Zwiebelwürfel hinzufügen und mitbraten lassen. Mit Salz, Pfeffer, Curry, Thymian und Paprika würzen.

4. Den Backofen vorheizen.
Ober-/Unterhitze: etwa 200 °C
Heißluft: etwa 180 °C

5. Die Blumenkohlröschen, Möhrenscheiben und die Hackfleischmasse abwechselnd in eine feuerfeste Form (gefettet) oder Auflaufform (gefettet) schichten.

6. Den Speck in kleine Würfel schneiden. Speiseöl in einem Topf erhitzen, Speckwürfel darin unter Rühren braun anbraten, Mehl unterrühren. Milch und die aufgefangene Gemüse-Kochflüssigkeit hinzugießen und unterrühren. Dabei darauf achten, dass keine Klümpchen entstehen. Die Sauce zum Kochen bringen und etwa 5 Minuten bei schwacher Hitze kochen lassen. Mit Salz und Pfeffer abschmecken. Schmelzkäse zerkleinern und unter Rühren in der Sauce schmelzen.

7. Die Käsesauce auf dem Auflauf verteilen. Die Form auf dem Rost in den vorgeheizten Backofen schieben. Den Auflauf **etwa 35 Minuten garen.**

8. Thymian abspülen und trocken tupfen. Die Blättchen von den Stängeln zupfen. Den Hackauflauf mit Thymianblättchen bestreut servieren.

Hackbällchen in Bohnenragout I

(Römertopf®, 3-Liter-Inhalt)

Einfach

4 Portionen

Pro Portion: E: 44 g, F: 34 g, Kh: 26 g, kJ: 2445, kcal: 583, BE: 2,0

600 g Gehacktes (halb Rind-, halb Schweinefleisch)
1 Ei (Größe M)
Salz
gem. Pfeffer
Knoblauchpulver
2–3 EL Rapsöl
250 g Chili-Bohnen (aus der Dose)
250 g Kidney-Bohnen (aus der Dose)
250 g abgetropfte, dicke, weiße Bohnen (aus der Dose)
1 TL Paprikapulver edelsüß
1 TL gem. Koriander
1 Bund Petersilie
370 g stückige Tomaten (aus der Dose)

Zubereitungszeit: 30 Minuten
Garzeit: etwa 50 Minuten

1. Gehacktes in eine Schüssel geben, das Ei unterarbeiten, mit Salz, Pfeffer und Knoblauch würzen.

2. Aus der Hackfleischmasse mit angefeuchteten Händen kleine Bällchen (je etwa 30 g) formen.

3. Rapsöl in einer großen Pfanne erhitzen. Hackbällchen darin von allen Seiten anbraten.

4. Chili- und Kidney-Bohnen mit dem Saft und weiße Bohnen (ohne Saft) in einer Schüssel mischen. Mit Salz, Pfeffer, Paprika, Koriander und Knoblauch würzen.

5. Die Petersilie abspülen und trocken tupfen. Blättchen von den Stängeln zupfen (einige Blättchen zum Garnieren beiseitelegen). Blättchen klein schneiden.

6. Tomatenstücke und Petersilie unter die Bohnenmischung rühren, in einen gewässerten Römertopf® (3-Liter-Inhalt) geben. Angebratene Hackbällchen auf dem Bohnenragout verteilen.

7. Den Römertopf® mit dem Deckel verschließen und auf dem Rost in den kalten Backofen (unteres Drittel) schieben.
Ober-/Unterhitze: etwa 200 °C
Heißluft: etwa 180 °C

8. Die Hackbällchen in Bohnenragout **etwa 50 Minuten garen.**

9. Die Hackbällchen mit dem Bohnenragout anrichten und mit den beiseitegelegten Petersilienblättchen garniert servieren.

Tipp: Das Bohnenragout kann mit kleinen Kartoffelwürfeln angereichert werden. Dann verlängert sich die Garzeit um 10–15 Minuten, je nach Größe der Kartoffelwürfel.

Hackbällchen in Kräutersahne I

Schmeckt auch Kindern

4 Portionen

Pro Portion: E: 32 g, F: 59 g, Kh: 16 g, kJ: 3023, kcal: 723, BE: 1,5

500 g Gehacktes (halb Rind-, halb Schweinefleisch)
2 Eier (Größe M)
4 EL Semmelbrösel
Salz
gem. Pfeffer
1 l Rinderfond oder -brühe

Für die Kräutersahne:

50 g Butter
30 g Weizenmehl
500 ml Fond oder Brühe (von den Gehacktesbällchen)
250 g Schlagsahne
4 EL gehackte Kräuter (Schnittlauch, Dill, Petersilie)
2 EL Crème double

Zubereitungszeit: 40 Minuten

1. Gehacktes in eine Schüssel geben. Eier und Semmelbröseln unterkneten. Mit Salz und Pfeffer würzen. Aus der Hackfleischmasse mit angefeuchteten Händen Bällchen formen. Fond oder Brühe in einem Topf zum Kochen bringen. Die Hackbällchen hinzugeben und bei schwacher Hitze etwa 10 Minuten gar ziehen lassen. Bällchen mit einem Schaumlöffel aus dem Fond oder der Brühe nehmen und warm stellen. Fond oder Brühe durch ein Sieb in einen Topf gießen und 500 ml abmessen.

2. Für die Kräutersahne Butter zerlassen. Mehl hinzufügen und unter Rühren so lange erhitzen, bis es hellgelb ist. Fond oder Brühe hinzugießen, mit einem Schneebesen gut durchschlagen. Dabei darauf achten, dass keine Klümpchen entstehen. Die Sauce etwa 5 Minuten unter gelegentlichem Rühren kochen lassen. Sahne hinzugießen, wieder zum Kochen bringen und um ein Drittel einkochen lassen. Mit Salz und Pfeffer würzen, Kräuter unterrühren.

3. Die Sauce mit Crème double verfeinern. Die Hackbällchen in die Kräutersauce geben und nochmals erhitzen.

Tipp: Mit Reis und grünem Blattsalat servieren.

Hackbällchen mit Kräuterreis I

Beliebt

4 Portionen

Pro Portion: E: 30 g, F: 31 g, Kh: 55 g, kJ: 2569, kcal: 611, BE: 4,0

250 g	*Naturreis*
	Salz
500 g	*Kohlrabi*
500 g	*Möhren*
500 g	*Thüringer Mett (gewürztes Schweinemett)*
1–2 EL	*Speiseöl, z. B. Sonnenblumenöl*
25 g	*TK-8-Kräuter-Mischung*
	gem. Pfeffer

Zubereitungszeit: 35 Minuten

1. Den Naturreis in kochendem Salzwasser nach Packungsanleitung zubereiten, in ein Sieb geben und abtropfen lassen.

2. In der Zwischenzeit Kohlrabi und Möhren putzen, schälen, abspülen, abtropfen lassen und in Stifte schneiden.

3. Aus dem Thüringer Mett mit angefeuchteten Händen kleine Bällchen formen.

4. Speiseöl in einem Wok oder einer Pfanne erhitzen. Die Hackbällchen darin portionsweise von allen Seiten anbraten und herausnehmen.

5. Gemüsestifte in dem verbliebenen Bratfett unter Rühren 3–4 Minuten braten. Die Hackbällchen wieder hinzugeben und das Ganze anschließend bei mittlerer Hitze unter gelegentlichem Wenden weitere etwa 3 Minuten braten.

6. Reis und Kräuter hinzugeben, noch etwa 5 Minuten braten, dabei gelegentlich vorsichtig umrühren.

7. Kräuterreis mit Hackbällchen vor dem Servieren mit Salz und Pfeffer würzen.

Hackbällchen-Pilz-Salat I

Einfach

8–10 Portionen

Pro Portion: E: 15 g, F: 24 g, Kh: 11 g, kJ: 1354, kcal: 323, BE: 1,0

450 g TK-Erbsen
1 Gemüsezwiebel (etwa 250 g)
2 Knoblauchzehen
4 EL Sonnenblumenöl
200 g Schinkenwürfel (aus dem Kühlregal)
185 g abgetropfte Pfifferlinge (aus dem Glas)
460 g abgetropfte Champignons (aus Dose oder Glas)
300 g Geflügel-Hackbällchen (aus dem Kühlregal)

Für die Salatsauce:

8 EL Rotweinessig
Salz, gem. schwarzer Pfeffer
100 ml Sonnenblumenöl

1 Bund glatte Petersilie

Zubereitungszeit: 45 Minuten, ohne Auftau- und Abkühlzeit

1. Die Erbsen nach Packungsanleitung auftauen lassen. Gemüsezwiebel und Knoblauch abziehen, in kleine Würfel schneiden.

2. Das Sonnenblumenöl in einer Pfanne erhitzen. Die Zwiebel- und Knoblauchwürfel darin goldbraun anrösten. Die Schinkenwürfel hinzugeben und kurz mit andünsten. Die Schinken-Zwiebel-Mischung herausnehmen und in eine Salatschüssel geben.

3. Die Erbsen in die Pfanne geben und etwa 3 Minuten garen. Erbsen etwas abkühlen lassen, anschließend zu der Schinken-Zwiebel-Mischung in die Salatschüssel geben.

4. Pfifferlinge, Champignons und Geflügel-Hackbällchen ebenfalls hinzufügen. Die Zutaten vermengen.

5. Für die Salatsauce den Rotweinessig mit Salz und Pfeffer verrühren, Sonnenblumenöl unterschlagen. Die Salatsauce mit den Salatzutaten vermengen.

6. Petersilie abspülen und trocken tupfen. Die Blättchen von den Stängeln zupfen. Blättchen klein schneiden und unter den Hackbällchen-Pilz-Salat heben.

Tipps: Sie können auch frische Champignons verwenden. Dafür etwa 1 kg Champignons putzen, evtl. kurz abspülen und gut abtropfen lassen. Champignons vor den Erbsen in der Pfanne anbraten, mit Salz und Pfeffer würzen. So lange garen, bis die Flüssigkeit fast verdampft ist. Die Erbsen hinzufügen und wie unter Punkt 3 beschrieben fortfahren. Reichen Sie ein kräftiges Mischbrot oder Roggenbrötchen zu dem Hackbällchen-Pilz-Salat.

Hackbällchenplatte I
Gut vorzubereiten

Pro Stück: E: 3 g, F: 2 g, Kh: 0 g, kJ: 141, kcal: 34, BE: 0,0 (Chinesische Hackbällchen)
E: 5 g, F: 5 g, Kh: 1 g, kJ: 297, kcal: 71, BE: 0,0 (Lamm-Cevapcici)
E: 6 g, F: 7 g, Kh: 5 g, kJ: 460, kcal: 110, BE: 0,5 (Hackbällchen mit Gorgonzolafüllung)
E: 6 g, F: 6 g, Kh: 1 g, kJ: 331, kcal: 79, BE: 0,0 (Italienische Hackbällchen)

Chinesische Hackbällchen
(im Foto vorne)
30 Stück

1 Zwiebel
25 g frischer Ingwer
400 g Rindergehacktes
2 EL Sojasauce
Salz
gem. Pfeffer
etwas gem. Zimt
1 TL gem. Kreuzkümmel (Cumin)
4–5 EL Speiseöl
1 Karambole (Sternfrucht)
einige Zitronenmelisseblättchen

Zubereitungszeit: 40 Minuten, ohne Abkühlzeit

1. Zwiebel abziehen und klein würfeln. Ingwer schälen, abspülen, trocken tupfen und klein hacken. Rindergehacktes in eine Schüssel geben. Zwiebelwürfel, Ingwerstückchen und Sojasauce hinzugeben und unterkneten. Mit Salz, Pfeffer, Zimt und Cumin würzen.

2. Aus der Hackfleischmasse mit angefeuchteten Händen kleine Bällchen formen. Das Speiseöl in einer Pfanne erhitzen. Hackbällchen etwa 8 Minuten von allen Seiten goldbraun braten, herausnehmen und auf Küchenpapier abtropfen lassen.

3. Karambole abspülen, abtrocknen und in dünne Scheiben schneiden. Melisseblättchen abspülen und trocken tupfen. Hackbällchen auf einer großen Platte anrichten. Mit Karambolescheiben und Melisseblättchen garnieren.

Lamm-Cevapcici (im Foto Mitte)
32 Stück

800 g Lammhackfleisch
2 Eier (Größe M)
Salz
gem. Pfeffer
Paprikapulver edelsüß
125 ml Speiseöl
3 mittelgroße Zwiebeln
je 1 rote und grüne Paprikaschote

Außerdem:
32 Holzstäbchen

Zubereitungszeit: 40 Minuten, ohne Abkühlzeit

1. Lammhackfleisch in eine Schüssel geben. Eier unterarbeiten. Mit Salz, Pfeffer und Paprika würzen. Aus der Hackfleischmasse mit angefeuchteten Händen etwa 32 fingerdicke Rollen formen.

2. Das Speiseöl in einer großen Pfanne erhitzen. Die Fleischröllchen 5–7 Minuten von allen Seiten braten, herausnehmen, auf Küchenpapier abtropfen und erkalten lassen.

3. Die Zwiebeln abziehen, zuerst in Scheiben schneiden, dann in Ringe teilen. Paprikaschoten halbieren, entstielen, entkernen und die weißen Scheidewände entfernen. Schoten abspülen, trocken tupfen und in Stücke schneiden.

4. In jedes Fleischröllchen ein kleines Holzstäbchen mit einem Paprikastück stecken. Die Zwiebelringe auf die Holzstäbchen hängen und mit Paprika bestäuben. Lamm-Cevapcici ebenfalls auf der Platte anrichten.

Hackbällchen mit Gorgonzolafüllung

(im Foto auf Seite 99 oben rechts)

32 Stück

2	*Knoblauchzehen*
2	*Birnen (je etwa 150 g)*
600 g	*Rindergehacktes*
40 g	*Semmelbrösel*
2	*Eier (Größe M)*
4 EL	*Tomatenketchup*
4 EL	*gehackte Petersilie*
	Salz
	gem. Pfeffer
150 g	*Gorgonzola*
80 g	*Semmelbrösel*
etwa 1 kg	*Ausbackfett*
einige	*Birnenspalten*

Zubereitungszeit: 45 Minuten, ohne Abkühlzeit

1. Knoblauch abziehen und klein würfeln. Die Birnen vierteln und entkernen. Birnenviertel in kleine Würfel schneiden.

2. Rindergehacktes in eine Schüssel geben. Knoblauch-, Birnenwürfeln, Semmelbrösel, Eier, Ketchup und Petersilie hinzugeben. Die Zutaten gut verkneten, mit Salz und Pfeffer würzen.

3. Den Käse in 32 kleine Stücke schneiden. Aus dem Hackfleischteig mit angefeuchteten Händen 32 walnussgroße Bällchen formen. In die Mitte jedes Bällchens eine Vertiefung drücken. 1 Stück Käse hineingeben, mit der Fleischmasse umschließen. Bällchen in Semmelbröseln wälzen.

4. Die Hackbällchen portionsweise schwimmend in siedendem Ausbackfett jeweils etwa 5 Minuten ausbacken, mit einer Schaumkelle herausnehmen und auf Küchenpapier abtropfen lassen. Die Hackbällchen auf die Platte legen und mit Birnenspalten garnieren.

Tipps: Nach Belieben mit Cocktailsauce (Fertigprodukt) servieren. Die Hackbällchen können auch in der Pfanne in 3–4 Esslöffeln Speiseöl gebraten werden.

Italienische Hackbällchen

(im Foto auf Seite 99 2. Reihe)

32 Stück

1	*Zwiebel*
600 g	*Gehacktes (halb Rind-, halb Schweinefleisch)*
2	*Eier (Größe M)*
4 EL	*Semmelbrösel*
	Salz
	gem. Pfeffer
250 g	*abgetropfter Mozzarella*
4 EL	*Speiseöl*
einige	*Basilikumblättchen*

Zubereitungszeit: 40 Minuten, ohne Abkühlzeit

1. Zwiebel abziehen, in Würfel schneiden. Gehacktes in eine Schüssel geben. Zwiebelwürfel, Eier und Semmelbrösel hinzugeben und gut unterkneten. Mit Salz und Pfeffer würzen.

2. Mozzarella in 32 Würfel schneiden. Aus der Hackfleischmasse mit angefeuchteten Händen 32 Bällchen formen. In die Mitte jedes Bällchens eine Vertiefung drücken, 1 Stück Käse hineingeben und mit der Fleischmasse umschließen.

3. Das Speiseöl in einer großen Pfanne erhitzen. Die Hackbällchen darin von allen Seiten anbraten und bei schwacher Hitze fertig braten. Mit abgespülten und trocken getupften Basilikumblättchen garniert auf der Platte anrichten.

Hackbraten auf Kartoffelgratin I

Preiswert – für jeden Tag

4 Portionen

Pro Portion: E: 33 g, F: 25 g, Kh: 41 g, kJ: 2209, kcal: 527, BE: 3,5

Für den Hackbraten:

1 Brötchen (Semmel) vom Vortag
500 g Gehacktes (halb Rind-, halb Schweinefleisch)
1 Ei (Größe M)
1 TL mittelscharfer Senf
Salz
gem. Pfeffer

Für das Gratin:

1 kg mehligkochende Kartoffeln
ger. Muskatnuss
200 ml Milch (3,5 % Fett)

1 geh. TL Kräuter der Provence

Zubereitungszeit: 30 Minuten
Garzeit: etwa 60 Minuten

1. Brötchen in kaltem Wasser einweichen und gut ausdrücken. Gehacktes in eine Schüssel geben. Brötchen, Ei und Senf gut unterkneten. Mit Salz und Pfeffer kräftig würzen. Hackfleischteig mit angefeuchteten Händen zu einem flachen, länglichen Laib formen.

2. Den Backofen vorheizen.
Ober-/Unterhitze: etwa 180 °C
Heißluft: etwa 160 °C

3. Für das Gratin die Kartoffeln schälen, abspülen, abtropfen lassen und in dünne Scheiben hobeln. Die Kartoffelscheiben mit Salz, Pfeffer und Muskat kräftig würzen.

4. Die Kartoffelscheiben in eine große Auflaufform (gefettet) schichten. Die Milch zu den Kartoffelscheiben gießen. Die Form auf dem Rost in den vorgeheizten Backofen schieben. Das Gratin **etwa 15 Minuten vorgaren.**

5. Dann in die Mitte des Gratins eine leichte, längliche Vertiefung eindrücken. Den Fleischlaib in die Vertiefung legen und mit Kräutern der Provence bestreuen. Die Form wieder auf dem Rost in den heißen Backofen schieben. Den Hackbraten auf Kartoffelgratin **bei gleicher Backofentemperatur weitere etwa 45 Minuten garen.**

6. Den Hackbraten aus der Form nehmen und in Scheiben schneiden. Die Fleischscheiben wieder auf das Gratin legen und in der Form servieren.

Hackbraten „Falscher Hase" I

Klassisch

6 Portionen

Pro Portion: E: 33 g, F: 28 g, Kh: 16 g, kJ: 1868, kcal: 446, BE: 1,0

2 Brötchen (Semmeln) vom Vortag
2 mittelgroße Zwiebeln
750 g Gehacktes (halb Rind-, halb Schweinefleisch)
2 Eier (Größe M)
1 geh. TL mittelscharfer Senf
1 EL gehackte Petersilie
Salz
gem. Pfeffer
1 EL Semmelbrösel
3 weich gekochte Eier
40 g durchwachsener Speck, in dünne Scheiben geschnitten
500 ml heiße Fleischbrühe
1 mittelgroße Zwiebel
1 mittelgroße Tomate
25 g Speisestärke

Zubereitungszeit: 25 Minuten
Garzeit: etwa 60 Minuten

1. Brötchen in kaltem Wasser einweichen und gut ausdrücken. Zwiebeln abziehen, klein würfeln. Gehacktes in eine Schüssel geben. Brötchen, Zwiebelwürfel, Eier, Senf und Petersilie hinzugeben. Die Zutaten gut unterkneten. Mit Salz und Pfeffer würzen.

2. Den Backofen vorheizen.
Ober-/Unterhitze: etwa 200 °C
Heißluft: etwa 180 °C

3. Semmelbrösel auf die Arbeitsfläche streuen. Die Hackfleischmasse daraufgeben und zu einem Rechteck (etwa 20 x 30 cm) formen. Gekochte Eier pellen und längs hintereinander in die Mitte des Fleischteiges legen. Den Fleischteig von der längeren Seite aus aufrollen und zu einem Laib formen. Den Fleischlaib in einen Bräter (gefettet) legen.

4. Die Speckscheiben nebeneinander auf den Fleischlaib legen und etwas eindrücken. Den Bräter auf dem Rost in den vorgeheizten Backofen (unteres Drittel) schieben. Den Hackbraten **etwa 60 Minuten garen.**

5. Sobald der Bratensatz anfängt zu bräunen, heiße Brühe hinzugießen. Den Fleischlaib ab und zu mit dem Bratensatz begießen. Verdampfte Flüssigkeit nach und nach durch heiße Brühe ersetzen.

6. Zwiebel abziehen und vierteln. Tomate abspülen, abtropfen lassen, vierteln und den Stängelansatz herausschneiden. Zwiebel- und Tomatenviertel nach etwa 30 Minuten Garzeit zum Hackbraten in den Bräter geben und mitgaren lassen.

7. Den garen Hackbraten aus dem Bräter nehmen und zugedeckt warm stellen.

8. Den Bratensatz evtl. mit etwas Wasser loskochen, durch ein Sieb gießen, mit Wasser auf etwa 500 ml auffüllen und in einem Topf zum Kochen bringen. Die Speisestärke mit 3 Esslöffeln Wasser anrühren, in die Sauce rühren. Die Sauce unter Rühren aufkochen, mit Salz und Pfeffer würzen. Den in Scheiben geschnittenen Hackbraten mit der Sauce servieren.

Hackbraten in Burgundersauce

Mit Alkohol

6 Portionen

Pro Portion: E: 40 g, F: 39 g, Kh: 13 g, kJ: 2529, kcal: 604, BE: 1,0

1 Brötchen (Semmel) vom Vortag
3 Zwiebeln
1 Bund Petersilie
1 kg Gehacktes (halb Rind-, halb Schweinefleisch)
2 Eier (Größe M)
1 TL Tomatenmark
1 TL mittelscharfer Senf
1 gestr. TL Salz
½ EL gerebelter Thymian
½ TL Paprikapulver edelsüß
120 g dünne Scheiben durchwachsener Speck
1 Gemüsezwiebel
375 ml Burgunder-Rotwein
2 mittelgroße Tomaten (etwa 250 g)
20 g Weizenmehl
5 EL Schlagsahne

Außerdem:

Küchengarn

Zubereitungszeit: 45 Minuten
Garzeit: etwa 60 Minuten

1. Das Brötchen in kaltem Wasser einweichen und gut ausdrücken. Zwiebeln abziehen und in kleine Würfel schneiden. Petersilie abspülen und trocken tupfen. Die Blättchen von den Stängeln zupfen. Blättchen klein schneiden.

2. Den Backofen vorheizen.
Ober-/Unterhitze: etwa 180 °C
Heißluft: etwa 160 °C

3. Das Gehackte in eine Schüssel geben. Brötchen, Zwiebelwürfel, Petersilie, Eier, Tomatenmark und Senf hinzufügen. Die Zutaten zu einem Teig verkneten. Mit Salz, Thymian und Paprika würzen.

4. Den Hackfleischteig mit angefeuchteten Händen zu einem Laib formen, mit Speckscheiben belegen, mit Küchengarn umwickeln und in eine Fettpfanne oder in einen großen Bräter legen.

5. Zwiebel abziehen, halbieren, in Stücke schneiden und zum Hackbraten geben. Wein hinzugießen. Die Fettpfanne oder den Bräter auf dem Rost in den vorgeheizten Backofen schieben. Den Hackbraten **etwa 60 Minuten garen.**

6. In der Zwischenzeit Tomaten kreuzweise einschneiden und mit kochendem Wasser übergießen. Nach 1–2 Minuten herausnehmen und mit kaltem Wasser abschrecken. Die Tomaten häuten, halbieren und die Stängelansätze herausschneiden. Tomaten in Würfel schneiden. Tomaten nach etwa 50 Minuten Garzeit zum Hackbraten geben. Hackbraten fertig garen.

7. Den Hackbraten herausnehmen und vom Küchengarn befreien. Hackbraten in Scheiben schneiden und auf einer vorgewärmten Platte anrichten.

8. Den Bratensaft durch ein Sieb in einen kleinen Topf gießen. Mehl mit der Sahne anrühren. Das angerührte Mehl mit einem Schneebesen in den Bratensaft rühren und unter Rühren nochmals kurz aufkochen lassen. Mit Salz und Paprika abschmecken. Den Hackbraten mit der Sauce servieren.

Hackbraten mit grünem Pfeffer und Möhren I

Deftig – macht richtig satt

4 Portionen

Pro Portion: E: 45 g, F: 55 g, Kh: 22 g, kJ: 3194, kcal: 762, BE: 1,5

350 g Möhren
2 EL Butter

1 Brötchen (Semmel) vom Vortag
1 mittelgroße Zwiebel
250 g durchwachsener Speck
600 g Gehacktes (halb Rind-, halb Schweinefleisch)
2 Eier (Größe M)
1 TL gerebelter Majoran
1 TL gerebelter Thymian
Salz
frisch geschroteter, weißer Pfeffer
2 EL abgetropfte, grüne Pfefferkörner (in Lake, aus dem Glas)
1 Bund gehackte Petersilie
1 EL abgetropfte, grüne Pfefferkörner (in Lake, aus dem Glas)

Für die Sauce:

125 ml Fleischbrühe
2 EL dunkler Saucenbinder
1 EL abgetropfte, grüne Pfefferkörner in Lake (aus dem Glas)

Zubereitungszeit: 30 Minuten, ohne Ruhezeit
Garzeit: Hackbraten etwa 50 Minuten

1. Die Möhren putzen, schälen, abspülen, abtropfen lassen und in Würfel schneiden. Butter in einem Topf zerlassen. Möhrenwürfel darin unter Rühren andünsten, etwas Wasser hinzufügen und 8–10 Minuten garen.

2. Brötchen in kaltem Wasser einweichen und gut ausdrücken. Zwiebel abziehen, Speck und Zwiebel klein würfeln.

3. Den Backofen vorheizen.
Ober-/Unterhitze: etwa 200 °C
Heißluft: etwa 180 °C

4. Das Gehackte in eine Schüssel geben. Brötchen, Zwiebel-, Speckwürfel und Eier hinzugeben. Die Zutaten gut verkneten. Mit Majoran, Thymian, Salz und Pfeffer würzen. Pfefferkörner unter die Hackfleischmasse mischen.

5. Die Petersilie abspülen und trocken tupfen. Die Blättchen von den Stängeln zupfen. Blättchen klein schneiden.

6. Die Hälfte der Hackfleischmasse in eine Kastenform (25 x 11 cm, gefettet) geben und glatt streichen. Möhrenwürfel darauf verteilen und mit Petersilie bestreuen. Restliche Hackfleischmasse darauf verteilen und glatt streichen.

7. In die Teigoberfläche mit einem scharfen Messer der Länge nach eine Vertiefung eindrücken. Pfefferkörner in die Vertiefung drücken.

8. Die Form auf dem Rost in den vorgeheizten Backofen schieben und den Hackbraten **etwa 50 Minuten garen.**

9. Die Form auf einen Rost stellen. Den Hackbraten etwa 5 Minuten ruhen lassen, dann aus der Form nehmen, evtl. in Scheiben schneiden, auf einer vorgewärmten Platte anrichten und anschließend warm stellen.

10. Für die Sauce die Schmorflüssigkeit durch ein Sieb gießen und mit der Fleischbrühe in einem Topf zum Kochen bringen.

11. Dann den Saucenbinder mit einem Schneebesen einrühren und unter Rühren kurz aufkochen lassen. Pfefferkörner unterrühren. Die Sauce mit Salz und Pfeffer abschmecken.

12. Den Hackbraten mit grünem Pfeffer und Möhren mit der Sauce servieren.

Beilage: Rosenkohl und Möhrengemüse.

Hackbraten mit Kürbiskernen

Für Gäste

8–10 Portionen

Pro Portion: E: 45 g, F: 50 g, Kh: 15 g, kJ: 2891, kcal: 691, BE: 1,0

2 Brötchen (Semmeln) vom Vortag
200 g rote Zwiebeln
1 ½ kg Schweinegehacktes
Salz
gem. Pfeffer
4 Eier (Größe M)
90 g geschälte Kürbiskerne
2 EL mittelscharfer Senf
200 g geraspelter Mozzarella
4 EL Semmelbrösel
1 TL gerebelter Thymian

700 g Tomaten
1 Bund Frühlingszwiebeln
1 Bund Basilikum

Zubereitungszeit: 50 Minuten
Garzeit: etwa 90 Minuten

1. Den Backofen vorheizen.
Ober-/Unterhitze: etwa 180 °C
Heißluft: etwa 160 °C

2. Brötchen in kaltem Wasser einweichen und gut ausdrücken. Zwiebeln abziehen und in kleine Würfel schneiden. Gehacktes in eine große Schüssel geben, mit Salz und Pfeffer würzen. Die Brötchen mit Zwiebelwürfeln, Eiern, Kürbiskernen und Senf zum Gehackten geben und kräftig unterkneten.

3. Mozzarella, Semmelbrösel und Thymian unterarbeiten. Die Hackfleischmasse zu einem Laib formen und in eine Fettpfanne (gefettet) legen. Die Fettpfanne in den vorgeheizten Backofen (unteres Drittel) schieben. Den Hackbraten **etwa 50 Minuten garen.**

4. In der Zwischenzeit Tomaten abspülen, abtrocknen, vierteln und die Stängelansätze herausschneiden. Die Tomaten in grobe Würfel schneiden.

5. Frühlingszwiebeln putzen, abspülen, abtropfen lassen und in feine Scheiben schneiden. Basilikum abspülen und trocken tupfen. Die Blättchen von den Stängeln zupfen. Blättchen in feine Streifen schneiden.

6. Die Backofentemperatur nach etwa 50 Minuten Garzeit um etwa 20 °C herunterschalten. Tomatenwürfel zum Hackbraten in die Fettpfanne geben. Den Hackbraten noch **weitere etwa 40 Minuten garen.**

7. Hackbraten aus der Fettpfanne nehmen, auf eine vorgewärmte Platte legen, zugedeckt etwa 10 Minuten ruhen lassen. Frühlingszwiebelscheiben in die Fettpfanne geben und im ausgeschalteten Backofen etwa 10 Minuten miterwärmen.

8. Tomaten-Frühlingszwiebel-Gemüse mit Salz und Pfeffer abschmecken. Basilikumstreifen daraufstreuen. Den Hackbraten in Scheiben schneiden und mit dem Gemüse servieren.

Tipp: Dazu Bandnudeln oder Brot servieren.

Hackbraten mit Püree und Porreegemüse I

Schmeckt auch Kindern – beliebt

4 Portionen

Pro Portion: E: 37 g, F: 37 g, Kh: 29 g, kJ: 2514, kcal: 600, BE: 2,0

1	*Zwiebel*
500 g	*Gehacktes (halb Rind-, halb Schweinefleisch)*
150 g	*Magerquark*
1	*Ei (Größe M)*
2 EL	*Tomatenmark*
1 TL	*mittelscharfer Senf*
1 TL	*Paprikapulver edelsüß*
	Salz
	gem. Pfeffer
2 EL	*Semmelbrösel*
300 ml	*Gemüsebrühe*
3 Stangen	*Porree (Lauch)*
1 EL	*Butter*
100 g	*Schlagsahne*
1 Pck.	*Kartoffelpüree (für 3 Portionen)*
375 ml	*Wasser*
125 ml	*Milch (3,5 % Fett)*

Zubereitungszeit: 75 Minuten
Garzeit: etwa 50 Minuten

1. Den Backofen vorheizen.
Ober-/Unterhitze: etwa 200 °C
Heißluft: etwa 180 °C

2. Zwiebel abziehen und klein würfeln. Gehacktes in eine Schüssel geben. Zwiebelwürfel, Quark, Ei, 1 Esslöffel des Tomatenmarks und Senf hinzufügen. Die Zutaten zu einem Teig verkneten. Mit Paprika, Salz und Pfeffer würzen.

3. Semmelbrösel auf die Arbeitsfläche streuen. Den Hackfleischteig daraufgeben, zu einem länglichen Laib formen und in eine feuerfeste Form (gefettet) geben. Die Form ohne Deckel auf dem Rost in den vorgeheizten Backofen schieben. Den Hackbraten **etwa 50 Minuten garen.**

4. Restliches Tomatenmark unter die Brühe rühren. Nach etwa 30 Minuten Garzeit Brühe zu dem Hackbraten in die Form gießen. Hackbraten fertig garen.

5. In der Zwischenzeit Porree putzen, die Stangen längs halbieren, gründlich waschen, abtropfen lassen und in Streifen schneiden. Butter in einem Topf zerlassen. Porreestreifen darin unter Rühren andünsten. Mit Salz und Pfeffer würzen. Sahne hinzugießen, zum Kochen bringen und etwa 5 Minuten garen.

6. Kartoffelpüree nach Packungsanleitung mit Wasser und Milch zubereiten.

7. Den Hackbraten aus der Form nehmen, in Scheiben schneiden und warm stellen. Die Sauce durch ein Sieb passieren und mit den Gewürzen abschmecken. Den Hackbraten mit Püree und dem Porreegemüse anrichten. Die Sauce dazureichen.

Abwandlung: Für einen **Hackbraten mit Schafskäse** den vorbereiteten Hackfleischteig zu einem Rechteck auf den Semmelbröseln formen und flach drücken. 100 g Schafskäse würfeln, längs in die Mitte des Fleischteiges legen. Hackfleischmasse darüberschlagen, zusammendrücken, zu einem länglichen Laib formen, mit der Nahtstelle nach unten in die gefettete Form geben und wie im Rezept angegeben weiter zubereiten.

Hackbraten mit Quark

Raffiniert

8 Portionen

Pro Portion: E: 31 g, F: 23 g, Kh: 6 g, kJ: 1489, kcal: 355, BE: 0,5

1 Zwiebel
1 kg Gehacktes (halb Rind-, halb Schweinefleisch)
250 g Magerquark
2 TL Tomatenmark
2 TL mittelscharfer Senf
4 EL Semmelbrösel
2 Eier (Größe M)
Salz, gem. Pfeffer
1 TL Paprikapulver edelsüß

2 EL Tomatenmark
500 ml Fleischbrühe
1 TL gerebelter Oregano oder Thymian

Zubereitungszeit: 30 Minuten
Garzeit: 45–50 Minuten

1. Den Backofen vorheizen.
Ober-/Unterhitze: etwa 200 °C
Heißluft: etwa 180 °C

2. Zwiebel abziehen und in kleine Würfel schneiden. Gehacktes in eine Schüssel geben. Zwiebelwürfel, Quark, Tomatenmark, Senf, Semmelbrösel und Eier hinzugeben. Die Zutaten gut unterkneten. Mit Salz, Pfeffer und Paprika würzen.

3. Die Hackfleischmasse halbieren, mit angefeuchteten Händen zu 2 flachen, länglichen Laiben formen und nebeneinander in eine Fettpfanne (gefettet) legen.

4. Die Fettpfanne in den vorgeheizten Backofen (unteres Drittel) schieben. Die Hackbraten **45–50 Minuten garen.**

5. Tomatenmark mit Brühe und Oregano oder Thymian verrühren. Etwa 20 Minuten vor Ende der Garzeit zu den Hackbraten in die Fettpfanne geben und die Hackbraten fertig garen.

6. Die garen Hackbraten herausnehmen und warm stellen.

7. Den Bratensaft durch ein Sieb streichen, evtl. nochmals mit Salz, Pfeffer und Paprika abschmecken. Die Hackbraten in Scheiben schneiden und mit der Sauce servieren.

Beilage: Reichen Sie Kartoffelpüree und Möhrengemüse dazu. Für das **Möhrengemüse** etwa 1 1/2 kg Möhren putzen, schälen, abspülen, abtropfen lassen und in dünne Scheiben schneiden. Etwa 50 g Butter in einem großen Topf zerlassen. Die Möhrenscheiben darin unter Rühren andünsten. 200 ml Gemüsebrühe hinzugießen. Die Möhren zugedeckt bei schwacher Hitze in 5–10 Minuten bissfest garen. Das Möhrengemüse mit Salz und Pfeffer abschmecken und nach Belieben mit klein geschnittener Petersilie servieren.

Hackbraten vom Blech | Für Gäste

8–10 Portionen

Pro Portion: E: 39 g, F: 35 g, Kh: 14 g, kJ: 2198, kcal: 525, BE: 1,0

500 g Hokkaido-Kürbis
1 Zwiebel
100 g Schinkenwürfel (aus dem Kühlregal)
½ TL gerebelter Thymian
200 ml Fleischfond
1 Bund Petersilie
1½ kg Gehacktes (halb Rind-, halb Schweinefleisch)
2 Eier (Größe M)
175 g abgetropftes Wild-Preiselbeerdessert (aus dem Glas)
2–3 EL Semmelbrösel
Salz, gem. Pfeffer
200 g Ziegenfrischkäse

Zubereitungszeit: 30 Minuten, ohne Abkühlzeit
Garzeit: etwa 35 Minuten

1. Kürbis abspülen, trocken tupfen, halbieren und entkernen. 300 g von dem Kürbis in kleine Würfel, restlichen Kürbis in dünne Spalten schneiden.

2. Zwiebel abziehen und klein würfeln. Die Schinkenwürfel in einer heißen Pfanne anbraten. Die Zwiebelwürfel hinzugeben und mit anbraten.

3. Kürbiswürfel und Thymian hinzugeben, kurz mitbraten lassen. Mit Fleischfond ablöschen, zum Kochen bringen und etwa 2 Minuten bei mittlerer Hitze kochen lassen. Die Kürbismasse in eine große Schüssel geben und abkühlen lassen.

4. Den Backofen vorheizen.
Ober-/Unterhitze: etwa 200 °C
Heißluft: etwa 180 °C

5. Petersilie abspülen, trocken tupfen. Die Blättchen von den Stängeln zupfen. Blättchen klein schneiden.

6. Gehacktes, Eier, Preiselbeerdessert, Petersilie und Semmelbrösel zu der abgekühlten Kürbismasse geben und gut unterarbeiten. Mit Salz und Pfeffer würzen.

7. Die Hackfleischmasse in eine Fettpfanne (gefettet) geben und glatt streichen. Ziegenfrischkäse in 8–10 Scheiben schneiden und zusammen mit den Kürbisspalten auf der Fleischmasse verteilen.

8. Die Fettpfanne in den vorgeheizten Backofen (unteres Drittel) schieben und den Hackbraten **etwa 35 Minuten garen.**

Hackfleischeier

Schmeckt auch Kindern – schnell

4 Portionen

Pro Portion: E: 34 g, F: 31 g, Kh: 8 g,
kJ: 1864, kcal: 445, BE: 0,5

2 EL Speiseöl, z. B. Olivenöl
400 g Lamm- oder Rindergehacktes
250 g Zwiebeln
2 Knoblauchzehen
1 grüne Paprikaschote
2–3 Tomaten
Salz, gem. Pfeffer
Cayennepfeffer
1 TL Paprikapulver edelsüß
8 Eier (Größe M)

Zubereitungszeit: 30 Minuten

1. Speiseöl in einer großen Pfanne erhitzen. Das Gehackte darin unter ständigem Rühren etwa 5 Minuten anbraten. Dabei die Fleischklümpchen mit einer Gabel etwas zerkleinern.

2. Zwiebeln abziehen und in kleine Würfel schneiden. Knoblauch abziehen und durch eine Knoblauchpresse drücken. Zwiebelwürfel und den Knoblauch zur Hackfleischmasse geben, kurz mit anbraten.

3. Paprikaschote halbieren, entstielen, entkernen und die weißen Scheidewände entfernen. Schote abspülen, abtropfen lassen und in kleine Würfel schneiden. Paprikawürfel zur Hackfleischmasse in die Pfanne geben und zugedeckt etwa 6 Minuten bei schwacher Hitze dünsten.

4. Tomaten abspülen, abtrocknen, halbieren und die Stängelansätze herausschneiden. Tomaten in Würfel schneiden und unter die Hackfleischmasse rühren. Mit Salz, Pfeffer, Cayennepfeffer und Paprika kräftig würzen.

5. Eier aufschlagen, gleichmäßig auf die Hackfleisch-Gemüse-Masse setzen und zugedeckt so lange garen, bis die Spiegeleier gar sind, mit Salz bestreuen.

6. Die Hackfleischeier nochmals mit Salz und Pfeffer abschmecken und servieren.

Hackfleisch-Feta-Fondue

Raffiniert

6 Portionen

Pro Portion: E: 29 g, F: 35 g, Kh: 16 g,
kJ: 2114, kcal: 505, BE: 1,0

650 g Schweine- oder Rindergehacktes
1 Bund Frühlingszwiebeln
2 Knoblauchzehen
Salz
gem. Pfeffer
Pul Biber (geschrotete Pfefferschoten)
1 TL gem. Kreuzkümmel (Cumin)
100 g Fetakäse
1 gelbe Paprikaschote
1 Bio-Limette (unbehandelt, ungewachst)
2 EL Orangenmarmelade oder flüssiger Honig
500 g Kefir
100 g Schlagsahne
100 g Sahne-Schmelzkäse

Zubereitungszeit: 60 Minuten

1. Gehacktes in eine Schüssel geben. Die Frühlingszwiebeln putzen, abspülen, abtropfen lassen und in feine Scheiben schneiden. Knoblauch abziehen und klein würfeln. Die Hälfte der Frühlingszwiebelscheiben und die Knoblauchwürfel zum Gehackten geben und unterkneten. Mit Salz, Pfeffer, Pul Biber und Kreuzkümmel würzen.

2. Fetakäse klein würfeln, unter die Hackfleischmasse mischen. Aus der Hackfleischmasse mit angefeuchteten Händen kleine Bällchen (Ø etwa 2 cm) formen.

3. Paprikaschote abspülen, trocken tupfen, halbieren, entkernen und die weißen Scheidewände entfernen. Schote in kleine Würfel schneiden. Limette heiß abwaschen, abtrocknen und die Schale abreiben. Limette halbieren und von einer Hälfte den Saft auspressen. Paprikawürfel mit den restlichen Frühlingszwiebelscheiben, Marmelade oder Honig, Limettenschale und Pul Biber verrühren. Mit Limettensaft abschmecken.

4. Kefir mit Sahne und Schmelzkäse in einem Fondue-Topf erhitzen. 1 Esslöffel des Paprika-Frühlingszwiebel-Gemisches hinzugeben. Die Hackfleischbällchen etwa 10 Minuten darin garen. Restliches Paprika-Frühlingszwiebel-Gemisch dazureichen.

Hackfleischtorte I

Schmeckt auch Kindern

4–6 Portionen

Pro Portion: E: 32 g, F: 27 g, Kh: 27 g, kJ: 2018, kcal: 481, BE: 2,0

500 ml Gemüse- oder Fleischbrühe
100 g Maisgrieß (Polenta)

1 Brötchen (Semmel) vom Vortag
1 Zwiebel
1 Knoblauchzehe
500 g Gehacktes (halb Rind-, halb Schweinefleisch)
1 Ei (Größe M)
Salz
gem. Pfeffer

100 g Möhren
200 g TK-Erbsen
150 g Schafskäse

1 Kästchen Kresse

Zubereitungszeit: 30 Minuten
Garzeit: etwa 40 Minuten

1. 375 ml Brühe in einem Topf zum Kochen bringen. Den Maisgrieß einstreuen und bei schwacher Hitze etwa 15 Minuten quellen lassen.

2. In der Zwischenzeit den Backofen vorheizen.
Ober-/Unterhitze: etwa 200 °C
Heißluft: etwa 180 °C

3. Brötchen in kaltem Wasser einweichen und ausdrücken. Zwiebel abziehen, in kleine Würfel schneiden. Knoblauch abziehen und durch eine Knoblauchpresse drücken. Gehacktes in eine Schüssel geben. Brötchen, Zwiebelwürfel, Knoblauch und Ei hinzugeben und gut unterkneten. Mit Salz und Pfeffer würzen.

4. Den Maisbrei in eine Springform (Ø 24 cm, gefettet) geben und glatt streichen. Den Hackfleischteig darauf verteilen.

5. Die Form auf dem Rost in den vorgeheizten Backofen schieben. Die Hackfleischtorte **etwa 30 Minuten garen.**

6. In der Zwischenzeit die Möhren putzen, schälen, abspülen, gut abtropfen lassen und in kleine Würfel schneiden.

7. Die restliche Brühe in einem Topf zum Kochen bringen. Die Erbsen und Möhrenwürfel hinzugeben, wieder zum Kochen bringen und etwa 3 Minuten garen.

8. Erbsen und Möhrenwürfel in einem Sieb abtropfen lassen und zugedeckt beiseitestellen.

9. Schafskäse zerbröseln, mit den beiseitegestellten Erbsen und Möhrenwürfeln nach etwa 30 Minuten Garzeit auf der Hackfleischtorte verteilen.

10. Die Hackfleischtorte **bei gleicher Backofentemperatur in weiteren etwa 10 Minuten fertig garen.**

11. Kresse abspülen, trocken tupfen und vom Beet schneiden. Die Hackfleischtorte vor dem Servieren mit Kresse bestreuen.

Tipp: Schließt Ihre Springform nicht mehr ganz dicht, stellen Sie sie auf ein Stück Alufolie. Anschließend die Folie an den Außenrand der Form anlegen und gut festdrücken.

Hack-Gemüse-Auflauf | Beliebt

4–6 Portionen

Pro Portion: E: 24 g, F: 46 g, Kh: 27 g, kJ: 2598, kcal: 620, BE: 2,0

500 g Kartoffeln
300 g Möhren
400 g Brokkoli
250 ml Gemüsebrühe

1 Zwiebel
2 EL Speiseöl
400 g Gehacktes (halb Rind-, halb Schweinefleisch)
Salz, gem. Pfeffer
Paprikapulver edelsüß
2 EL Tomatenketchup

Für die Sauce:

50 g Butter
25 g Weizenmehl
250 ml Gemüsebrühe (von dem Gemüse)
250 g Schlagsahne
ger. Muskatnuss
50 g ger. Käse, z. B. Gouda

Zubereitungszeit: 55 Minuten
Garzeit: Auflauf etwa 25 Minuten

1. Für das Gemüse Kartoffeln gründlich waschen, knapp mit Wasser bedeckt zum Kochen bringen und zugedeckt 20–25 Minuten garen.

2. In der Zwischenzeit Möhren putzen, schälen, abspülen, abtropfen lassen und nach Belieben längs in Scheiben schneiden. Von dem Brokkoli die Blätter entfernen. Brokkoli in Röschen teilen, abspülen und abtropfen lassen.

3. Gemüsebrühe in einem Topf zum Kochen bringen. Zuerst die Möhrenscheiben darin 3–4 Minuten garen. Dann Brokkoliröschen hinzufügen, mit den Möhrenscheiben weitere etwa 5 Minuten garen. Die Möhrenscheiben und Brokkoliröschen in einem Sieb abtropfen lassen, dabei die Brühe auffangen, evtl. mit Wasser auf 250 ml auffüllen.

4. Den Backofen vorheizen.
Ober-/Unterhitze: etwa 200 °C
Heißluft: etwa 180 °C

5. Zwiebel abziehen und in kleine Würfel schneiden. Speiseöl in einer Pfanne erhitzen. Zwiebelwürfel darin andünsten. Gehacktes hinzufügen und unter Rühren anbraten. Dabei die Fleischklümpchen mit einer Gabel zerdrücken. Mit Salz, Pfeffer und Paprika würzen, den Ketchup unterrühren.

6. Gare Kartoffeln abgießen, abdämpfen, heiß pellen, etwas abkühlen lassen und in Scheiben schneiden. Kartoffelscheiben dachziegelartig in eine Auflaufform (gefettet) schichten. Die Kartoffelscheiben mit Salz bestreuen.

7. Für die Sauce Butter in einem Topf zerlassen. Mehl darin unter Rühren so lange erhitzen, bis es hellgelb ist. Aufgefangene Brühe und Sahne hinzugießen, mit einem Schneebesen durchschlagen. Dabei darauf achten, dass keine Klümpchen entstehen. Die Sauce unter Rühren aufkochen lassen, mit Salz, Pfeffer und Muskat abschmecken, Käse unterrühren.

8. Die Hackfleischmasse auf den Kartoffelscheiben verteilen. Mit Möhrenscheiben und Brokkoliröschen belegen. Die Sauce daraufgeben. Die Form auf dem Rost in den vorgeheizten Backofen schieben. Den Auflauf **etwa 25 Minuten garen.**

Hack-Gemüse-Pfanne I

Macht richtig satt

4 Portionen

Pro Portion: E: 32 g, F: 28 g, Kh: 21 g, kJ: 1936, kcal: 463, BE: 1,0

500 g Wirsing
400 g Steckrübe
250 g Möhren
1 Bund Frühlingszwiebeln
Salz
1 Brötchen (Semmel) vom Vortag
500 g Gehacktes (halb Rind-, halb Schweinefleisch)
1 Ei (Größe M)
gem. Pfeffer
2 EL Olivenöl
400 ml Gemüsebrühe
½ Bund glatte Petersilie

Zubereitungszeit: 35 Minuten
Garzeit: etwa 20 Minuten

1. Wirsing putzen, vierteln und den Strunk herausschneiden. Wirsing abspülen, abtropfen lassen und in feine Streifen schneiden. Die Steckrübe schälen, abspülen, abtropfen lassen und in Würfel schneiden. Möhren putzen, schälen, abspülen, abtropfen lassen und in Scheiben schneiden.

2. Frühlingszwiebeln putzen, abspülen, abtropfen lassen und in etwa 2 cm lange Stücke schneiden.

3. Salzwasser in einem Topf zum Kochen bringen. Die Steckrübenwürfel darin etwa 5 Minuten garen, anschließend in ein Sieb geben, mit kaltem Wasser übergießen und abtropfen lassen.

4. Brötchen in kaltem Wasser einweichen und gut ausdrücken. Gehacktes in eine Schüssel geben. Brötchen und Ei gut unterkneten. Mit Salz und Pfeffer würzen. Aus der Hackfleischmasse mit angefeuchteten Händen kleine Bällchen formen.

5. Olivenöl in einem Bräter erhitzen. Die Hackbällchen darin in 2 Portionen von allen Seiten anbraten. Das vorbereitete Gemüse hinzugeben und unter Rühren mit anbraten. Brühe hinzugießen. Mit Salz und Pfeffer würzen. Die Hack-Gemüse-Pfanne zugedeckt etwa 15 Minuten kochen lassen.

6. Petersilie abspülen und trocken tupfen. Die Blättchen von den Stängeln zupfen. Blättchen klein schneiden. Die Petersilie unter die Hack-Gemüse-Pfanne rühren und sofort servieren.

Hack-Kartoffel-Röllchen I

Raffiniert

4 Portionen

Pro Portion: E: 24 g, F: 39 g, Kh: 46 g, kJ: 2638, kcal: 630, BE: 3,5

Für den Kartoffelteig:

750 g Kartoffeln
Salz
2 Eigelb (Größe M)
30 g Weizenmehl
30 g Semmelbrösel
1 gut geh. TL Speisestärke
ger. Muskatnuss

Für die Füllung:

1 Brötchen (Semmel) vom Vortag
50 g durchwachsener Speck
250 g Gehacktes (halb Rind-, halb Schweinefleisch)
1 Zwiebel
1 EL fein gehackte Petersilie
1 Ei (Größe M)
150 g Schlagsahne
gem. Pfeffer
Paprikapulver edelsüß

40 g Pflanzenfett

Zubereitungszeit: 65 Minuten, ohne Abkühlzeit

1. Für den Teig Kartoffeln schälen, abspülen, in einem Topf knapp mit Salzwasser bedeckt zum Kochen bringen und zugedeckt etwa 20 Minuten kochen lassen. Kartoffeln abgießen, abdämpfen und sofort durch eine Kartoffelpresse in eine Rührschüssel drücken, erkalten lassen.

2. Kartoffelmasse mit Eigelb, Mehl, Semmelbröseln und Speisestärke verrühren. Mit Salz und Muskat würzen.

3. Für die Füllung Brötchen in kaltem Wasser einweichen und gut ausdrücken. Speck in Würfel schneiden und in einer großen Pfanne auslassen. Gehacktes hinzufügen, unter Rühren kurz anbraten. Dabei die Fleischklümpchen mit einer Gabel zerdrücken. Zwiebel abziehen, in kleine Würfel schneiden und hinzufügen. Petersilie unterrühren.

4. Die Hackfleischmasse in eine Schüssel geben. Brötchen, Ei und Sahne gut unterarbeiten. Mit Salz, Pfeffer, Muskat und Paprika würzen.

5. Den Kartoffelteig gut durchkneten und auf einem bemehlten Geschirrtuch etwa 1 cm dick zu einem Quadrat ausrollen. Die Hackfleischmasse darauf verteilen. Den Teig mithilfe des Geschirrtuches fest aufrollen und anschließend in etwa 2 cm dicke Scheiben schneiden.

6. Pflanzenfett in einer großen Pfanne erhitzen. Die Hack-Kartoffel-Röllchen darin portionsweise von beiden Seiten goldbraun braten.

Tipp: Mit einem grünen Salat servieren.

Hack-Käse-Strudel I

Für Gäste

4 Portionen

Pro Portion: E: 25 g, F: 47 g, Kh: 48 g, kJ: 3000, kcal: 717, BE: 4,0

Für den Teig:

450 g TK-Blätterteig (6 Platten)

Für die Füllung:

je 1 rote und grüne Paprikaschote (je etwa 150 g)
1 große Zwiebel (etwa 100 g)
1–2 Tomaten
2 EL Speiseöl
250 g Rindergehacktes
Salz
gem. schwarzer Pfeffer
1 geh. EL Tomatenmark
100 g Kräuterschmelzkäse-Zubereitung

Zum Bestreichen:

1 Eigelb
1 EL Wasser

Zum Bestreuen:

Paprikapulver edelsüß

Zubereitungszeit: 45 Minuten, ohne Auftau- und Abkühlzeit
Garzeit: Strudel etwa 45 Minuten

1. Für den Teig Blätterteigplatten nebeneinander nach Packungsanleitung auftauen lassen. Blätterteigplatten wieder aufeinanderlegen, auf einer leicht bemehlten Arbeitsfläche zu einem Rechteck (etwa 30 x 40 cm) ausrollen.

2. Für die Füllung die Paprikaschoten halbieren, entstielen, entkernen und die weißen Scheidewände entfernen. Schoten abspülen und abtropfen lassen. Zwiebel abziehen. Tomaten abspülen, abtrocknen und die Stängelansätze herausschneiden. Paprikaschoten, Zwiebel und Tomaten in kleine Würfel schneiden.

3. Den Backofen vorheizen.
Ober-/Unterhitze: etwa 200 °C
Heißluft: etwa 180 °C

4. Speiseöl in einer großen Pfanne erhitzen. Gemüsewürfel hinzugeben und unter Rühren etwa 5 Minuten dünsten. Gehacktes hinzufügen, dabei die Fleischklümpchen mit einer Gabel zerdrücken. Die Zutaten nochmals kurz erhitzen. Mit Salz und Pfeffer würzen. Das Tomatenmark unterrühren. Die Gemüse-Hackfleisch-Masse erkalten lassen.

5. Kräuterschmelzkäse auf das Blätterteig-Rechteck streichen, die Gemüse-Hackfleisch-Masse darauf verteilen. Den Teig von der längeren Seite her aufrollen und auf ein Backblech (gefettet, mit Backpapier belegt) legen.

6. Zum Bestreichen Eigelb mit Wasser verschlagen. Den Strudel damit bestreichen und mit Paprika bestreuen. Das Backblech in den vorgeheizten Backofen schieben. Den Strudel **etwa 45 Minuten garen.**

7. Den Hack-Käse-Strudel vom Backblech nehmen und sofort servieren.

Hackklößchen in Tomatensauce I

Einfach

4 Portionen

Pro Portion: E: 30 g, F: 32 g, Kh: 12 g, kJ: 1906, kcal: 454, BE: 0,5

Für die Tomatensauce:

3	*mittelgroße Zwiebeln*
1	*Knoblauchzehe*
3 EL	*Olivenöl*
500 g	*passierte Tomaten (aus dem Tetra Pak®)*
1–2 EL	*Tomatenmark*
	Salz
	gem. Pfeffer
	Cayennepfeffer
	Zucker

Für die Hackklößchen:

2	*mittelgroße Zwiebeln*
1–2	*Knoblauchzehen*
500 g	*Rindergehacktes*
1	*Ei (Größe M)*
	Paprikapulver edelsüß
einige Spritzer	*Tabasco*
1 TL	*gerebelter Majoran*
2 EL	*Butter oder 4 EL Olivenöl*

Zubereitungszeit: 50 Minuten
Garzeit: 15–20 Minuten

1. Für die Sauce Zwiebeln und Knoblauch abziehen, in Scheiben schneiden. Das Olivenöl in einer Pfanne erhitzen. Zwiebel- und Knoblauchscheiben darin etwa 5 Minuten bei schwacher Hitze dünsten. Passierte Tomaten und Tomatenmark hinzufügen. Mit Salz, Pfeffer, Cayennepfeffer und Zucker würzen.

2. Die Zutaten zum Kochen bringen und etwa 10 Minuten kochen lassen. Die Sauce anschließend in eine flache Auflaufform (gefettet) füllen.

3. Den Backofen vorheizen.
Ober-/Unterhitze: etwa 180 °C
Heißluft: etwa 160 °C

4. Für die Hackklößchen Zwiebeln und Knoblauch abziehen. Zwiebeln in kleine Würfel schneiden. Knoblauch durch eine Knoblauchpresse drücken.

5. Gehacktes in eine Schüssel geben. Ei, Zwiebelwürfel und Knoblauch gut unterkneten. Mit Salz, Pfeffer, Cayennepfeffer, Paprika, Tabasco und Majoran kräftig würzen. Aus der Hackfleischmasse mit angefeuchteten Händen kleine Klößchen formen.

6. Butter oder Olivenöl in einer Pfanne zerlassen bzw. erhitzen. Hackklößchen darin von allen Seiten braun anbraten, herausnehmen und auf Küchenpapier abtropfen lassen.

7. Hackklößchen in die Sauce legen. Die Form auf dem Rost in den vorgeheizten Backofen schieben. Die Hackklößchen **15–20 Minuten garen.**

Beilage: Reis oder Nudeln und Salat.

Tipp: Das Gericht kann gut eingefroren werden.

Hacknester | Raffiniert

4 Portionen

Pro Portion: E: 36 g, F: 37 g, Kh: 10 g, kJ: 2141, kcal: 511, BE: 0,5

1	*Brötchen (Semmel) vom Vortag*
1	*Zwiebel*
500 g	*Gehacktes (halb Rind-, halb Schweinefleisch)*
1	*Ei (Größe M)*
1 TL	*gerebelter Thymian*
1 Msp.	*Paprikapulver rosenscharf*
	Salz
	gem. Pfeffer
4 EL	*Speiseöl*
300 g	*Tomaten*
200 g	*Schafskäse*

Zubereitungszeit: 30 Minuten
Überbackzeit: etwa 10 Minuten

1. Brötchen in kaltem Wasser einweichen und gut ausdrücken. Zwiebel abziehen und in kleine Würfel schneiden.

2. Gehacktes in eine Schüssel geben. Ei, Brötchen und Zwiebelwürfel gut unterkneten. Mit Thymian, Paprika, Salz und Pfeffer würzen.

3. Aus der Hackfleischmasse mit angefeuchteten Händen 8 Frikadellen formen. In die Mitte der Frikadellen je eine Vertiefung drücken.

4. Speiseöl in einer Pfanne erhitzen. Die Frikadellen darin von der unteren Seite anbraten, herausnehmen und auf ein Backblech (mit Backpapier belegt) setzen.

5. Den Backofengrill vorheizen.

6. Tomaten kreuzweise einschneiden, mit kochendem Wasser übergießen. Nach 1–2 Minuten herausnehmen und mit kaltem Wasser abschrecken. Tomaten häuten, halbieren und die Stängelansätze herausschneiden. Die Tomaten in kleine Würfel schneiden. Schafskäse zerbröseln.

7. Tomatenwürfel mit den Käsebröseln vermischen und in die Vertiefungen der einzelnen Frikadellen füllen.

8. Das Backblech unter den vorgeheizten Backofengrill schieben und die Hacknester **etwa 10 Minuten überbacken.**

9. Die Hacknester vom Backblech nehmen und auf einer Platte anrichten.

Beilage: Gemischter Blattsalat und ofenfrisches Baguette oder Fladenbrot.

Tipps: Sie können den Schafskäse auch durch andere Käsesorten ersetzen. Versuchen Sie es einmal mit geriebenem Pizza-Käse (aus dem Kühlregal) für Kinder oder mit Gorgonzola oder Roquefort für Erwachsene, die es gern etwas würziger mögen. Als Beilage eignen sich auch kleine Pellkartoffeln mit Schale und eingelegte Gurken oder Rote Bete. Wenn Sie Gäste erwarten, verdoppeln Sie einfach die Mengen. Mit Cornichons und eingelegten Maiskölbchen (aus dem Glas), einem gemischten Brotkorb und Wein oder Bier ist es ein schmackhaftes Sommergericht.

Hackpizza | Beliebt

12 Portionen

Pro Portion: E: 40 g, F: 35 g, Kh: 19 g, kJ: 2322, kcal: 554, BE: 1,5

2 Brötchen (Semmeln) vom Vortag
3 Zwiebeln
2 Knoblauchzehen
300 g Schafskäse
1 große Zucchini
2 mittelgroße Möhren
1 1/2 kg Gehacktes (halb Rind-, halb Schweinefleisch)
2 Eier (Größe M)
Salz
gem. Pfeffer
1 EL gerebelter Oregano
500 g Zigeunersauce (aus dem Glas)
400 g abgetropfte Champignonscheiben (aus dem Glas)
3 Fleischtomaten
2 rote Paprikaschoten
250 g abgetropfter Mozzarella
1 EL gerebelter Oregano
100 g ger. Pizza-Käse

Zubereitungszeit: 50 Minuten
Garzeit: 45–55 Minuten

1. Den Backofen vorheizen.
Ober-/Unterhitze: etwa 200 °C
Heißluft: etwa 180 °C

2. Brötchen in kaltem Wasser einweichen und gut ausdrücken. Zwiebeln und Knoblauch abziehen, klein würfeln. Schafskäse in Würfel schneiden oder zerbröseln. Zucchini abspülen, abtrocknen und die Enden abschneiden. Möhren putzen, schälen, abspülen und abtropfen lassen. Zucchini und Möhren grob raspeln.

3. Gehacktes in eine große Schüssel geben. Brötchen, Zwiebel-, Knoblauch- Schafskäsewürfel, Eier, Zucchini- und Möhrenraspeln zum Gehackten in die Schüssel geben und gut unterkneten. Mit Salz, Pfeffer und Oregano würzen.

4. Hackfleischmasse in eine Fettpfanne (30 x 40 cm, gefettet) geben und glatt verstreichen. Zigeunersauce daraufstreichen. Champignonscheiben darauf verteilen. Die Fettpfanne in den vorgeheizten Backofen schieben. Den Pizza **etwa 25 Minuten backen.**

5. Tomaten abspülen, abtropfen lassen, halbieren und die Stängelansätze herausschneiden. Tomaten in Scheiben schneiden. Von den Paprikaschoten die Stielansätze keilförmig herausschneiden. Kerne und weiße Scheidewände herausschaben. Die Schoten abspülen, abtropfen lassen und in Ringe schneiden. Mozzarella in Scheiben schneiden.

6. Tomatenscheiben und Paprikaringe auf der Pizza verteilen. Mit Salz, Pfeffer und Oregano bestreuen. Mozzarellascheiben in die Paprikaringe legen, Pizza-Käse in die Zwischenräume streuen. Die Fettpfanne wieder in den heißen Backofen schieben. Pizza **bei gleicher Backofentemperatur weitere 20–30 Minuten garen.**

Tipp: Es können nach Belieben statt Zucchini und Möhren auch Paprikawürfel, Mais oder nur Schafskäsewürfel in den Hackfleischteig gegeben werden.

Hackpizza „Tex-Mex" I

Für die Party

8–10 Portionen

Pro Portion: E: 38 g, F: 37 g, Kh: 38 g, kJ: 2663, kcal: 635, BE: 3,0

Für den Fleischteig:

2 Brötchen (Semmeln) vom Vortag
2 große Zwiebeln
4 Knoblauchzehen
1,2 kg Gehacktes (halb Rind-, halb Schweinefleisch)
280 g gut abgetropftes Mexico-Mix-Gemüse (aus Dosen)
2 Eier (Größe M)
8 EL Semmelbrösel
Salz
gem. Pfeffer
Paprikapulver edelsüß
gerebelter Oregano

Für den Belag:

200 g Cheddar-Käse
250 ml Hot Chilisauce
200 g Tortilla-Chips

Zubereitungszeit: 50 Minuten
Gar- und Überbackzeit: 30–35 Minuten

1. Den Backofen vorheizen.
Ober-/Unterhitze: etwa 200 °C
Heißluft: etwa 180 °C

2. Für den Fleischteig Brötchen in kaltem Wasser einweichen und gut ausdrücken. Zwiebeln und Knoblauch abziehen, in kleine Würfel schneiden.

3. Gehacktes in eine Schüssel geben. Mexico-Mix, Eier, Semmelbrösel, Zwiebel- und Knoblauchwürfel hinzugeben. Die Zutaten zu einem Teig verkneten. Mit Salz, Pfeffer, Paprika und Oregano würzen. Den Hackfleischteig in einer Fettpfanne (30 x 40 cm, gefettet) verteilen und glatt streichen. Die Fettpfanne in den vorgeheizten Backofen schieben. Die Hackpizza **etwa 20 Minuten garen.**

4. In der Zwischenzeit für den Belag Käse fein reiben. Die Hackpizza aus dem Backofen nehmen und mit der Chilisauce bestreichen. Tortilla-Chips darauf verteilen und mit Käse bestreuen. Die Fettpfanne wieder in den heißen Backofen schieben. Die Hackpizza **bei gleicher Backofentemperatur weitere 10–15 Minuten überbacken.**

Hack-Pot-Pie I

Raffiniert

4 Portionen

Pro Portion: E: 25 g, F: 48 g, Kh: 58 g, kJ: 3204, kcal: 767, BE: 4,5

1 grüne Chilischote
2 Knoblauchzehen
175 g Frühlingszwiebeln
1 rote Paprikaschote (etwa 200 g)
3 EL Speiseöl
250 g Gehacktes (halb Rind-, halb Schweinefleisch)
Salz
2 EL frische Thymianblättchen
500 ml Hühnerbrühe, z. B. aus Bio-Brühwürfeln
150 g Crème fraîche
200 g abgetropfter Gemüsemais (aus der Dose)
50 g Cheddar-Käse
200 g Weizenmehl
50 g Polenta (Maisgrieß)
1 EL Zucker
2 gestr. TL Dr. Oetker Backin
¾ TL Natron
70 g Schweineschmalz (aus dem Kühlschrank)
125 g Buttermilch

Zubereitungszeit: 65 Minuten
Backzeit: 15–17 Minuten

1. Chilischote entstielen, abspülen, trocken tupfen und in feine Ringe schneiden. Knoblauch abziehen und in dünne Scheiben schneiden. Frühlingszwiebeln putzen, abspülen, gut abtropfen lassen und in dünne Scheiben schneiden.

2. Paprikaschote halbieren, entstielen, entkernen und die weißen Scheidewände entfernen. Schote abspülen, trocken tupfen und in etwa 1 cm große Würfel schneiden.

3. Das Speiseöl in einer großen Pfanne erhitzen und das Gehackte darin bei starker Hitze unter Rühren etwa 4 Minuten leicht anbraten. Dabei die Fleischklümpchen mit einer Gabel zerdrücken. Knoblauchscheiben, Chiliringe, Frühlingszwiebelscheiben und Paprikawürfel hinzugeben, mit Salz würzen.

4. Die Zutaten unter Rühren etwa 4 Minuten kräftig andünsten. Thymian unterrühren. Brühe hinzugießen. Crème fraîche und Mais hinzugeben, einmal kräftig aufkochen lassen.

5. Den Eintopf in 4 feuerfesten Schüsseln (z. B. Bowls, Ø etwa 16 cm) verteilen. Den Cheddar grob raffeln und gleichmäßig daraufstreuen.

6. Die Schüsseln auf ein Backblech (mit Backpapier belegt) stellen.

7. Den Backofen vorheizen.
Ober-/Unterhitze: etwa 220 °C
Heißluft: etwa 200 °C

8. Mehl mit Polenta, etwa 1 Teelöffel Salz, Zucker, Backpulver und Natron in einer Schüssel mischen. Das kalte Schweineschmalz in kleine Würfel schneiden und mit den Fingern gleichmäßig eher unterreiben als kneten, bis der Teig kleine Streusel bildet. Die Buttermilch hinzugeben und rasch unterkneten, nicht gründlich durchkneten.

9. Den weichen Teig auf eine gut bemehlte Arbeitsfläche geben. Den Teig gut mit Mehl bestäuben und etwa 1 cm dick ausrollen.

10. Aus dem Teig 4 runde Platten (Ø etwa 14 cm) ausstechen. Teigplatten direkt auf den Eintopf legen.

11. Das Backblech in den vorgeheizten Backofen schieben. Hack-Pot-Pie in **15–17 Minuten goldbraun backen.**

12. Die Schüsseln vom Backblech nehmen. Hack-Pot-Pie in den Schüsseln servieren.

Tipp: Teigreste kurz verkneten, zu einer Rolle formen und etwa 2 cm dicke Scheiben abschneiden. Die Teigscheiben als kleine Brötchen auf dem Backblech mitbacken.

Hack-Reis-Auflauf

Raffiniert

4 Portionen

Pro Portion: E: 55 g, F: 45 g, Kh: 88 g, kJ: 4099, kcal: 980, BE: 7,0

400 g Langkornreis
Salz
4 mittelgroße Zwiebeln
30 g Butter
600 g Rindergehacktes
150 g ger. Hartkäse, z. B. alter Gouda, Parmesan oder alter Comté
1–2 EL Zitronensaft
250 ml Milch (3,5 % Fett)
2 Eier (Größe M)
gem. Pfeffer
2 EL Semmelbrösel

Zubereitungszeit: 50 Minuten
Garzeit: Auflauf etwa 30 Minuten

1. Den Reis zugedeckt in kochendem Salzwasser etwa 20 Minuten garen. Anschließend in ein Sieb geben und abtropfen lassen.

2. Zwiebeln abziehen und in kleine Würfel schneiden. Butter in einer Pfanne zerlassen, Zwiebelwürfel darin andünsten. Rindergehacktes hinzugeben und unter Rühren anbraten. Dabei die Fleischklümpchen mit einer Gabel zerdrücken.

3. Den Backofen vorheizen.
Ober-/Unterhitze: etwa 200 °C
Heißluft: etwa 180 °C

4. Die Hackfleischmasse mit Reis und 100 g Käse vermischen, mit Salz und Zitronensaft würzen. Die Masse in eine Auflaufform (gefettet) füllen.

5. Milch und Eier verschlagen, mit Salz und Pfeffer würzen. Die Eiermilch auf dem Auflauf verteilen. Restlichen Käse mit Semmelbröseln mischen und daraufstreuen. Die Form auf dem Rost in den vorgeheizten Backofen schieben. Auflauf **etwa 30 Minuten garen**.

Hackröllchen auf Zitronengrasspießen I

Scharf gewürzt

10–12 Stück

Pro Stück: E: 9 g, F: 11 g, Kh: 2 g, kJ: 583, kcal: 139, BE: 0,0

1 Schalotte
1 Knoblauchzehe
1 rote Chilischote
2–3 EL Speiseöl, z. B. Olivenöl
1 feine, ungebrühte Bratwurst
400 g Gehacktes (halb Rind-, halb Schweinefleisch)
1 Eigelb (Größe M)
2–3 EL Semmelbrösel
Salz
gem. Pfeffer
1 TL Paprikapulver rosenscharf
½ Bund Koriander
evtl. 1 Chilischote

Außerdem:

10–12 Zitronengrasstiele

Zubereitungszeit: 25 Minuten, ohne Abkühlzeit
Garzeit: etwa 8 Minuten

1. Schalotte und Knoblauch abziehen, in kleine Würfel schneiden. Die Chilischote abspülen, trocken tupfen, entstielen, entkernen, ebenfalls klein würfeln.

2. Einen Esslöffel des Speiseöls in einer kleinen Pfanne erhitzen. Schalotten-, Knoblauch- und Chiliwürfel darin andünsten. Die Pfanne von der Kochstelle nehmen. Die Schalotten-Chili-Masse abkühlen lassen.

3. Bratwurstbrät aus der Pelle drücken. Gehacktes mit dem Bratwurstbrät in eine Schüssel geben. Eigelb, Schalotten-Chili-Masse und Semmelbrösel hinzugeben. Die Zutaten gut verkneten. Die Hackfleischmasse mit Salz, Pfeffer und Paprika würzen.

4. Koriander abspülen und trocken tupfen. Die Blättchen von den Stängeln zupfen. Blättchen klein schneiden (etwas Koriander zum Bestreuen beiseitelegen) und unter den Hackfleischteig arbeiten.

5. Die Zitronengrasstiele abspülen, abtrocknen und die unteren Enden schräg anschneiden.

6. Aus dem Hackfleischteig mit angefeuchteten Händen 10–12 längliche Röllchen formen und auf die Zitronengrasstiele spießen.

7. Jeweils etwas von dem restliches Speiseöl in einer großen Pfanne erhitzen. Die Hackfleischröllchen darin etwa 8 Minuten von allen Seiten braun braten.

8. Nach Belieben die Chilischote abspülen, trocken tupfen, entstielen und in Ringe schneiden. Die Hackröllchen mit den Chiliringen und dem beiseitegelegten Koriander bestreuen.

Hackröllchen mit Minze I

Zum Mitnehmen

8 Stück

Pro Stück: E: 9 g, F: 9 g, Kh: 6 g, kJ: 580, kcal: 138, BE: 0,5

3 Stängel Minze
1 Schalotte
1 Knoblauchzehe
300 g Gehacktes (halb Rind-, halb Schweinefleisch)
4 EL Semmelbrösel
1 Ei (Größe M)
Salz
gem. Pfeffer
Paprikapulver rosenscharf
4 EL Olivenöl

Zubereitungszeit: 30 Minuten
Garzeit: etwa 10 Minuten

1. Minze abspülen und trocken tupfen. Die Blättchen von den Stängeln zupfen (einige Blättchen beiseitelegen). Blättchen klein schneiden.

2. Schalotte und Knoblauch abziehen. Schalotte grob hacken und Knoblauch durch eine Knoblauchpresse drücken. Gehacktes in eine Schüssel geben. Schalottenwürfel, Knoblauch, 2 Esslöffel Semmelbrösel, Ei und Minze hinzufügen. Die Zutaten zu einem Fleischteig verkneten. Mit Salz, Pfeffer und Paprika würzen.

3. Den Hackfleischteig in 8 Portionen teilen. Jede Fleischportion mit angefeuchteten Händen zu einer etwa 10 cm langen Rolle mit spitzen Enden formen. Die Hackröllchen in den restlichen Semmelbröseln wenden und andrücken.

4. Olivenöl in einer Pfanne erhitzen. Die Hackröllchen darin unter mehrmaligem Wenden etwa 10 Minuten bei mittlerer Hitze braten. Die Hackröllchen mit einem Pfannenwender herausnehmen und auf Küchenpapier abtropfen lassen.

5. Die Hackröllchen auf einer Platte anrichten und mit den beiseitegelegten Minzeblättchen garnieren. Heiß oder kalt servieren.

Beilage: Knoblauch-Mayonnaise. Dafür 1–2 Knoblauchzehen abziehen und mit etwas grobem Meersalz im Mörser oder mit dem Messerrücken fein zerreiben. 1 sehr frisches Eigelb (nicht älter als 5 Tage, Legedatum beachten), einige Spritzer Zitronensaft und den Knoblauch in einen hohen Rührbecher geben und mit einem Mixer (Rührstäbe) verrühren. 125 ml Olivenöl zuerst tropfenweise, dann in einem sehr dünnen Strahl unter Rühren hinzugeben. Die Mayonnaise mit Salz und Zitronensaft abschmecken. Mayonnaise bis zum Verzehr in den Kühlschrank stellen.

Hackröllchen-Bohnen-Pfanne I

Macht richtig satt – raffiniert

4 Portionen

Pro Portion: E: 51 g, F: 44 g, Kh: 22 g, kJ: 2888, kcal: 689, BE: 1,5

600 g Rindergehacktes
Salz, gem. Pfeffer
250 g Frühstücksspeck in dünnen Scheiben (Bacon, 20 Scheiben)
2 Knoblauchzehen
1 Bund Oregano
2 EL Speiseöl
420 g abgespülte, abgetropfte weiße oder grüne Bohnenkerne (aus Dose oder Glas)
250 g abgespülte, abgetropfte rote Bohnenkerne (aus der Dose)
250 g Tomatenwürfel

Zubereitungszeit: 40 Minuten
Garzeit: 10–15 Minuten

1. Das Gehackte in eine Schüssel geben, Salz und Pfeffer gut unterarbeiten. Aus der Hackfleischmasse mit angefeuchteten Händen etwa 20 fingerdicke Röllchen (je etwa 30 g) formen und mit je 1 Speckscheibe umwickeln.

2. Knoblauch abziehen und in kleine Würfel schneiden. Oregano abspülen und trocken tupfen. Die Blättchen von den Stängeln zupfen. Die Blättchen klein schneiden.

3. Das Speiseöl in einer großen Pfanne erhitzen. Die Hackfleischröllchen darin von allen Seiten anbraten. Knoblauchwürfel hinzugeben und leicht mit anbraten.

4. Die Bohnen, Tomatenwürfel und Oregano hinzugeben, mit Salz und Pfeffer pikant würzen. Die Hackröllchen-Bohnen-Pfanne zum Kochen bringen und 5–10 Minuten unter gelegentlichem Rühren dünsten.

Tipp: Anstelle von Rindergehacktem kann auch Gehacktes (halb Rind-, halb Schweinefleisch) oder Lammhackfleisch verwendet werden.

Hacksauce „Jägerart" I

Mit Alkohol – für Gäste

4 Portionen

Pro Portion: E: 35 g, F: 28 g, Kh: 96 g, kJ: 3395, kcal: 810, BE: 8,0

100 g geräucherter, durchwachsener Speck
40 g Butterschmalz
250 g Rindergehacktes
1 Zwiebel
400 g geschälte Tomaten (aus der Dose)
125 ml Rotwein
Salz
gem. Pfeffer
Cayennepfeffer
Kräuter der Provence
230 g abgetropfte Mischpilze (aus der Dose)
2 EL Preiselbeeren (aus dem Glas)
2 EL Weinbrand

5 l Wasser
5 gestr. TL Salz
500 g grüne Bandnudeln

3 Tomaten
1 Zweig Thymian
einige Basilikumblättchen

Zubereitungszeit: 40 Minuten

1. Den Speck in Würfel schneiden. Butterschmalz in einer Pfanne erhitzen. Speckwürfel darin auslassen. Gehacktes hinzugeben und darin unter Rühren anbraten. Dabei die Fleischklümpchen mit einer Gabel zerdrücken. Zwiebel abziehen, in kleine Würfel schneiden und mit anbraten.

2. Tomaten mit dem Saft und Rotwein zu der Hackfleischmasse geben und unterrühren. Mit Salz, Pfeffer, Cayennepfeffer und Kräutern der Provence würzen. Die Zutaten zum Kochen bringen und etwa 15 Minuten kochen lassen.

3. Pilze mit Preiselbeeren und Weinbrand unter die Sauce rühren, wieder zum Kochen bringen und weitere etwa 5 Minuten kochen lassen. Mit Salz, Pfeffer und Cayennepfeffer abschmecken.

4. In der Zwischenzeit das Wasser in einem großen Topf zugedeckt zum Kochen bringen. Dann Salz und Nudeln hinzugeben. Die Nudeln im geöffneten Topf bei mittlerer Hitze nach Packungsanleitung bissfest kochen, dabei gelegentlich umrühren. Anschließend die Nudeln in ein Sieb geben, mit heißem Wasser abspülen und abtropfen lassen.

5. Tomaten abspülen, trocken tupfen und die Stängelansätze herausschneiden. Tomaten halbieren, entkernen und in Würfel schneiden. Thymianzweig und Basilikumblättchen abspülen, trocken tupfen.

6. Die Bandnudeln mit der Hacksauce auf Tellern anrichten. Die Sauce mit den Tomatenwürfeln bestreuen. Mit dem Thymianzweig und den Basilikumblättchen garnieren, sofort servieren.

Hackspieße mit Joghurtsauce I

Einfach

4–6 Stück

Pro Stück: E: 27 g, F: 33 g, Kh: 16 g, kJ: 1966, kcal: 471, BE: 1,5

300 g Lamm- oder Rindergehacktes
300 g Schweinemett
1 Zwiebel
2 Knoblauchzehen
1/2 Bund glatte Petersilie
1 kleine, rote Paprikaschote
1 gestr. TL mittelscharfer Senf
Salz
gem. Pfeffer

Für die Joghurtsauce:

2 Knoblauchzehen
500 g Joghurt (3,5 % Fett)

Für den Barbecue-Chili-Dip:

2 EL Wasser
2 EL Zucker
150 g Crème fraîche
2 EL Chilisauce
Cayennepfeffer

Außerdem:

einige Holzspieße
etwas Alufolie

Zubereitungszeit: 50 Minuten, ohne Abkühlzeit

1. Gehacktes mit Schweinemett in einer Schüssel vermengen.

2. Zwiebel und Knoblauch abziehen. Die Zwiebel in kleine Würfel schneiden, den Knoblauch durch eine Knoblauchpresse drücken oder sehr fein würfeln. Die Petersilie abspülen und trocken tupfen. Die Blättchen von den Stängeln zupfen. Blättchen klein schneiden.

3. Die Paprikaschote halbieren, entstielen, entkernen und die weißen Scheidewände entfernen. Die Schote abspülen, gut abtropfen lassen und in kleine Würfel schneiden.

4. Zwiebelwürfel, Knoblauch, Petersilie und Paprikawürfel zu der Hackfleischmasse geben und gut unterkneten. Mit Senf, Salz und Pfeffer würzen.

5. Aus der Hackfleischmasse mit angefeuchteten Händen etwa 5 cm lange Röllchen formen. Jeweils 3–4 Röllchen quer auf Holzspieße stecken.

6. Die Hackspieße auf den heißen, mit Alufolie belegten Grillrost oder auf Alufolie unter den Elektrogrill legen und unter mehrmaligem Wenden etwa 10 Minuten grillen.

7. Für die Joghurtsauce Knoblauch abziehen und durch eine Knoblauchpresse drücken oder sehr fein würfeln. Joghurt in einem Sieb (mit Küchenpapier ausgelegt) abtropfen lassen. Den Joghurt mit dem Knoblauch verrühren, mit Salz und Pfeffer würzen.

8. Für den Barbecue-Chili-Dip Wasser mit Zucker in einem kleinen Topf zum Kochen bringen. Den Topf von der Kochstelle nehmen. Die Zuckerlösung etwas abkühlen lassen. Crème fraîche und Chilisauce unter die Zuckerlösung rühren. Die Sauce mit Salz und Cayennepfeffer abschmecken.

Hack-Steinpilz-Quiche mit Dill

Mit Alkohol
10 Stücke

Pro Stück: E: 22 g, F: 38 g, Kh: 21 g, kJ: 2154, kcal: 515, BE: 2,0

Für den Teig:

250 g Weizenmehl
Salz
125 g kalte Butter, in Würfel geschnitten
1 Ei (Größe M)
3 EL Wasser

Für die Füllung:

20 g getrocknete Steinpilze
200 ml kochendes Wasser
75 g Zwiebeln
1–2 Knoblauchzehen
3 EL Sonnenblumenöl
500 g Gehacktes (halb Rind-, halb Schweinefleisch)
50 ml trockener Weißwein
6 Stängel Dill
175 g Emmentaler (am Stück)
3 Eier (Größe M)
300 g Schmand (Sauerrahm)
4 EL mittelscharfer Senf
gem. schwarzer Pfeffer
einige Zweige Dill

Außerdem:

Hülsenfrüchte, z. B. Erbsen, Linsen, zum Blindbacken

Zubereitungszeit: 50 Minuten, ohne Kühlzeit
Backzeit: etwa 50 Minuten

1. Für den Teig Mehl mit ½ Teelöffel Salz und Butterwürfeln in eine Rührschüssel geben und mit einem Mixer (Knethaken) zunächst kurz auf niedrigster, dann auf höchster Stufe zu einer krümeligen Masse verarbeiten. Ei und 3 Esslöffel Wasser hinzugeben, kurz zu einem glatten Teig verkneten. Teig in Frischhaltefolie gewickelt etwa 1 Stunde in den Kühlschrank stellen.

2. In der Zwischenzeit für die Füllung die Steinpilze in einer kleinen Schüssel mit 200 ml kochendem Wasser übergießen, mindestens 25 Minuten quellen lassen. Zwiebeln und Knoblauch abziehen, klein würfeln.

3. Die Steinpilze in einem Sieb abtropfen lassen, dabei das Steinpilzwasser auffangen. Die Steinpilze fein hacken.

4. Sonnenblumenöl in einer großen Pfanne erhitzen. Das Gehackte mit den Zwiebel- und Knoblauchwürfeln darin unter Rühren etwa 4 Minuten bei starker Hitze anbraten. Dabei die Fleischklümpchen mit einer Gabel zerdrücken. Gehacktes mit Salz würzen und die Steinpilze untermischen. Weißwein und das Steinpilzwasser hinzugießen, zum Kochen bringen und so lange einkochen lassen, bis fast keine Flüssigkeit mehr vorhanden ist. Die Pfanne von der Kochstelle nehmen. Die Hackfleisch-Pilz-Masse erkalten lassen.

5. Den Teig auf einer bemehlten Arbeitsfläche zu einer runden Platte (Ø etwa 32 cm) ausrollen und in eine Tarteform (Ø 28 cm, gefettet) legen, dabei den Rand andrücken, evtl. gerade schneiden. Boden mehrmals mit einer Gabel einstechen. Teig in der Form nochmals etwa 30 Minuten in den Kühlschrank stellen.

6. Den Backofen vorheizen.
Ober-/Unterhitze: etwa 200 °C
Heißluft: etwa 180 °C

7. Den Dill abspülen und trocken tupfen. Die Spitzen von den Stängeln zupfen. Spitzen klein schneiden. Käse fein reiben. Dill, Käse, Eier, Schmand und Senf in einer Schüssel glatt verrühren, mit Salz und Pfeffer würzen. Die Hackfleisch-Pilz-Masse untermischen.

8. Den kalt gestellten Teig mit Backpapier belegen und Hülsenfrüchte darauf verteilen. Die Form auf dem Rost in den vorgeheizten Backofen schieben. Den Teig **etwa 15 Minuten vorbacken** (blindbacken). Anschließend das Backpapier mit den Hülsenfrüchten entfernen. Den Boden **weitere etwa 5 Minuten backen.**

9. Die Form auf einen Rost stellen. Die vorbereitete Hackfleischmasse auf dem vorgebackenen Boden verteilen.

10. Die Form wieder auf dem Rost in den heißen Backofen (untere Schiene) schieben. Die Quiche **bei gleicher Backofentemperatur in etwa 28 Minuten goldbraun backen.**

11. Dill abspülen und trocken tupfen. Die Spitzen von den Stängeln zupfen. Spitzen etwas kleiner zupfen.

12. Die Form auf einen Rost stellen. Die Quiche leicht abkühlen lassen, dann aus der Form lösen und auf eine Platte setzen.

13. Quiche mit Dillspitzen bestreuen und anschließend in 10 Stücke schneiden. Hack-Steinpilz-Quiche am besten noch heiß oder lauwarm servieren.

Hackstrudel I

Für Gäste

4 Portionen

Pro Portion: E: 34 g, F: 36 g, Kh: 27 g, kJ: 2389, kcal: 571, BE: 2,0

Für den Teig:

125 g Weizenmehl
1 Prise Salz
1 Ei (Größe M)
2 EL lauwarmes Wasser
knapp 2 EL Speiseöl

Für die Füllung:

1 Bund Petersilie
1 Bund Majoran
2 Zwiebeln
250 g Champignons
20 g Butter
500 g Rindergehacktes
Salz
gem. Pfeffer
ger. Muskatnuss
30 g zerlassene Butter
1 Eigelb (Größe M)

Zubereitungszeit: 40 Minuten, ohne Ruhe- und Abkühlzeit
Garzeit: Strudel 20–30 Minuten

1. Für den Teig Mehl in eine Rührschüssel geben. Restliche Zutaten hinzufügen und mit einem Mixer (Knethaken) zunächst kurz auf niedrigster, dann auf höchster Stufe zu einem glatten Teig verarbeiten. In einem kleinen Topf Wasser kochen, das Wasser ausgießen und den Topf abtrocknen. Den Teig auf Backpapier in den heißen Topf legen. Den Topf mit einem Deckel verschließen, Teig etwa 30 Minuten ruhen lassen.

2. Für die Füllung Petersilie und Majoran abspülen, trocken tupfen. Die Blättchen von den Stängeln zupfen. Blättchen klein schneiden. Zwiebeln abziehen und in kleine Würfel schneiden. Champignons putzen, evtl. kurz abspülen, trocken tupfen und in dünne Streifen schneiden.

3. Butter in einer Pfanne zerlassen. Gehacktes darin unter Rühren anbraten. Dabei die Fleischklümpchen mit einer Gabel zerdrücken. Zwiebelwürfel und Champignonstreifen unterrühren. Die Hackfleischmasse mit Salz, Pfeffer und Muskat würzen. Die Pfanne von der Kochstelle nehmen, Kräuter unterrühren. Hackfleischmasse erkalten lassen.

4. Den Backofen vorheizen.
Ober-/Unterhitze: etwa 180 °C
Heißluft: etwa 160 °C

5. Den Teig auf einem bemehlten Geschirrtuch dünn zu einem Rechteck (etwa 30 x 40 cm) ausrollen und mit zerlassener Butter bestreichen. Auf zwei Drittel des Teiges die Hackfleischmasse verteilen (an den Seiten etwa 3 cm frei lassen). Die frei gelassenen Teigränder der langen Seiten auf die Füllung klappen. Den Teig mithilfe des Tuches von der kurzen Seite aus aufrollen und an den Enden gut zusammendrücken. Den Strudel auf ein Backblech (gefettet, mit Backpapier belegt) legen.

6. Eigelb verschlagen. Den Strudel damit bestreichen. Das Backblech in den vorgeheizten Backofen schieben. Den Strudel **20–30 Minuten garen.**

7. Den Strudel vom Backblech nehmen, in Scheiben schneiden, anrichten und sofort servieren.

Beilage: Möhren-, Sellerie- oder Krautsalat.

Hack-Tandoori-Suppe

Exotisch – schnell

4 Portionen

Pro Portion: E: 21 g, F: 32 g, Kh: 15 g, kJ: 1793, kcal: 429, BE: 1,0

Für die Suppe:

1 EL Olivenöl
300 g Rindergehacktes
1 Knoblauchzehe
1 TL Tomatenmark
Salz
gem. Pfeffer
1–2 TL Tandoori-Gewürz (Pulver oder Paste, aus dem Glas)
800 ml heiße Gemüsebrühe
500 g vorbereitetes Kürbisfruchtfleisch, z. B. Butternut, gelber Zentner oder Hokkaido
250 g TK-Blumenkohlröschen
1 Bund Frühlingszwiebeln
200 g Schlagsahne
4 TL Crème fraîche

Zubereitungszeit: 25 Minuten

1. Für die Suppe das Olivenöl in einem Topf erhitzen. Gehacktes darin unter Rühren anbraten. Dabei die Fleischklümpchen mit einer Gabel zerdrücken.

2. Knoblauch abziehen, in kleine Würfel schneiden und hinzugeben. Tomatenmark unterrühren und mit anbraten. Die Hackfleischmasse mit Salz, Pfeffer und Tandoori-Gewürz würzen. Brühe hinzugießen und zum Kochen bringen.

3. Kürbisfruchtfleisch in 1–2 cm große Würfel schneiden. Kürbiswürfel und gefrorene Blumenkohlröschen in die Suppe geben, wieder zum Kochen bringen. Die Zutaten bei schwacher Hitze etwa 10 Minuten kochen lassen.

4. Frühlingszwiebeln putzen, abspülen, abtropfen lassen und in Scheiben schneiden. Frühlingszwiebelscheiben und Sahne in die Suppe geben und unterrühren. Die Suppe wieder zum Kochen bringen und weitere etwa 5 Minuten kochen lassen. Mit Salz und Pfeffer abschmecken.

5. Die Hack-Tandoori-Suppe in tiefen Tellern oder Suppentassen verteilen und mit je 1 Teelöffel Crème fraîche garnieren.

Tipps: Dazu schmeckt türkisches Fladenbrot oder indische Brotfladen (Chapatis). Haben Sie Reste von gekochtem Reis, können Sie ihn gut in die Suppe geben. Die Hack-Tandoori-Suppe wird dann noch sättigender. Statt der fertigen Tandoori-Würzmischung können Sie die Suppe auch mit Curry, Chiliflocken, Paprikapulver, Gewürznelken, Lorbeerblatt, Cumin und Piment abschmecken. Frische Korianderblättchen geben der Suppe eine indisch-orientalische Note. Für Kinder können Sie stattdessen Petersilie verwenden.

Hacktaschen | Raffiniert

4 Portionen (etwa 10 Stück)

Pro Portion: E: 30 g, F: 47 g, Kh: 65 g, kJ: 3370, kcal: 805, BE: 5,5

Für den Quark-Öl-Teig:

300 g Weizenmehl (Type 550)
1 Pck. Dr. Oetker Backin
150 g Magerquark
100 ml Milch (3,5 % Fett)
100 ml Speiseöl
Salz

Für die Füllung:

1 kleine Zwiebel
1 kleine, gelbe oder grüne Paprikaschote
20 g Butter
250 g Gehacktes (halb Rind-, halb Schweinefleisch)
2 Tomaten
3 EL gehackte Kräuter, z. B. Petersilie, Liebstöckel, Thymian
gem. Pfeffer
150 g saure Sahne
1 Ei (Größe M)
2 EL Milch

Zubereitungszeit: 50 Minuten, ohne Abkühlzeit
Garzeit: etwa 25 Minuten

1. Für den Teig Mehl mit Backpulver in einer Rührschüssel mischen. Quark, Milch, Speiseöl und Salz hinzufügen. Die Zutaten mit einem Mixer (Knethaken) zunächst kurz auf niedrigster, dann auf höchster Stufe in etwa 1 Minute zu einem glatten Teig verarbeiten. Teig auf einer bemehlten Arbeitsfläche zu einer Rolle formen und zugedeckt in den Kühlschrank legen.

2. Für die Füllung in der Zwischenzeit die Zwiebel abziehen und in kleine Würfel schneiden. Paprikaschote halbieren, entstielen, entkernen und die weißen Scheidewände entfernen. Schote abspülen, trocken tupfen und in kleine Würfel schneiden.

3. Butter in einer Pfanne zerlassen. Zwiebel- und Paprikawürfel darin andünsten. Gehacktes hinzufügen und unter Rühren anbraten. Dabei die Fleischklümpchen mit einer Gabel zerdrücken.

4. Den Backofen vorheizen.
Ober-/Unterhitze: etwa 200 °C
Heißluft: etwa 180 °C

5. Die Tomaten kreuzweise einschneiden und mit kochendem Wasser übergießen. Nach 1–2 Minuten herausnehmen und mit kaltem Wasser abschrecken. Tomaten häuten, halbieren und die Stängelansätze herausschneiden. Die Tomaten entkernen, in Würfel schneiden und mit den Kräutern unter die Hackfleischmasse rühren. Mit Salz und Pfeffer würzen. Die Hackfleischmasse erkalten lassen, saure Sahne unterheben. Ei trennen. Eiweiß verschlagen.

6. Den Teig auf der bemehlten Arbeitsfläche ausrollen und etwa 10 runde Platten (Ø 12–15 cm) ausstechen. Jeweils auf eine Teigplattenhälfte etwa 1 Esslöffel von der Hackfleischmasse geben. Die Teigränder mit verschlagenem Eiweiß bestreichen, Teigplatten zusammenklappen, die Ränder mit einer Gabel andrücken.

7. Eigelb mit Milch verschlagen. Teigtaschen damit bestreichen, auf ein Backblech (mit Backpapier belegt) legen. Backblech in den vorgeheizten Backofen schieben und die Hacktaschen **etwa 25 Minuten garen.**

Hack-Tomaten-Auflauf I

Macht richtig satt – gut vorzubereiten

4 Portionen

Pro Portion: E: 34 g, F: 50 g, Kh: 52 g, kJ: 3332, kcal: 797, BE: 3,5

1 Zwiebel
1 Knoblauchzehe
4 EL Speiseöl
500 g Rindergehacktes
Salz
gem. Pfeffer
1 Bund Oregano oder 2 TL gerebelter Oregano
200 g Langkornreis
1 l Salzwasser
1 Bund Petersilie
1 kg Fleischtomaten

2 Scheiben Toastbrot
1 Bund glatte Petersilie
40 g Butter (zimmerwarm)
100 g Schlagsahne
2 EL Olivenöl

Zubereitungszeit: 50 Minuten
Garzeit: etwa 35 Minuten

1. Zwiebel und Knoblauch abziehen, in kleine Würfel schneiden. Speiseöl in einer großen Pfanne erhitzen. Zwiebel- und Knoblauchwürfel darin glasig dünsten. Gehacktes hinzugeben und unter Rühren anbraten. Dabei die Fleischklümpchen mit einer Gabel zerdrücken. Mit Salz und Pfeffer würzen. Oregano abspülen und trocken tupfen. Die Blättchen von den Stängeln zupfen. Die Blättchen klein schneiden und unter die Hackfleischmasse rühren.

2. Reis in kochendem Salzwasser nach Packungsanleitung ausquellen, anschließend in einem Sieb abtropfen lassen. Petersilie abspülen und trocken tupfen. Die Blättchen von den Stängeln zupfen (einige Blättchen beiseitelegen), Blättchen klein schneiden. Reis mit Petersilie vermischen. Tomaten abspülen, abtrocknen und die Stängelansätze herausschneiden. Tomaten in Scheiben schneiden.

3. Den Backofen vorheizen.
Ober-/Unterhitze: etwa 180 °C
Heißluft: etwa 160 °C

4. Abwechselnd die Hackfleischmasse, den Reis und die Tomatenscheiben in eine große, flache Auflaufform (gefettet) schichten. Tomatenscheiben mit Salz und Pfeffer bestreuen. Die oberste Schicht sollte aus Tomatenscheiben bestehen.

5. Toastbrotscheiben entrinden und in kaltem Wasser einweichen. Petersilie abspülen und trocken tupfen. Die Blättchen von den Stängeln zupfen. Eingeweichte Toastbrotscheiben ausdrücken, mit Petersilienblättchen, Butter und Sahne pürieren. Mit Salz und Pfeffer würzen. Die Masse auf den Tomatenscheiben verteilen. Olivenöl daraufträufeln. Die Form auf dem Rost in den vorgeheizten Backofen schieben. Den Auflauf **etwa 35 Minuten garen.**

6. Den Auflauf mit den beiseitegelegten Petersilienblättchen garnieren und sofort servieren.

Hack-Tomaten-Bällchen

Für Gäste

4 Portionen

Pro Portion: E: 34 g, F: 38 g, Kh: 14 g, kJ: 2219, kcal: 529, BE: 1,0

Für die Hack-Tomaten-Bällchen:

600 g	*Gehacktes (halb Rind-, halb Schweinefleisch)*
1 gestr. TL	*mittelscharfer Senf*
1	*Ei (Größe M)*
40 g	*Semmelbrösel*
	Salz
	gem. Pfeffer
	Paprikapulver edelsüß
12	*kleine Cocktailtomaten*
4 EL	*Speiseöl*

Für die Tomaten-Kräuter-Sauce:

1	*Zwiebel*
2 EL	*Speiseöl*
400 g	*stückige Tomaten (aus der Dose)*
1 EL	*Tomatenmark*
25 g	*gemischte TK-Kräuter*

Zubereitungszeit: 35 Minuten

1. Für die Hack-Tomaten-Bällchen Gehacktes in eine Schüssel geben. Senf, Ei und Semmelbrösel hinzufügen und gut unterkneten. Mit Salz, Pfeffer und Paprika würzen. Cocktailtomaten abspülen, abtrocknen und evtl. die Stängelansätze herausschneiden.

2. Hackfleischmasse in 12 Portionen teilen. In jede Teigportion 1 Cocktailtomate geben, mit dem Fleischteig umschließen und zu einem Bällchen formen.

3. Speiseöl in einer großen Pfanne erhitzen. Die Bällchen darin von allen Seiten etwa 10 Minuten anbraten, herausnehmen und warm stellen.

4. Für die Tomaten-Kräuter-Sauce Zwiebel abziehen und in kleine Würfel schneiden. Speiseöl in der gesäuberten Pfanne erhitzen, Zwiebelwürfel darin andünsten. Tomatenstücke und Tomatenmark hinzufügen, zum Kochen bringen und etwas einkochen lassen. Die Sauce mit Salz und Pfeffer abschmecken. Kräuter unterrühren.

5. Die Hack-Tomaten-Bällchen mit der Tomaten-Kräuter-Sauce servieren.

Tipps: Die Hack-Tomaten-Bällchen mit der Sauce auf Bandnudeln anrichten. Sie können die Hack-Tomaten-Bällchen auch als Auflauf servieren. Dazu die Bällchen nur kurz anbraten und in eine Auflaufform (gefettet) geben. Die Sauce daraufgeben und mit 100 g geraspeltem Käse bestreuen. Den Auflauf im vorgeheizten Backofen bei Ober-/Unterhitze: etwa 200 °C, Heißluft: etwa 180 °C 15–20 Minuten überbacken.

Abwandlung: Die Bällchen aus fertig gewürztem Schweinemett zubereiten und anstelle der Tomaten je 1 Würfel Schafskäse hineingeben.

Hack-Zucchini-Involtini aus dem Ofen I

Für Gäste

4 Portionen

Pro Portion: E: 32 g, F: 40 g, Kh: 19 g, kJ: 2334, kcal: 557, BE: 1,5

75 g Pecorino (ohne Rinde)
75 g Cantuccini (ital. Mandelgebäck)
6 Stängel Basilikum
350 g Gehacktes (halb Rind-, halb Schweinefleisch)
2 Eier (Größe M)
fein abgeriebene Schale von 1 Bio-Zitrone (unbehandelt, ungewachst)
Salz
gem. schwarzer Pfeffer
2 große Zucchini (je etwa 300 g)
4 EL Olivenöl
4 Stängel glatte Petersilie
30 g Pistazienkerne, geröstet und gesalzen
einige Basilikumblättchen

Zubereitungszeit: 50 Minuten
Garzeit: 30–35 Minuten

1. Pecorino in etwa 1 cm große Würfel schneiden und mit den Cantuccini im Blitzhacker fein zerbröseln. Basilikum abspülen und trocken tupfen. Von 4 Basilikumstängeln die Blättchen abzupfen und klein schneiden. Restliche Stängel beiseitelegen.

2. Den Backofen vorheizen.
Ober-/Unterhitze: etwa 180 °C
Heißluft: etwa 160 °C

3. Das Gehackte in eine Schüssel geben. Zwei Drittel (etwa 100 g) der Käse-Cantuccini-Brösel, Eier, Zitronenschale, klein geschnittenes Basilikum, Salz und Pfeffer hinzugeben. Die Zutaten gut verkneten.

4. Die Zucchini abspülen, abtrocknen und die Enden abschneiden. Zucchini der Länge nach in 20 jeweils 3–4 mm dicke Scheiben schneiden oder hobeln. Auf dem unteren Teil der Zucchinischeiben jeweils etwas von der Hackfleischmasse verteilen und aufrollen.

5. Die Zucchini-Hack-Röllchen aufrecht, mit der offenen Seite nach oben dicht an dicht in eine feuerfeste Form oder Auflaufform (mit 1 Esslöffel Olivenöl bestrichen) setzen.

6. Petersilie abspülen und trocken tupfen. Die Blättchen von den Stängeln zupfen. Von den beiseitegelegten Basilikumstängeln ebenfalls die Blättchen abzupfen. Die Petersilien- und Basilikumblättchen grob zerschneiden. Mit den Pistazienkernen und den restlichen Käse-Cantuccini-Bröseln nochmals in den Blitzhacker geben und fein zerbröseln. 1 Esslöffel des restlichen Olivenöls untermischen. Die Bröselmasse auf den Hack-Zucchini-Röllchen (Involtini) verteilen.

7. Die Form auf dem Rost in den vorgeheizten Backofen (unteres Drittel) schieben und Hack-Zucchini-Involtini **30–35 Minuten garen.**

8. Falls die Bröselmasse zu dunkel wird, sie locker mit Alufolie belegen.

9. Hack-Zucchini-Involtini auf Tellern anrichten und vor dem Servieren jeweils mit dem restlichen Olivenöl beträufeln, mit grob gemahlenem Pfeffer bestreuen und mit abgespülten, trocken getupften Basilikumblättchen garnieren.

Tipp: Dazu passt frisches Baguette oder ein grob gestampftes Kartoffelpüree.

Indisches Linsencurry mit Geflügelhack-Klößchen I

Exotisch – für Gäste

4 Portionen

Pro Portion: E: 70 g, F: 59 g, Kh: 65 g, kJ: 4536, kcal: 1086, BE: 5,5

600 g Hähnchenbrustfilet
½ grüne Chilischote
3 Stängel Koriander
1 EL gem. Koriander
Salz
100 g rote Zwiebeln
3 Knoblauchzehen
40 g frischer Ingwer
3 EL Sonnenblumenöl
400 g rote Linsen
1 ½ EL Kurkuma (Gelbwurz)
evtl. Cayennepfeffer
400 ml Hühnerbrühe oder Geflügelfond
800 ml Kokosmilch
200 g Pizzatomaten (aus der Dose)
2 EL Zitronensaft

30 g Cashewkerne, geröstet und gesalzen
5 Stängel Koriander

Zubereitungszeit: 50 Minuten
Garzeit: etwa 20 Minuten

1. Das Hähnchenbrustfilet kurz unter fließendem kalten Wasser abspülen, trocken tupfen und in etwa 2 cm große Würfel schneiden. Die Fleischwürfel im Blitzhacker fein pürieren und in eine Schüssel geben.

2. Chilihälfte abspülen, trocken tupfen, entstielen und mit den Kernen sehr fein hacken. Koriander abspülen und trocken tupfen. Die Blättchen von den Stängeln zupfen. Die Blättchen klein schneiden.

3. Chili, klein geschnittenen und gemahlenen Koriander mit etwas Salz zum pürierten Fleisch in die Schüssel geben und gut unterarbeiten.

4. Aus der Masse mit leicht angefeuchteten Händen 32 glatte Klößchen formen und zugedeckt in den Kühlschrank stellen.

5. Zwiebeln und Knoblauch abziehen. Zwiebeln längs halbieren und in dünne Scheiben schneiden. Ingwer schälen. Knoblauch und Ingwer zuerst in kleine Stücke schneiden, dann sehr klein hacken.

6. Sonnenblumenöl in einem Topf erhitzen. Zwiebelscheiben, Knoblauch und Ingwer darin kräftig andünsten. Linsen, Kurkuma und nach Belieben Cayennepfeffer hinzugeben und kurz mitandünsten. Mit Brühe oder Fond und Kokosmilch ablöschen, zum Kochen bringen und zugedeckt bei mittlerer Hitze 12–15 Minuten kochen, bis die Linsen weich sind.

7. Die Pizzatomaten hinzugeben und mit Salz würzen. Die kalt gestellten Klößchen ebenfalls hinzugeben und zugedeckt weitere etwa 5 Minuten mitgaren lassen. Zuletzt den Zitronensaft unterrühren.

8. In der Zwischenzeit die Cashewkerne klein hacken. Koriander abspülen, trocken tupfen. Die Blättchen von den Stängeln zupfen. Blättchen grob zerschneiden.

9. Das Linsencurry anrichten. Mit Cashewkernen und Koriander bestreuen.

Beilage: Basmatireis.

Italienischer Hackbraten I

Raffiniert – mit Alkohol

4 Portionen

Pro Portion: E: 47 g, F: 50 g, Kh: 10 g, kJ: 2886, kcal: 689, BE: 1,0

1	*Brötchen (Semmel) vom Vortag*
1	*Zwiebel*
2	*Knoblauchzehen*
600 g	*Gehacktes (halb Rind-, halb Schweinefleisch)*
2	*Eier (Größe M)*
2 EL	*Tomatenmark*
	Salz
	gem. Pfeffer
	Paprikapulver edelsüß
	gerebelter Oregano
1 Bund	*Basilikum*
200 g	*Schafskäse*
8 Scheiben	*durchwachsener Speck (etwa 120 g)*
125 ml	*Rotwein*

Zubereitungszeit: 25 Minuten, ohne Ruhezeit
Garzeit: etwa 50 Minuten

1. Den Backofen vorheizen.
Ober-/Unterhitze: etwa 200 °C
Heißluft: etwa 180 °C

2. Das Brötchen in kaltem Wasser einweichen und gut ausdrücken. Zwiebel und Knoblauch abziehen, in kleine Würfel schneiden.

3. Gehacktes in eine Schüssel geben. Brötchen, Zwiebel-, Knoblauchwürfel, Eier und Tomatenmark hinzugeben. Die Zutaten zu einem Teig verkneten, mit Salz, Pfeffer, Paprika und Oregano würzen.

4. Basilikum abspülen, trocken tupfen. Die Blättchen von den Stängeln zupfen. Blättchen in feine Streifen schneiden. Schafskäse in kleine Würfel schneiden.

5. Basilikumstreifen und Schafskäsewürfel unter den Hackfleischteig arbeiten. Den Fleischteig zu einem ovalen Laib formen und in einen Bräter (gefettet) legen. Speckscheiben darauflegen und Rotwein hinzugießen.

6. Den Bräter auf dem Rost in den vorgeheizten Backofen (unteres Drittel) schieben. Den Hackbraten **etwa 50 Minuten garen.** Während der Garzeit evtl. etwas Wasser hinzugießen.

7. Den garen Hackbraten aus dem Bräter nehmen und etwa 10 Minuten ruhen lassen.

8. Den Hackbraten in Scheiben schneiden und sofort servieren.

Beilage: Gemischter Salat und Ciabatta.

Tipps: Versuchen Sie diesen Hackbraten auch einmal mit Kalbshackfleisch oder ersetzen Sie den Schafskäse durch 150 g gewürfelten Mozzarella. Lecker schmeckt es, wenn Sie unter die Speckscheiben noch 8 große Salbeiblätter legen. Wenn Sie keinen Rotwein mögen, können Sie ihn durch Fleisch- oder Gemüsebrühe ersetzen. Oder gießen Sie den Braten mit einem kräftigen, nicht zu trockenen Weißwein auf. Servieren Sie zu diesem feinen Kalbshackbraten Blattspinat mit Knoblauch und Pinienkernen und junge Kartoffeln mit Schale, haben Sie ein Gericht für eine besondere Gelegenheit.

Jägerbällchen I

Für die Party
8–10 Portionen

Pro Portion: E: 47 g, F: 52 g, Kh: 25 g,
kJ: 3133, kcal: 747, BE: 2,0

Für die Hackfleischbällchen:

6 Scheiben Toastbrot (etwa 120 g)
300 ml Milch (3,5 % Fett)
2 Gemüsezwiebeln (etwa 400 g)
etwa 150 ml Sonnenblumenöl
1 1/2 kg Gehacktes (halb Rind-, halb Schweinefleisch)
3 Eier (Größe M)
Salz
gem. Pfeffer
120 g Semmelbrösel

500 g kleine Champignons
500 g Austernpilze
800 g stückige Tomaten (aus Dosen)
Knoblauchpulver
50 g TK-Kräuter der Provence

100 g ger. Parmesan

Zubereitungszeit: 60 Minuten
Garzeit: etwa 30 Minuten

1. Für die Hackfleischbällchen Toastbrotscheiben grob zerkleinern, in eine flache Schale geben, mit Milch übergießen und etwas einweichen.

2. Gemüsezwiebeln abziehen, halbieren und in Würfel schneiden. Ewas von dem Sonnenblumenöl in einer Pfanne erhitzen. Zwiebelwürfel darin unter Rühren glasig dünsten und etwas abkühlen lassen. Die eingeweichten Toastbrotstücke ausdrücken.

3. Gehacktes in eine Schüssel geben. Toastbrotstücke, Eier und Zwiebelwürfel hinzufügen. Die Zutaten gut verkneten. Mit Salz und Pfeffer würzen.

4. Aus der Hackfleischmasse mit angefeuchteten Händen 24 kleine, flache Bällchen formen und anschließend in Semmelbröseln wälzen. Jeweils etwas von dem restlichen Sonnenblumenöl in einer großen Pfanne erhitzen. Die Hackfleischbällchen darin portionsweise von allen Seiten anbraten.

5. Den Backofen vorheizen.
Ober-/Unterhitze: etwa 200 °C
Heißluft: etwa 180 °C

6. Die Champignons und Austernpilze putzen, evtl. kurz abspülen, trocken tupfen und grob zerkleinern. Restliches Sonnenblumenöl in einem großen Bräter erhitzen. Champignons und Austernpilze darin etwa 10 Minuten unter Rühren anbraten. Stückige Tomaten mit dem Saft hinzugeben, mit Salz, Pfeffer und Knoblauch würzen. Kräuter unterrühren. Die Hackfleischbällchen darauf verteilen.

7. Den Bräter auf dem Rost in den vorgeheizten Backofen (unteres Drittel) schieben und die Jägerbällchen **etwa 30 Minuten garen.**

8. Vor dem Servieren die Jägerbällchen mit Käse bestreuen oder nach Belieben mit dem Käse kurz überbacken.

Beilage: Ofenwarmes Baguette.

Tipp: Nach Belieben noch 2–3 gehäutete, in Stücke geschnittene Fleischtomaten unter die stückigen Tomaten geben.

Kapernklöße in pikanter Nudelsauce I

Raffiniert

4 Portionen

Pro Portion: E: 38 g, F: 34 g, Kh: 64 g, kJ: 2993, kcal: 715, BE: 4,5

Für die Klöße:

1 Brötchen (Semmel) vom Vortag
1 Zwiebel
500 g Gehacktes (halb Rind-, halb Schweinefleisch)
1 Ei (Größe M)
50 g abgetropfte Kapern (aus dem Glas)
Salz
gem. Pfeffer
ger. Muskatnuss
500 ml Fleischbrühe

Für die Sauce:

1 Gemüsezwiebel
3 Fleischtomaten
4 EL Speiseöl
2 EL Weizenmehl
250 ml Fleischbrühe (von den Klößen)

2 1/2 l Wasser
2 1/2 gestr. TL Salz
250 g Nudeln, z. B. breite Bandnudeln

evtl. 1 vorbereitetes Petersiliensträußchen

Zubereitungszeit: 50 Minuten

1. Für die Klöße Brötchen in kaltem Wasser einweichen und gut ausdrücken. Zwiebel abziehen und klein würfeln. Gehacktes in eine Schüssel geben. Brötchen, Zwiebelwürfel und Ei hinzugeben.

2. Die Zutaten gut verkneten. Kapern untermischen. Mit Salz, Pfeffer und Muskat würzen.

3. Aus der Hackfleischmasse mit angefeuchteten Händen 8 gleich große Klöße formen.

4. Fleischbrühe in einem Topf zum Kochen bringen. Die Fleischklöße hineingeben und etwa 10 Minuten ziehen lassen. Klöße mit einer Schaumkelle herausnehmen und warm stellen. Von der Brühe 250 ml abmessen.

5. Für die Sauce Gemüsezwiebel abziehen, halbieren und in Würfel schneiden. Die Tomaten kreuzweise einschneiden und mit kochendem Wasser übergießen. Nach 1–2 Minuten herausnehmen und mit kaltem Wasser abschrecken. Tomaten häuten, halbieren und die Stängelansätze herausschneiden. Tomaten entkernen und in Würfel schneiden.

6. Speiseöl in einer Pfanne erhitzen. Die Zwiebelwürfel darin glasig dünsten. Tomatenwürfel hinzufügen und mit andünsten. Die Zwiebel-Tomaten-Masse mit Mehl bestäuben und die abgemessene Brühe hinzugießen, unter Rühren aufkochen lassen. Die Nudelsauce mit Salz, Pfeffer und Muskat würzen.

7. Das Wasser in einem großen Topf zugedeckt zum Kochen bringen. Dann Salz und Nudeln hinzugeben. Die Nudeln im geöffneten Topf bei mittlerer Hitze nach Packungsanleitung bissfest kochen, dabei gelegentlich umrühren. Anschließend die Nudeln in ein Sieb geben, mit heißem Wasser abspülen und abtropfen lassen.

8. Die Nudeln mit den Klößen und der Sauce anrichten. Nach Belieben mit einem Petersiliensträußchen garnieren.

Beilage: Grüner Salat.

Karibische Jerk-Patties mit Calypsosalat I

Exotisch – für Gäste
4 Portionen

Pro Portion: E: 42 g, F: 54 g, Kh: 17 g, kJ: 3062, kcal: 730, BE: 1,0

Für die Jerk-Patties:

1–2 grüne Chilischoten
4 Stängel Thymian
3 Stängel Oregano
800 g Gehacktes (halb Rind-, halb Schweinefleisch)
2 EL Paprikapulver edelsüß
1 EL gem. Piment (Nelkenpfeffer)
1 EL gem. Ingwer
Salz

Für den Calypsosalat:

1 kleine, rote Zwiebel (etwa 50 g)
200 g Ananas-Fruchtfleisch (aus dem Kühlregal)
500 g Cocktailtomaten
30 g frischer Ingwer
2 Bio-Limetten (unbehandelt, ungewachst)
8 EL Olivenöl
200 g Römersalat oder Mini-Romana
4 Stängel Minze

1 Bio-Limette (unbehandelt, ungewachst)
etwas Minze

Zubereitungszeit: 45 Minuten
Bratzeit: Patties 6–8 Minuten

1. Für die Patties die Chilischoten entstielen, abspülen, trocken tupfen und klein hacken. Thymian und Oregano abspülen, trocken tupfen. Die Blättchen von den Stängeln zupfen. Blättchen klein schneiden.

2. Gehacktes in eine Schüssel geben. Die Hälfte der Chili, die Kräuter, Paprika, Piment, Ingwer und Salz hinzugeben. Die Zutaten gut verkneten.

3. Für den Salat Zwiebel abziehen, längs halbieren und quer in feine Scheiben schneiden. Das Ananas-Fruchtfleisch in etwa 1 cm große Würfel schneiden. Tomaten abspülen, trocken tupfen, entstielen und vierteln. Ingwer schälen und fein reiben.

4. Eine Limette heiß abwaschen, abtrocknen und die Schale fein abreiben. Beide Limetten halbieren, den Saft auspressen und insgesamt 6 Esslöffel Saft abmessen.

5. Die Zwiebelscheiben, Ananaswürfel, Tomatenviertel, Limettenschale, abgemessenen Limettensaft, restliche Chili und 6 Esslöffel Olivenöl in einer Schüssel vermischen, danach mit Salz würzen und etwas durchziehen lassen.

6. Den Römersalat putzen, abspülen, gut trocken tupfen und in ganz feine Streifen schneiden. Minze abspülen und trocken tupfen. Die Blättchen von den Stängeln zupfen. Blättchen grob zerschneiden.

7. Den Backofen vorheizen.
Ober-/Unterhitze: etwa 80 °C
Heißluft: etwa 60 °C

8. Für die Patties die Hackfleischmasse in 16 Portionen teilen. Die Hackfleischportionen einzeln in einem Ausstechring (Ø 7–8 cm) zu einem etwa 1 cm hohen Patty formen, dabei gut festdrücken. Sie können die Patties auch mit leicht angefeuchteten Händen formen.

9. Die Patties jeweils vorsichtig aus dem Ring lösen und mit dem restlichen Olivenöl bestreichen. Eine Grillpfanne erhitzen.

10. Jeweils die Hälfte der Patties in die heiße Grillpfanne legen und von jeder Seite 3–4 Minuten bei starker Hitze braten.

11. Die gebratenen Patties aus der Grillpfanne nehmen, auf eine Platte legen und im vorgeheizten Backofen warm halten.

12. Die Römersalatstreifen und die Minze unter den Tomaten-Ananas-Salat mischen.

13. Die Limette heiß abwaschen, abtrocknen und in Spalten schneiden. Minze abspülen und trocken tupfen. Die Blättchen von den Stängeln zupfen. Blättchen grob zerschneiden. Den Salat mit Minze bestreuen.

14. Die Jerk-Patties mit dem Calypsosalat und den Limettenspalten anrichten.

Beilage: Weißbrot oder warme Tortillafladen.

Kartoffelauflauf mit Hack und Porree I

Preiswert – macht richtig satt

4 Portionen

Pro Portion: E: 35 g, F: 41 g, Kh: 33 g, kJ: 2708, kcal: 647, BE: 2,5

750 g Kartoffeln
Salz
4 Stangen Porree (Lauch, etwa 500 g)
2 Zwiebeln
2 Knoblauchzehen
2 EL Olivenöl
500 g Gehacktes (halb Rind-, halb Schweinefleisch)
gem. Pfeffer
Cayennepfeffer
250 g saure Sahne
2 EL gehackte Petersilie
50 g ger. Emmentaler
2 EL Butter

einige Petersilienblättchen

Zubereitungszeit: 60 Minuten, ohne Abkühlzeit
Garzeit: Auflauf etwa 30 Minuten

1. Kartoffeln gründlich waschen, knapp mit Wasser bedeckt zum Kochen bringen, Salz hinzugeben. Die Kartoffeln zugedeckt in 20–25 Minuten gar kochen. Die garen Kartoffeln abgießen, mit kaltem Wasser abschrecken, heiß pellen und etwas abkühlen lassen. Kartoffeln in Scheiben schneiden.

2. Porree putzen. Stangen längs halbieren, gründlich waschen, abtropfen lassen und in Streifen schneiden. Porreestreifen in kochendem Wasser 2–3 Minuten blanchieren, anschließend in einem Sieb abtropfen lassen.

3. Zwiebeln und Knoblauch abziehen, in kleine Würfel schneiden. Das Olivenöl in einer Pfanne erhitzen. Die Zwiebel- und Knoblauchwürfel darin glasig dünsten.

4. Gehacktes hinzugeben und unter Rühren anbraten. Dabei die Fleischklümpchen mit einer Gabel zerdrücken. Gehacktes mit Salz, Pfeffer und Cayennepfeffer würzen. Saure Sahne mit Petersilie verrühren, mit Salz und Pfeffer würzen.

5. Den Backofen vorheizen.
Ober-/Unterhitze: etwa 200 °C
Heißluft: etwa 180 °C

6. Die Hälfte der Kartoffelscheiben und die Hälfte der Porreestreifen in eine flache Auflauf- oder Gratinform (gefettet) geben, mit Salz bestreuen. Die Hälfte der Petersiliensahne darübergießen. Die Hackfleischmasse darauf verteilen. Die restlichen Kartoffelscheiben und Porreestreifen daraufgeben, mit Salz bestreuen. Die restliche Petersiliensahne darübergießen. Käse darauf verteilen. Die Butter in Flöckchen daraufsetzen.

7. Die Form auf dem Rost in den vorgeheizten Backofen schieben. Den Auflauf **etwa 30 Minuten garen.**

8. Den Auflauf mit abgespülten, trocken getupften Petersilienblättchen garnieren und sofort servieren.

Tipp: Statt mit Porree kann der Auflauf auch mit 500 g Spitzkohl zubereitet werden.

Kartoffel-Hack-Pizza I

Macht richtig satt – für den Männerabend

8–10 Portionen

Pro Portion: E: 37 g, F: 32 g, Kh: 30 g, kJ: 2321, kcal: 554, BE: 2,5

1 1/2 kg Kartoffeln
Salz
2 große Zwiebeln
1,2 kg Gehacktes (halb Rind-, halb Schweinefleisch)
6 EL Semmelbrösel
5 EL Paprikamark (aus der Tube)
2 Eier (Größe M)
je 1 grüne und rote Paprikaschote
200 g mittelalter Gouda

Zubereitungszeit: 25 Minuten
Backzeit: 30–40 Minuten

1. Kartoffeln schälen, abspülen, abtropfen lassen und in dünne Scheiben schneiden oder hobeln. Die Kartoffelscheiben in kochendem Salzwasser etwa 5 Minuten vorgaren, abgießen, abtropfen lassen.

2. Den Backofen vorheizen.
Ober-/Unterhitze: etwa 200 °C
Heißluft: etwa 180 °C

3. Zwiebeln abziehen und klein würfeln. Gehacktes in eine Schüssel geben. Zwiebelwürfel, Semmelbrösel, Paprikamark und Eier hinzufügen. Die Zutaten gut verkneten.

4. Die Paprikaschoten halbieren, entstielen, entkernen und die weißen Scheidewände entfernen. Die Schoten abspülen, trocken tupfen und in kleine Würfel schneiden. Die Paprikawürfel unter die Hackfleischmasse mischen. Gouda fein reiben.

5. Kartoffelscheiben in einer Fettpfanne (30 x 40 cm, gefettet) verteilen. Die Hackfleischmasse in Klecksen daraufgeben und mit Gouda bestreuen.

6. Die Fettpfanne in den vorgeheizten Backofen schieben. Kartoffel-Hack-Pizza **30–40 Minuten backen.**

Tipps: Die Kartoffel-Hack-Pizza mit einem gemischten Salat servieren. Anstelle des Paprikamarks können Sie ersatzweise auch Tomatenmark verwenden.

Kartoffelsuppe mit Hackbällchen I

Preiswert – schmeckt auch Kindern

4 Portionen

Pro Portion: E: 31 g, F: 48 g, Kh: 30 g, kJ: 2814, kcal: 672, BE: 2,0

Für die Hackfleischbällchen:

1 Brötchen (Semmel) vom Vortag
400 g Rindergehacktes
1 abgezogene, fein gewürfelte Zwiebel
1 Ei (Größe M)
2 EL gehackte Petersilie
Salz
gem. Pfeffer
ger. Muskatnuss
750 ml Gemüsebrühe

Für die Kartoffelsuppe:

100 g magerer Speck
3 Zwiebeln
600 g Kartoffeln
1 Stange Porree (Lauch)
30 g Butterschmalz
2 Msp. Safranpulver
½ TL ger. Majoran
100 g Schlagsahne
2 EL gehackte Petersilie
2 EL Tomatenwürfel

Zubereitungszeit: 50 Minuten
Garzeit: Hackbällchen etwa 10 Minuten
Garzeit: Suppe etwa 15 Minuten

1. Für die Hackbällchen Brötchen in kaltem Wasser einweichen und gut ausdrücken. Gehacktes in eine Schüssel geben. Brötchen, Zwiebelwürfel, Ei und Petersilie hinzufügen. Die Zutaten gut verkneten. Mit Salz, Pfeffer und Muskat würzen.

2. Aus der Hackfleischmasse mit angefeuchteten Händen kleine Bällchen formen.

3. Die Brühe in einem Topf zum Kochen bringen. Die Hackbällchen hinzufügen und etwa 10 Minuten ziehen lassen.

4. Die Hackbällchen mit einer Schaumkelle herausnehmen. Die Brühe für die Zubereitung der Suppe beiseitestellen.

5. Für die Suppe Speck in Würfel schneiden. Zwiebeln abziehen und in kleine Würfel schneiden. Kartoffeln schälen, abspülen, abtropfen lassen und in Würfel schneiden.

6. Porree putzen, die Stange längs halbieren, gründlich waschen, abtropfen lassen und in dünne Streifen schneiden.

7. Butterschmalz in einem Topf zerlassen, Speckwürfel darin auslassen, die Zwiebelwürfel mit andünsten. Kartoffelwürfel und Porreestreifen hinzufügen, unter mehrmaligem Wenden mitdünsten lassen.

8. Das Ganze mit Safran, Majoran, Salz und Pfeffer würzen. Beiseitegestellte Brühe hinzugießen. Die Zutaten zum Kochen bringen und etwa 15 Minuten kochen lassen.

9. Sahne, Petersilie und Tomatenwürfel unterrühren. Die Suppe nochmals mit den Gewürzen abschmecken.

10. Die Hackbällchen in die Suppe geben und kurz erhitzen.

Käse-Hack-Rouladen I

Raffiniert – preiswert

4–6 Portionen

Pro Portion: E: 42 g, F: 38 g, Kh: 25 g, kJ: 2549, kcal: 610, BE: 2,0

Für die Rouladen:

1	*Brötchen (Semmel) vom Vortag*
1	*Zwiebel*
1–2	*Knoblauchzehen*
600 g	*Rindergehacktes*
1	*Ei (Größe M)*
	Salz
	gem. Pfeffer
	Paprikapulver edelsüß
4 dünne Scheiben	*durchwachsener, geräucherter Speck (etwa 80 g)*
4 Scheiben	*Ziegenkäse (je etwa 20 g)*
1 Bund	*glatte Petersilie*
1	*großer Apfel (etwa 200 g)*
2–3 EL	*Speiseöl*

Für das Gemüse:

750 g	*Staudensellerie*
30 g	*Butter*
125 ml	*Fleischbrühe*
250 g	*rotschalige Äpfel*

Außerdem:

4 Bögen	*Alufolie*

Zubereitungszeit: 65 Minuten
Garzeit: Rouladen etwa 15 Minuten
Garzeit: Gemüse etwa 15 Minuten

1. Für die Rouladen Brötchen in kaltem Wasser einweichen und ausdrücken. Zwiebel und Knoblauch abziehen. Zwiebel in kleine Würfel schneiden. Knoblauch durch eine Knoblauchpresse drücken.

2. Den Backofen vorheizen.
Ober-/Unterhitze: etwa 200 °C
Heißluft: etwa 180 °C

3. Gehacktes in eine Schüssel geben. Brötchen, Zwiebelwürfel, Knoblauch und Ei hinzugeben. Die Zutaten gut verkneten. Die Hackfleischmasse mit Salz, Pfeffer und Paprika würzen.

4. Die Hackfleischmasse in 4 Portionen teilen. Die einzelnen Hackfleischportionen mit angefeuchteten Händen auf je 1 Bogen Alufolie zu einem Rechteck (etwa 9 x 22 cm) formen. Jeweils 1 Scheibe Speck und 1 Scheibe Käse darauflegen.

5. Petersilie abspülen und trocken tupfen. Die Blättchen von den Stängeln zupfen. Apfel heiß abwaschen, abtrocknen, entkernen und vierteln.

6. Je 1 Apfelstück und einige Petersilienblättchen auf die Käsescheiben legen, mit angefeuchteten Händen zu einer Roulade aufrollen und in der Alufolie einwickeln. Darauf achten, dass der Käse gut in der Roulade „verpackt" ist.

7. Speiseöl in einer Pfanne erhitzen. Die Rouladen-Päckchen darin von allen Seiten anbraten, herausnehmen und auf ein Backblech legen. Das Backblech in den vorgeheizten Backofen schieben. Die Käse-Hack-Rouladen **etwa 15 Minuten garen.**

8. Für das Gemüse in der Zwischenzeit Sellerie putzen und die harten Außenfäden abziehen. Sellerie abspülen, abtropfen lassen und in 1–2 cm lange Stücke schneiden.

9. Butter in einem Topf zerlassen. Selleriestücke darin etwa 5 Minuten unter mehrmaligem Wenden andünsten. Die Brühe hinzugießen, zum Kochen bringen und zugedeckt etwa 10 Minuten garen.

10. Äpfel heiß abwaschen, abtrocknen, vierteln, entkernen und in Scheiben schneiden. Apfelscheiben nach etwa 10 Minuten Garzeit zum Selleriegemüse geben und mitgaren lassen.

11. Die Rouladen vom Backblech nehmen und die Alufolie entfernen. Die Käse-Hack-Rouladen mit dem Gemüse anrichten und servieren.

Beilage: Salzkartoffeln.

Käse-Porree-Suppe I

Einfach – beliebt

4–6 Portionen

Pro Portion: E: 39 g, F: 41 g, Kh: 4 g, kJ: 2247, kcal: 538, BE: 0,0

3 Stangen Porree (Lauch, etwa 500 g)
3 EL Speiseöl
750 g Gehacktes (halb Rind-, halb Schweinefleisch)
Salz, gem. Pfeffer
1 l Fleischbrühe
340 g gut abgetropfte Champignonscheiben oder kleine Champignons (aus Gläsern)
200 g Sahne- oder Kräuterschmelzkäse

Zubereitungszeit: 40 Minuten
Garzeit: etwa 25 Minuten

1. Porree putzen, die Stangen längs halbieren, gründlich waschen und abtropfen lassen. Porree in feine Streifen schneiden.

2. Das Speiseöl in einem großen Topf erhitzen. Das Gehackte darin unter Rühren anbraten. Dabei die Fleischklümpchen mit einer Gabel zerdrücken. Mit Salz und Pfeffer würzen.

3. Porreestreifen hinzufügen und kurz mit andünsten. Die Brühe hinzugießen, zum Kochen bringen und zugedeckt etwa 15 Minuten garen. Die Champignons hinzufügen.

4. Den Schmelzkäse unterrühren und unter Rühren schmelzen lassen (nicht mehr kochen). Die Suppe mit Salz und Pfeffer abschmecken.

Tipps: Dazu schmeckt Baguettebrot oder Brötchen. Die Suppe kann vorbereitet werden und ohne Champignons und Schmelzkäse eingefroren werden.

Kleine Frikadellen I

Klassisch – für die Party

8–10 Portionen

Pro Portion: E: 19 g, F: 18 g, Kh: 4 g, kJ: 1042, kcal: 249, BE: 0,5

1 Brötchen (Semmel) vom Vortag
2 Zwiebeln
800 g Gehacktes (halb Rind-, halb Schweinefleisch)
1 Ei (Größe M)
Salz
gem. Pfeffer
Paprikapulver edelsüß

50 g Pflanzenfett

Zubereitungszeit: 30 Minuten
Garzeit: etwa 10 Minuten

1. Das Brötchen in kaltem Wasser einweichen und ausdrücken. Zwiebeln abziehen und in kleine Würfel schneiden.

2. Gehacktes in eine Schüssel geben. Brötchen, Zwiebelwürfel und Ei hinzufügen. Die Zutaten gut verkneten, mit Salz, Pfeffer und Paprika würzen.

3. Aus der Hackfleischmasse mit angefeuchteten Händen kleine Frikadellen formen.

4. Pflanzenfett in einer großen Pfanne erhitzen. Die Frikadellen darin etwa 10 Minuten von allen Seiten braten.

5. Frikadellen herausnehmen und auf Küchenpapier abtropfen lassen.

Tipp: Die Frikadellen mit ofenfrischem Baguette, Cornichons und Senf servieren.

Kleine Hackbällchen auf Pumpernickel I

Für Gäste

8 Stück

Pro Stück: E: 14 g, F: 17 g, Kh: 14 g, kJ: 1105, kcal: 264, BE: 1,0

2 kleine Zwiebeln
400 g Rindergehacktes
4 Eigelb (Größe M)
2 EL Tomatenketchup
2 EL gehackte Petersilie
1 TL Paprikapulver edelsüß
Salz
gem. Pfeffer
40 g Butterschmalz
einige Feldsalat- und Friséesalatblätter
8 Pumpernickeltaler
40 g Butter
1–2 abgetropfte Gewürzgurken

Außerdem:

8 Holzspießchen

Zubereitungszeit: 25 Minuten, ohne Abkühlzeit
Garzeit: etwa 10 Minuten

1. Zwiebeln abziehen, in Würfel schneiden. Gehacktes in eine Schüssel geben. Eigelb, Zwiebelwürfel, Tomatenketchup und Petersilie hinzufügen. Die Zutaten gut verkneten. Mit Paprika, Salz und Pfeffer würzen. Aus der Hackfleischmasse mit angefeuchteten Händen 8 kleine Bällchen formen.

2. Das Butterschmalz in einer Pfanne zerlassen. Die Hackbällchen darin von allen Seiten anbraten und in 8–10 Minuten fertig braten. Hackbällchen aus der Pfanne nehmen und etwas abkühlen lassen.

3. Salatblätter abspülen und gut trocken tupfen. Die Pumpernickeltaler mit Butter bestreichen, mit einigen Salatblättern belegen. Die Hackbällchen daraufsetzen. Gewürzgurken in dicke Scheiben schneiden und auf kleine Holzspießchen stecken. Die Hackbällchen damit garnieren.

Tipp: Die Hackbällchen können auch aus Geflügel- oder Lammfleisch zubereitet werden.

Kohlrabi-Hack-Auflauf | Klassisch

4 Portionen

Pro Portion: E: 50 g, F: 56 g, Kh: 24 g, kJ: 3348, kcal: 799, BE: 2,0

2–3 Kohlrabi (je etwa 350 g)
Salz
2 Zwiebeln
2 EL Speiseöl, z. B. Sonnenblumenöl
600 g Gehacktes (halb Rind-, halb Schweinefleisch)
evtl. 2 TL gerebelter Estragon
gem. Pfeffer

Für die Sauce:

30 g Butter oder Margarine
40 g Weizenmehl
750 ml Milch (3,5 % Fett)
ger. Muskatnuss
2 Eigelb (Größe M)

200 g ger. Mozzarella
1/2 Bund glatte Petersilie

Zubereitungszeit: 30 Minuten
Garzeit: 35–40 Minuten

1. Kohlrabi schälen, abspülen, abtropfen lassen und in etwa 1/2 cm dicke Scheiben schneiden. Kohlrabischeiben portionsweise in kochendem Salzwasser etwa 5 Minuten vorgaren. Kohlrabischeiben in ein Sieb geben und abtropfen lassen.

2. Zwiebeln abziehen und in kleine Würfel schneiden. Speiseöl in einer Pfanne erhitzen. Zwiebelwürfel und Gehacktes darin unter Rühren kräftig anbraten. Dabei die Fleischklümpchen mit einer Gabel fein zerdrücken. Mit Estragon, Salz und Pfeffer würzen. Das Gehackte krümelig braun braten.

3. Den Backofen vorheizen.
Ober-/Unterhitze: etwa 200 °C
Heißluft: etwa 180 °C

4. Für die Sauce Butter oder Margarine in einem Topf zerlassen. Mehl hinzufügen und unter Rühren so lange erhitzen, bis es hellgelb ist. Milch hinzugießen und mit einem Schneebesen durchschlagen. Dabei darauf achten, dass keine Klümpchen entstehen. Die Sauce etwa 5 Minuten bei schwacher Hitze kochen lassen, dabei gelegentlich umrühren.

5. Die Sauce mit Salz, Pfeffer und Muskat kräftig würzen. Den Topf von der Kochstelle nehmen. Eigelb mit etwas von der Sauce verrühren und unter die restliche Sauce rühren (nicht mehr kochen lassen).

6. Den Boden einer großen, flachen Auflaufform (gefettet) mit etwas Sauce bestreichen. Die Kohlrabischeiben, Hackfleischmasse und Sauce abwechselnd in die Form schichten. Mit Mozzarella bestreuen. Die Form auf dem Rost in den vorgeheizten Backofen schieben. Den Auflauf **35–40 Minuten garen.**

7. Petersilie abspülen und trocken tupfen. Die Blättchen von den Stängeln zupfen. Den Auflauf mit Petersilienblättchen bestreut servieren.

Tipps: Ist die Zeit mal wieder knapp? Mit einer fertig gekauften Béchamelsauce (aus der Packung/Tetra Pak®) ist dieser Auflauf um einiges schneller eingeschichtet. Wenn es mal etwas anderes sein soll: Bereiten Sie diesen Auflauf mit magerem Lammhackfleisch (z. B. aus dem türkischen Lebensmittelgeschäft) zu. Lammhackfleisch dann mit 1 Prise gemahlenem Zimt und etwas Chilipulver würzen.

Kohlrabitopf mit Bratwurstklößchen I

Schmeckt auch Kindern

8–10 Portionen

Pro Portion: E: 9 g, F: 25 g, Kh: 12 g, kJ: 1284, kcal: 307, BE: 1,0

1 kg Kohlrabi
50 g Butter
2 l Gemüsebrühe
250 g Schlagsahne
1 Pck. Kartoffelpüreepulver (für 3 Portionen)
4 grobe, ungebrühte Bratwürste (je etwa 100 g)
Salz, gem. Pfeffer
etwas Currypulver
2 EL glatte Petersilienstreifen

Zubereitungszeit: 55 Minuten
Garzeit: etwa 25 Minuten

1. Kohlrabi putzen, schälen, abspülen, abtropfen lassen und halbieren. Kohlrabi zuerst in Scheiben, dann in Stifte schneiden.

2. Butter in einem großen Topf zerlassen. Kohlrabistifte darin unter Rühren andünsten.

3. Gemüsebrühe und Sahne hinzufügen, zum Kochen bringen. Suppe etwa 15 Minuten bei schwacher Hitze unter gelegentlichem Rühren kochen lassen. Kartoffelpüreepulver unterrühren.

4. Die Bratwurstmasse portionsweise aus der Haut drücken und daraus kleine Klößchen formen. Die Bratwurstklößchen ebenfalls in die Suppe geben.

5. Die Klößchen etwa 10 Minuten in der Suppe bei schwacher Hitze gar ziehen lassen.

6. Den Kohlrabitopf mit Salz, Pfeffer und Curry abschmecken und mit Petersilienstreifen bestreut servieren.

Kohlrouladen I

Gefriergeeignet – klassisch

4 Portionen

Pro Portion: E: 23 g, F: 25 g, Kh: 12 g, kJ: 1517, kcal: 362, BE: 1,0

Salzwasser (auf 1 l Wasser 1 TL Salz)
1 Kopf Wirsing oder Weißkohl (etwa 1 1/2 kg)

Für die Füllung:
1 Brötchen (Semmel) vom Vortag
1 Zwiebel
375 g Rindergehacktes
1 Ei (Größe M)
etwa 1 TL mittelscharfer Senf
gem. Pfeffer

4 EL Speiseöl, z. B. Rapsöl
500 ml Gemüsebrühe
1–2 TL Speisestärke
2 EL kaltes Wasser

Außerdem:
Küchengarn oder Rouladennadeln

Zubereitungszeit: 30 Minuten
Garzeit: etwa 45 Minuten

1. In einem großen Topf reichlich Salzwasser zum Kochen bringen. In der Zwischenzeit von dem Wirsing oder Weißkohl die äußeren, welken Blätter entfernen. Den Kohlkopf abspülen, abtropfen lassen und den Strunk keilförmig herausschneiden. Den Kohlkopf so lange in das kochende Wasser legen, bis sich die äußeren Blätter lösen. Diesen Vorgang so lange wiederholen, bis sich etwa 12 große Blätter lösen lassen und etwas weich sind. Die Blätter trocken tupfen, die dicken Blattrippen flach schneiden.

2. Für die Füllung Brötchen in kaltem Wasser einweichen und ausdrücken. Zwiebel abziehen, klein würfeln. Gehacktes in eine Schüssel geben. Zwiebelwürfel, Ei und Senf unterkneten. Mit Salz und Pfeffer würzen.

3. Jeweils 2–3 große Kohlblätter übereinanderlegen. Je ein Viertel der Hackfleischmasse daraufgeben. Die Blätter seitlich einschlagen und aufrollen. Die Rouladen mit Küchengarn umwickeln oder mit Rouladennadeln feststecken.

4. Speiseöl in einem Topf erhitzen. Die Rouladen darin von allen Seiten anbraten. Gemüsebrühe hinzugießen und zum Kochen bringen. Die Rouladen zugedeckt bei schwacher Hitze etwa 45 Minuten garen, dabei gelegentlich wenden.

5. Gare Rouladen aus dem Topf nehmen, Küchengarn oder Rouladennadeln entfernen. Rouladen auf einer vorgewärmten Platte anrichten und warm stellen.

6. Speisestärke mit Wasser anrühren. Den Bratenfond aufkochen lassen, angerührte Speisestärke mit einem Schneebesen unterrühren. Die Sauce nochmals unter Rühren aufkochen und etwa 5 Minuten bei schwacher Hitze unter gelegentlichem Rühren kochen lassen. Die Sauce mit Salz und Pfeffer abschmecken. Die Kohlrouladen mit der Sauce servieren.

Königsberger Klopse I

Klassisch

4 Portionen

Pro Portion: E: 30 g, F: 30 g, Kh: 14 g, kJ: 1878, kcal: 448, BE: 1,0

1 Brötchen (Semmel) vom Vortag
1 Zwiebel
500 g Gehacktes (halb Rind-, halb Schweinefleisch)
1 Ei oder Eiweiß (Größe S)
2 TL mittelscharfer Senf
Salz
gem. Pfeffer
750 ml Gemüsebrühe

Für die Sauce:
30 g Butter oder Margarine
30 g Weizenmehl
500 ml Kochbrühe (von den Klopsen)
1 Eigelb (Größe S)
2 EL Milch
20 g abgetropfte Kapern (aus dem Glas)
etwas Zucker
etwas Zitronensaft
evtl. etwas Dill

Zubereitungszeit: 25 Minuten
Garzeit: etwa 25 Minuten

1. Brötchen in kaltem Wasser einweichen und ausdrücken. Zwiebel abziehen und klein würfeln. Gehacktes in eine Schüssel geben. Brötchen, Zwiebelwürfel, Ei oder Eiweiß und Senf hinzufügen. Die Zutaten gut verkneten. Mit Salz und Pfeffer würzen.

2. Die Gemüsebrühe in einem Topf zum Kochen bringen. Aus der Hackfleischmasse mit angefeuchteten Händen 8–10 Klopse formen. Klopse in die kochende Gemüsebrühe geben, wieder zum Kochen bringen, evtl. abschäumen. Klopse zugedeckt bei schwacher Hitze etwa 15 Minuten gar ziehen lassen (das Wasser muss sich leicht bewegen).

3. Die Klopse mit einem Schaumlöffel aus der Brühe nehmen. Die Brühe durch ein Sieb in einen Topf gießen und 500 ml für die Sauce abmessen.

4. Für die Sauce Butter oder Margarine in einem Topf zerlassen. Mehl unter Rühren so lange darin erhitzen, bis es hellgelb ist. Abgemessene Brühe hinzugießen und mit einem Schneebesen durchschlagen. Dabei darauf achten, dass keine Klümpchen entstehen. Die Sauce zum Kochen bringen und bei schwacher Hitze etwa 5 Minuten leicht kochen lassen, dabei gelegentlich umrühren.

5. Eigelb mit Milch verschlagen und langsam in die Sauce einrühren (abziehen). Die Sauce aber nicht mehr kochen lassen. Kapern hinzufügen. Sauce mit Salz, Pfeffer, Zucker und Zitronensaft abschmecken.

6. Die Klopse in die Sauce geben und etwa 5 Minuten bei schwacher Hitze ziehen lassen. Königsberger Klopse nach Belieben mit abgespültem, trocken getupftem Dill bestreut servieren.

Tipps: Dazu Salzkartoffeln und eingelegte Rote Bete aus dem Glas servieren. Sie können die Klopse in der Kochbrühe einfrieren. Die Sauce dann nach dem Auftauen frisch zubereiten.

Kräuter-Quark-Frikadellen I

Für die Party
20 Stück

Pro Stück: E: 6 g, F: 5 g, Kh: 3 g, kJ: 367, kcal: 88, BE: 0,5

1 Brötchen (Semmel) vom Vortag
1 kleine Zwiebel
500 g Gehacktes (halb Rind-, halb Schweinefleisch)
125 g Magerquark
1 EL Schnittlauchröllchen
1 EL gehackte Petersilie
1 Ei (Größe M)
Salz
gem. Pfeffer
50 g Semmelbrösel
30 g Butterschmalz

Zubereitungszeit: 30 Minuten
Garzeit: etwa 6 Minuten

1. Das Brötchen in kaltem Wasser einweichen und gut ausdrücken. Die Zwiebel abziehen und in kleine Würfel schneiden.

2. Gehacktes in eine Schüssel geben. Quark, Brötchen, Zwiebelwürfel, Schnittlauchröllchen, Petersilie und Ei hinzufügen. Die Zutaten gut verkneten, mit Salz und Pfeffer würzen.

3. Aus der Hackfleischmasse mit angefeuchteten Händen etwa 20 kleine Bällchen formen. Die Semmelbrösel auf einen flachen Teller geben. Die Hackfleischbällchen darin wälzen und etwas flach drücken.

4. Das Butterschmalz in einer großen Pfanne erhitzen. Die Frikadellen darin unter mehrmaligem Wenden etwa 6 Minuten braten. Die Frikadellen herausnehmen und erkalten lassen.

Tipp: Für ein deftiges Buffet passen zu den Frikadellen herzhaft belegte Bauernbrote, Kartoffelsalat, Senf und Gewürzgurken.

Kreolischer Lammhack-Kartoffel-Auflauf I

Deftig – einfach
4 Portionen

Pro Portion: E: 38 g, F: 44 g, Kh: 28 g, kJ: 2773, kcal: 663, BE: 2,0

2 Eier (Größe M)
1–2 EL rote Currypaste
1 TL gem. Gewürznelken
1 EL gem. Piment (Nelkenpfeffer)
1 EL gem. Ingwer
700 g Lammhackfleisch
40 g Semmelbrösel
fein abgeriebene Schale von
1 Bio-Limette
(unbehandelt, ungewachst)
Salz
4 EL Olivenöl
450 g kleine Kartoffeln
(je etwa 40 g)
75 g rote Zwiebeln
175 g Cocktailtomaten
15 Minzeblättchen

Zubereitungszeit: 35 Minuten
Garzeit: etwa 40 Minuten

1. Eier mit Currypaste, Nelken, Piment und Ingwer verschlagen, bis sich die Currypaste aufgelöst hat.

2. Lammhackfleisch in eine Schüssel geben. Die Eier-Würz-Masse, Semmelbrösel, Limettenschale und Salz hinzugeben. Die Zutaten gut verkneten.

3. Die Hackfleischmasse in einer Tarteform (Ø 22 cm, mit 1 Esslöffel Olivenöl gefettet) gleichmäßig verteilen und leicht andrücken.

4. Den Backofen vorheizen.
Ober-/Unterhitze: etwa 200 °C
Heißluft: etwa 180 °C

5. Die Kartoffeln unter fließendem kalten Wasser abbürsten, abtropfen lassen und in etwa 3 mm dicke Scheiben schneiden oder hobeln.

6. Zwiebeln abziehen und ebenfalls in etwa 3 mm dicke Scheiben schneiden.

7. Kartoffel- und Zwiebelscheiben zusammen in kochendem Salzwasser etwa 1 Minute blanchieren. Anschließend in einem Sieb sehr gut abtropfen lassen.

8. Die Kartoffel- und Zwiebelscheiben mit 2 Esslöffeln des restlichen Olivenöls und etwas Salz mischen und auf der Hackfleischmasse in der Form verteilen.

9. Die Form auf dem Rost in den vorgeheizten Backofen schieben. Den Auflauf **etwa 40 Minuten garen.**

10. In der Zwischenzeit die Tomaten abspülen, trocken tupfen, vierteln und evtl. die Stängelansätze herausschneiden. Minzeblättchen abspülen, trocken tupfen und grob zerschneiden.

11. Tomatenspalten und Minze mit dem restlichen Olivenöl vermischen und mit etwas Salz würzen.

12. Die Tomaten-Minze-Mischung nach etwa 30 Minuten Backzeit auf dem Auflauf verteilen und den Auflauf fertig garen.

Tipp: Servieren Sie zu diesem Auflauf einen Dip aus cremig gerührtem griechischen Joghurt, verrührt mit Limettensaft und in Streifen geschnittenen Minzeblättchen.

Kürbis, gefüllt I

Gut vorzubereiten

6 Portionen

Pro Portion: E: 26 g, F: 28 g, Kh: 25 g, kJ: 1933, kcal: 462, BE: 2,0

1 mittelgroßer Kürbis (etwa 3 kg)

Für die Füllung:

40 g Pinienkerne
2 Zwiebeln (etwa 70 g)
1–2 Knoblauchzehen
3 EL Speiseöl
700 g Lammgehacktes oder Gehacktes (halb Rind-, halb Schweinefleisch)
300 ml Wasser
Salz
100 g Basmatireis
50 g Rosinen
gem. Pfeffer
gem. Kreuzkümmel (Cumin)
gem. Koriander
Paprikapulver rosenscharf

Zubereitungszeit: 50 Minuten
Garzeit: gefüllter Kürbis etwa 45 Minuten

1. Den Kürbis abwaschen und abtrocknen. Vom Kürbis einen Deckel abschneiden. Den Kürbis aushöhlen, dabei einen etwa 2 cm breiten Rand stehen lassen. Faserigen Innenteil und die Kerne entfernen. 700 g von dem Kürbisfleisch in etwa 1 cm große Würfel schneiden.

2. Für die Füllung Pinienkerne in einer Pfanne ohne Fett unter Rühren goldbraun rösten, herausnehmen und abkühlen lassen. Zwiebeln und Knoblauch abziehen. Zwiebeln in kleine Würfel schneiden. Knoblauch durch eine Knoblauchpresse drücken.

3. Speiseöl in einer großen Pfanne erhitzen. Gehacktes darin unter ständigem Rühren anbraten, dabei die Fleischklümpchen mit einer Gabel zerdrücken. Zwiebel-, Kürbiswürfel und Knoblauch hinzugeben, etwa 10 Minuten bei mittlerer Hitze garen.

4. Den Backofen vorheizen.
Ober-/Unterhitze: etwa 180 °C
Heißluft: etwa 160 °C

5. Wasser mit Salz in einem Topf zum Kochen bringen. Reis und Rosinen hinzufügen, zugedeckt etwa 12 Minuten ausquellen lassen, bis die Flüssigkeit aufgesogen ist.

6. Die Hackfleischmasse mit dem Rosinen-Reis und den Pinienkernen vermengen. Mit Salz, Pfeffer, Kreuzkümmel, Koriander und Paprika würzen. Die Masse in den ausgehöhlten Kürbis füllen. Den Kürbisdeckel darauflegen. Den Kürbis auf ein Backblech (mit Backpapier belegt) setzen. Das Backblech in den vorgeheizten Backofen schieben. Den gefüllten Kürbis **etwa 45 Minuten garen.**

7. Den gefüllten Kürbis vom Backblech nehmen, auf einen großen Teller legen und sofort servieren.

Tipp: Aus dem restlichen Kürbisfleisch können sie eine Kürbissuppe zubereiten.

Lammbällchen mit Auberginenpüree

Für Gäste

4 Portionen

Pro Portion: E: 46 g, F: 100 g, Kh: 26 g, kJ: 4957, kcal: 1184, BE: 2,0

2 große Auberginen

1 Bund Zitronenmelisse
100 g Pinienkerne
700 g Lammgehacktes
2 Eier (Größe M)
100 g Rosinen
Salz, gem. Pfeffer
250 ml Olivenöl
Saft von
1 Zitrone
gem. Kreuzkümmel (Cumin)

50 g Pinienkerne
1 Bio-Limette
(unbehandelt, ungewachst)

Zubereitungszeit: 30 Minuten
Garzeit: Auberginen etwa 30 Minuten
Garzeit: Hackbällchen etwa 10 Minuten

1. Den Backofen vorheizen.
Ober-/Unterhitze: etwa 200 °C
Heißluft: etwa 180 °C

2. Auberginen abspülen, trocken tupfen und die Stängelansätze abschneiden. Die Auberginen in eine flache Auflaufform oder auf ein Backblech legen. Die Form auf dem Rost oder das Backblech in den vorgeheizten Backofen schieben. Die Auberginen **etwa 30 Minuten garen.**

3. In der Zwischenzeit Zitronenmelisse abspülen und trocken tupfen. Die Blättchen von den Stängeln zupfen (einige Blättchen zum Garnieren beiseitelegen). Blättchen klein schneiden. Pinienkerne klein hacken.

4. Lammgehacktes in eine Schüssel geben. Eier, Rosinen, Melisse und Pinienkerne hinzugeben. Die Zutaten gut verkneten. Mit Salz und Pfeffer würzen. Aus der Hackfleischmasse mit angefeuchteten Händen kleine Bällchen formen.

5. Ein Drittel des Olivenöls in einer großen Pfanne erhitzen. Die Hackbällchen darin von allen Seiten etwa 10 Minuten braten.

6. Das Backblech aus dem Backofen nehmen. Das Fruchtfleisch aus den Auberginen mit einem Löffel herauslösen und mit dem Zitronensaft pürieren. Das Auberginenpüree mit dem restlichen Olivenöl verrühren. Mit Salz, Kreuzkümmel und Pfeffer würzen.

7. Pinienkerne in einer Pfanne ohne Fett unter Rühren hellbraun rösten. Limette heiß abwaschen, abtrocknen, halbieren und nach Belieben vierteln. Lammbällchen mit den beiseitegelegten Melisseblättchen und Limettenspalten garnieren und mit Pinienkernen bestreuen, mit dem Auberginenpüree servieren.

Lammbällchen mit Joghurt-Tomaten-Gurkensalat

Etwas Besonderes

4 Portionen

Pro Portion: E: 18 g, F: 37 g, Kh: 9 g, kJ: 1837, kcal: 438, BE: 0,5

Für die Lammbällchen:

1 Möhre
1 Bund glatte Petersilie
250 g Lammhackfleisch
1 Msp. Cayennepfeffer
1 Msp. gem. Kreuzkümmel (Cumin)
1 Msp. gem. Zimt
1 Msp. gerebelter Majoran
70 g fein gehackte Walnusskerne
1 TL Grenadinesirup
1 Eigelb (Größe M)
2 EL Olivenöl
Salz
gem. Pfeffer

2 EL Olivenöl

Für den Joghurt-Tomaten-Gurkensalat:

½ Salatgurke (etwa 300 g)
2–3 Tomaten
2 Stängel Minze
200 g Joghurt (3,5 % Fett)
1 EL Olivenöl
1–2 EL Zitronensaft

Zubereitungszeit: 40 Minuten, ohne Durchziehzeit
Bratzeit: 6–8 Minuten

1. Möhre putzen, schälen, abspülen, abtropfen lassen und in sehr kleine Würfel schneiden oder raspeln. Die Petersilie abspülen und trocken tupfen. Die Blättchen von den Stängeln zupfen. Anschließend die Blättchen klein schneiden.

2. Hackfleisch in eine Schüssel geben. Möhrenwürfel oder -raspel, Cayennepfeffer, Kreuzkümmel, Zimt, Majoran, gehackte Walnusskerne, Grenadinesirup, Eigelb, klein geschnittene Petersilie und das Olivenöl hinzufügen.

3. Die Zutaten unter die Hackfleischmasse kneten. Mit Salz und Pfeffer würzen. Die Hackfleischmasse kalt gestellt etwa 30 Minuten durchziehen lassen.

4. Aus der Hackfleischmasse mit angefeuchteten Händen 16 Bällchen formen. Olivenöl in einer großen Pfanne erhitzen. Die Bällchen darin von allen Seiten anbraten und in 6–8 Minuten fertig braten. Lammbällchen warm stellen.

5. Für den Salat Gurke waschen, abtrocknen und das Ende abschneiden. Gurke der Länge nach halbieren und entkernen. Eine Gurkenhälfte in etwa 1 cm große Würfel schneiden.

6. Tomaten abspülen, trocken tupfen, halbieren und die Stängelansätze entfernen. Die Tomaten in kleine Würfel schneiden und mit den Gurkenwürfeln vermischen.

7. Minze abspülen und trocken tupfen. Die Blättchen von den Stängeln zupfen (einige Blättchen zum Garnieren beiseitelegen). Die restlichen Blättchen klein schneiden.

8. Joghurt mit Olivenöl und Minze verrühren. Mit Zitronensaft, Salz und Pfeffer würzen. Die Joghurtsauce unter die Gurken- und Tomatenwürfel heben.

9. Die Lammbällchen mit dem Salat anrichten und mit den beiseitegelegten Minzeblättchen garnieren.

Lammbällchen-Tajine | Exotisch

4 Portionen

Pro Portion: E: 54 g, F: 55 g, Kh: 81 g, kJ: 4325, kcal: 1036, BE: 6,5

200 g rote Zwiebeln
25 g frischer Ingwer
4 Stängel Minze
800 g Lammhackfleisch
75 g Semmelbrösel
2 Eier (Größe M)
1 EL Ras el-Hanout (Gewürzmischung)
Salz
600 g festkochende Kartoffeln (je etwa 100 g)
400 g dicke Möhren
240 g abgetropfte Kichererbsen (aus der Dose)
50 g getrocknete Feigen
1 Granatapfel (etwa 350 g)
6 EL Olivenöl
4 EL flüssiger Honig
0,2 g Safranfäden (aus Döschen)
1 Zimtstange
3 EL Tomatenmark
1 ½ l Lammfond (aus dem Glas)
6 Stängel Koriander

Zubereitungszeit: 40 Minuten
Garzeit: etwa 25 Minuten

1. 75 g rote Zwiebeln abziehen und in kleine Würfel schneiden. Ingwer schälen und ebenfalls klein würfeln. Minze abspülen und trocken tupfen. Die Blättchen von den Stängeln zupfen. Blättchen klein schneiden.

2. Lammhackfleisch in eine Schüssel geben. Zwiebel-, Ingwerwürfel, Minze, Semmelbrösel, Eier, Ras el-Hanout und Salz hinzugeben. Die Zutaten gut verkneten. Aus der Hackfleischmasse mit angefeuchteten Händen 16 glatte Bällchen formen.

3. Restliche Zwiebeln abziehen, halbieren und in etwa 1 cm breite Spalten schneiden. Die Kartoffeln schälen, abspülen, abtropfen lassen und der Länge nach vierteln. Die Möhren putzen, schälen, abspülen, abtropfen lassen und längs halbieren. Die Möhrenhälften jeweils der Länge nach schräg in etwa 1 cm breite Stücke schneiden.

4. Kichererbsen in einem Sieb mit kaltem Wasser abspülen und abtropfen lassen. Die Feigen in kleine Stücke schneiden. Den Granatapfel vierteln und die Kerne vorsichtig herauslösen (Trennhäute entfernen).

5. Vier Esslöffel des Olivenöls in einem weiten Topf erhitzen. Kartoffel- und Zwiebelspalten darin unter Rühren kräftig andünsten. Honig, Safran und Zimtstange hinzugeben. Tomatenmark unterrühren und leicht anrösten.

6. Den Fond hinzugießen, mit Salz würzen. Die Zutaten zum Kochen bringen und zugedeckt 7–8 Minuten bei mittlerer Hitze kochen lassen.

7. In der Zwischenzeit das restliche Olivenöl in einer Pfanne erhitzen. Die Lammbällchen darin kurz von allen Seiten bei starker Hitze leicht braun anbraten.

8. Die Hackbällchen herausnehmen, zu den Kartoffel- und Zwiebelspalten in den Topf geben und zugedeckt weitere etwa 15 Minuten bei schwacher Hitze kochen lassen.

9. Nach etwa 8 Minuten Garzeit die Feigen-, Möhrenstücke und Kichererbsen hinzugeben und zugedeckt fertig garen.

10. Den Koriander abspülen und trocken tupfen. Die Blättchen von den Stängeln zupfen. Die Blättchen grob zerschneiden.

11. Lammbällchen-Tajine auf Tellern anrichten. Mit Granatapfelkernen und Koriander bestreut servieren.

Beilage: Couscous.

Tipps: Ras el-Hanout erhalten Sie in gut sortierten Gewürz- oder Delikatessläden. Diese marokkanische Gewürzmischung enthält etwa 25 unterschiedliche Gewürze, darunter Muskat, Zimt, Pfeffer, Piment, Nelken und Kardamom.

Lammhackbraten auf dem Gemüsebett I

(Römertopf®, 3-Liter-Inhalt)

Raffiniert

6 Portionen

Pro Portion: E: 37 g, F: 38 g, Kh: 14 g, kJ: 2268, kcal: 542, BE: 1,0

4 Scheiben Toastbrot (etwa 100 g)
100 g Schafskäse
2–3 Knoblauchzehen
1 kg Lammgehacktes
3 Eier (Größe M)
Salz, gem. Pfeffer

Für das Gemüsebett:

etwa 250 g Frühlingszwiebeln
3 Tomaten (etwa 300 g)
1–2 Knoblauchzehen
140 g abgetropfte, grüne, mit Paprika gefüllte Oliven (aus dem Glas)

Zubereitungszeit: 35 Minuten
Garzeit: 90–100 Minuten

1. Die Toastbrotscheiben in kaltem Wasser einweichen. Schafskäse in kleine Würfel schneiden. Knoblauch abziehen und durch eine Knoblauchpresse drücken oder in kleine Würfel schneiden. Eingeweichte Brotscheiben gut ausdrücken.

2. Das Lammgehackte in eine Schüssel geben. Käsewürfel, Knoblauch, Brotscheiben und Eier hinzugeben. Die Zutaten zu einem Teig verkneten. Mit Salz und Pfeffer würzen. Den Hackfleischteig halbieren und mit angefeuchteten Händen jeweils zu einem ovalen Laib formen.

3. Für das Gemüsebett Frühlingszwiebeln putzen, abspülen, gut abtropfen lassen und in kleine Stücke schneiden. Tomaten abspülen, trocken tupfen, vierteln und entkernen. Tomaten ebenfalls in kleine Stücke schneiden. Knoblauch abziehen und in kleine Würfel schneiden.

4. Die vorbereiteten Gemüsezutaten mit den Oliven in einer Schüssel mischen, mit Salz und Pfeffer würzen. Die Gemüsemischung in einen gewässerten Römertopf® geben. Die Fleischlaibe darauflegen.

5. Den Römertopf® mit dem Deckel verschließen und auf dem Rost in den kalten Backofen (unteres Drittel) schieben.
Ober-/Unterhitze: etwa 220 °C
Heißluft: etwa 200 °C

6. Den Hackbraten **90–100 Minuten garen.**

Lammhackbraten mit Bohnen-Tomaten-Gemüse I

Raffiniert – dauert länger

6 Portionen

Pro Portion: E: 53 g, F: 46 g, Kh: 36 g, kJ: 3224, kcal: 769, BE: 3,0

- *220 g Zwiebeln*
- *3 Knoblauchzehen*
- *50 g getrocknete Tomaten*
- *1 kg Lammgehacktes*
- *2 Eier (Größe M)*
- *Salz*
- *gem. Pfeffer*
- *1 TL gerebelter Thymian oder Rosmarin*
- *½ TL Chiliflocken*
- *200 g Schafskäse*
- *2 EL Olivenöl*
- *960 g abgetropfte, weiße Bohnen (aus Dosen)*
- *400 g passierte Tomaten (aus dem Tetra Pak®)*
- *100 g schwarze Oliven (ohne Stein)*
- *2–3 Tomaten*

Zubereitungszeit: 45 Minuten
Garzeit: 3 ½–4 Stunden

1. Den Backofen vorheizen.
Ober-/Unterhitze: etwa 95 °C

2. Zwiebeln und Knoblauch abziehen, klein würfeln. Tomaten in feine Streifen schneiden.

3. Gehacktes in eine Schüssel geben. Etwa die Hälfte der Zwiebel- und Knoblauchwürfel, Eier und Tomatenstreifen hinzufügen und gut unterkneten. Mit Salz, Pfeffer, Thymian oder Rosmarin und Chili würzen. Die Hackfleischmasse halbieren und jeweils zu einem länglichen Laib formen. In jeden Fleischlaib längs eine Vertiefung eindrücken. Schafskäse in 3 gleich große, längliche Stücke schneiden. Je 1 Käsestück in die Vertiefungen der Fleischlaibe legen und mit der Hackfleischmasse umschließen, sodass je ein 6–7 cm hoher Laib entsteht.

4. Olivenöl in einem Bräter erhitzen. Die Fleischlaibe darin nacheinander von allen Seiten je etwa 10 Minuten gut anbraten, dann aus dem Bräter nehmen. Restliche Zwiebel- und Knoblauchwürfel in den Bräter geben, kurz anbraten.

5. Bohnen mit den passierten Tomaten in den Bräter geben. Oliven hinzufügen und unterrühren. Die Zutaten kurz aufkochen lassen. Die Fleischlaibe auf das Gemüse in den Bräter legen.

6. Den Bräter auf dem Rost in den vorgeheizten Backofen (unteres Drittel) schieben. Die Lammhackbraten **3 ½–4 Stunden garen.**

7. Tomaten abspülen, abtrocknen, halbieren und die Stängelansätze herausschneiden. Tomaten in Spalten schneiden. Den restlichen Schafskäse in kleine Stücke schneiden. Den Lammhackbraten in Scheiben schneiden, mit dem Bohnen-Tomaten-Gemüse, Käsestückchen und Tomatenspalten servieren.

Beilage: Fladenbrot.

Lammhackbraten mit Zaziki

Für die Party
12 Portionen

Pro Portion: E: 34 g, F: 39 g, Kh: 7 g,
kJ: 2151, kcal: 514, BE: 0,5

Für den Lammhackbraten:

6 Scheiben Toastbrot (etwa 120 g)
300 ml Milch
1 Gemüsezwiebel (etwa 250 g)
3 EL Speiseöl
1,8 kg Lammhackfleisch
4 Eier (Größe M)
Salz
gem. Pfeffer
Gyros-Gewürzmischung
300 g Schafskäse
2 EL Speiseöl

Für das Zaziki:

500 g Joghurt (3,5 % Fett)
4 Knoblauchzehen
1 kleine Salatgurke

Zubereitungszeit: 55 Minuten
Garzeit: etwa 90 Minuten

1. Toastbrotscheiben in eine flache Schale legen, mit der Milch übergießen und einweichen. Gemüsezwiebel abziehen, halbieren und in kleine Würfel schneiden.

2. Speiseöl in einer Pfanne erhitzen. Zwiebelwürfel darin unter Rühren glasig dünsten, etwas abkühlen lassen. Eingeweichte Brotscheiben ausdrücken.

3. Den Backofen vorheizen.
Ober-/Unterhitze: etwa 180 °C
Heißluft: etwa 160 °C

4. Hackfleisch in eine Schüssel geben. Toastbrotscheiben, Zwiebelwürfel und Eier hinzufügen. Die Zutaten zu einem Teig verkneten. Mit Salz, Pfeffer und Gyros-Gewürzmischung kräftig würzen.

5. Den Schafskäse in kleine Würfel schneiden. Den Fleischteig mit angefeuchteten Händen zu einem Laib formen, dabei eine längliche Vertiefung einarbeiten. Die Käsewürfel in die Vertiefung legen und mit der Hackfleischmasse umschließen. Der Hackbraten soll eine glatte Oberfläche haben, damit er während des Bratprozesses nicht aufplatzt.

6. Speiseöl in einem Bräter erhitzen. Den Hackbraten hineinlegen. Den Bräter auf dem Rost in den vorgeheizten Backofen schieben. Den Lammhackbraten **etwa 90 Minuten garen.**

7. Den Hackbraten während der Garzeit mit dem Bratensatz begießen, evtl. etwas Wasser hinzugießen.

8. Für das Zaziki den Joghurt in ein mit Küchenpapier ausgelegtes Sieb geben und abtropfen lassen. Joghurt mit Salz und Pfeffer würzen. Den Knoblauch abziehen, durch eine Knoblauchpresse drücken und mit dem Joghurt verrühren.

9. Gurke waschen, trocken tupfen, längs halbieren und die Kerne mit einem kleinen Löffel herauskratzen. Gurke raspeln und mit dem Joghurt verrühren. Nochmals mit Salz und Pfeffer abschmecken.

Beilage: Fladenbrot.

Tipp: Den Braten heiß oder kalt servieren.

Lammhack-Kuchen I

Für die Party

12 Portionen

Pro Portion: E: 28 g, F: 46 g, Kh: 53 g, kJ: 3084, kcal: 737, BE: 4,5

Für den Knetteig:

750 g Weizenmehl
275 g Schmalz oder Butter
20 g Salz
250 ml lauwarmes Wasser
1 Ei (Größe M)
1 TL Weißweinessig

10 g Semmelbrösel

Für die Füllung:

1 kg Lammgehacktes
1 eingeweichtes, ausgedrücktes Brötchen (Semmel)
2 Eier (Größe M)
Salz
gem. Pfeffer
gerebelter Oregano
1 kleine Gemüsezwiebel
3 Knoblauchzehen
1 Bund glatte Petersilie
200 g Feta- oder Schafskäse

Zum Bestreichen:

1 Eigelb
1 EL Milch

Zubereitungszeit: 55 Minuten, ohne Ruhezeit
Garzeit: etwa 90 Minuten

1. Für den Teig das Mehl in eine Rührschüssel geben. Schmalz oder Butter, Salz, Wasser, Ei und Essig hinzufügen. Die Zutaten mit einem Mixer (Knethaken) zunächst kurz auf niedrigster, dann auf höchster Stufe gut durcharbeiten.

2. Danach auf einer leicht bemehlten Arbeitsfläche zu einem glatten Teig verkneten. Den Teig in Frischhaltefolie gewickelt etwa 30 Minuten ruhen lassen.

3. Den Teig auf der bemehlten Arbeitsfläche zu einem Rechteck (etwa 30 x 45 cm) ausrollen, eine Brotback- oder große Kastenform (35 x 15 cm, gefettet) damit auslegen. Die überstehenden Teigränder überlappen lassen. Den Teigboden mit Semmelbröseln bestreuen.

4. Den Backofen vorheizen.
Ober-/Unterhitze: etwa 200 °C
Heißluft: etwa 180 °C

5. Für die Füllung Gehacktes in eine Schüssel geben. Brötchen und Eier gut unterkneten. Mit Salz, Pfeffer und Oregano würzen. Gemüsezwiebel und Knoblauch abziehen, klein würfeln und unter die Hackfleischmasse arbeiten.

6. Petersilie abspülen und trocken tupfen. Die Blättchen von den Stängeln zupfen. Die Blättchen klein schneiden. Käse in Würfel schneiden. Petersilie und Käsewürfel unter die Hackfleischmasse heben. Mit den Gewürzen nochmals abschmecken.

7. Die Hackfleischmasse in die Form geben. Überstehenden Teig gerade schneiden und die Fleischmasse damit bedecken.

8. Zum Bestreichen Eigelb und Milch verschlagen. Die Teigoberfläche damit bestreichen. Die Form auf dem Rost in den vorgeheizten Backofen schieben. Den Lammhack-Kuchen **etwa 90 Minuten garen.**

9. Die Form auf einen Kuchenrost stellen. Den Lammhack-Kuchen etwa 10 Minuten in der Form stehen lassen. Die Flüssigkeit mit Küchenpapier abtupfen. Den Kuchen auf eine Platte stürzen.

Beilage: Zaziki

Lamm-Köfte mit gebratenem Spitzpaprika I

Genuss wie im Urlaub

4 Portionen

Pro Portion: E: 50 g, F: 65 g, Kh: 56 g, kJ: 4198, kcal: 1004, BE: 4,5

800 g Lammhackfleisch
2 EL Paprikapulver edelsüß
2 EL gem. Kreuzkümmel (Cumin)
1 TL gem. Zimt
1 TL gem. Gewürznelken
Salz
400 g Sahnejoghurt
30 g Tahinipaste (erhältlich im türkischen Lebensmittelladen)
4 Stängel Minze
4 Stängel Petersilie
350 g türkisches Fladenbrot
4 Strauchtomaten (je etwa 100 g)
8 grüne Spitzpaprika (je etwa 25 g)
7 EL Olivenöl

Zubereitungszeit: 45 Minuten

1. Das Lammhackfleisch in eine Schüssel geben. Mit Paprika, Cumin, Zimt, Nelken und etwas Salz verrühren. Die Lammhackmasse mit leicht angefeuchteten Händen in 16 Portionen teilen. Die Hackportionen jeweils zu 1 ovalen Kugel formen, flach drücken und zugedeckt in den Kühlschrank stellen.

2. Joghurt mit Tahinipaste und etwas Salz verrühren. Minze und Petersilie abspülen, trocken tupfen. Die Blättchen von den Stängeln zupfen. Blättchen grob zerschneiden.

3. Das Fladenbrot zunächst einmal diagonal durchschneiden, dann die Brothälften nochmals in der Mitte waagerecht halbieren.

4. Den Backofen vorheizen.
Ober-/Unterhitze: etwa 100 °C
Heißluft: etwa 80 °C

5. Tomaten abspülen, trocken tupfen und die Stängelansätze herausschneiden. Tomaten waagerecht halbieren. Spitzpaprika abspülen und trocken tupfen.

6. Drei Esslöffel des Olivenöls in einer großen Pfanne erhitzen. Spitzpaprika darin von allen Seiten 3–4 Minuten bei mittlerer Hitze braten, mit Salz würzen. Die Spitzpaprika herausnehmen, auf einen großen Teller legen, auf dem Rost in den vorgeheizten Backofen schieben und warm halten.

7. Zwei Esslöffel des restlichen Olivenöls in der Pfanne erhitzen. Die Tomaten mit der Schnittfläche nach unten in die Pfanne legen und bei mittlerer Hitze etwa 3 Minuten braten, herausnehmen und ebenfalls im Backofen warm halten.

8. In der Zwischenzeit das vorbereitete Brot nacheinander im Toaster oder auf dem Brötchenaufsatz goldbraun rösten, herausnehmen und ebenfalls im vorgeheizten Backofen warm halten. Gleichzeitig die Backofentemperatur um etwa 20 °C herunterschalten.

9. Das restliche Olivenöl in einer großen Pfanne erhitzen. Die Lammhackbällchen darin von jeder Seite etwa 5 Minuten braten und herausnehmen.

10. Die Lamm-Köfte mit dem warmen Brot, Spitzpaprika und Tomaten anrichten. Mit Minze und Petersilie bestreuen. Mit dem Tahini-Joghurt servieren.

Lasagne, klassisch I

Raffiniert – schmeckt auch Kindern

5–6 Portionen

Pro Portion: E: 28 g, F: 29 g, Kh: 45 g, kJ: 2316, kcal: 553, BE: 3,5

Für die Bolognesesauce:

2 Zwiebeln
1 Knoblauchzehe
2 EL Olivenöl
300 g Rindergehacktes
740 g stückige Tomaten (aus dem Tetra Pak®)
125 ml Gemüse- oder Fleischbrühe
1 EL Tomatenmark
1 Lorbeerblatt
½ EL gehacktes Basilikum
Salz
gem. Pfeffer

Für die Béchamelsauce:

30 g Butter oder Margarine
25 g Weizenmehl
300 ml Milch (3,5 % Fett)
200 ml Gemüse- oder Fleischbrühe
175 g ger. mittelalter Gouda
ger. Muskatnuss

12 Lasagneplatten (ohne Vorkochen, knapp 250 g)

Zubereitungszeit: 30 Minuten
Garzeit: etwa 45 Minuten

1. Für die Bolognesesauce Zwiebeln und Knoblauch abziehen, in kleine Würfel schneiden. Das Olivenöl in einem Topf erhitzen. Gehacktes darin unter Rühren anbraten. Dabei die Fleischklümpchen mit einer Gabel zerdrücken. Zwiebel- und Knoblauchwürfel hinzugeben, mit andünsten.

2. Stückige Tomaten, Brühe, Tomatenmark, Lorbeerblatt und Basilikum zum angebratenen Gehackten in die Pfanne geben, zum Kochen bringen und etwa 5 Minuten kochen lassen. Mit Salz und Pfeffer abschmecken. Lorbeerblatt entfernen.

3. Den Backofen vorheizen.
Ober-/Unterhitze: etwa 200 °C
Heißluft: etwa 180 °C

4. Für die Béchamelsauce die Butter oder Margarine in einem Topf zerlassen. Das Mehl darin unter Rühren so lange erhitzen, bis es hellgelb ist. Nach und nach Milch und Brühe hinzugießen, mit einem Schneebesen durchschlagen. Dabei darauf achten, dass keine Klümpchen entstehen. Die Sauce unter Rühren aufkochen lassen. Ein Drittel des Käses unterrühren. Die Sauce mit Salz, Pfeffer und Muskat kräftig würzen.

5. Etwas von der Bolognesesauce auf dem Boden einer eckigen Auflaufform (gefettet) verteilen und mit Lasagneplatten belegen, dann wieder etwas von der Bolognesesauce daraufgeben, etwas Béchamelsauce darauf verteilen. Mit jeder Schicht so weiter verfahren, dass 3–4 Lasagneschichten entstehen. Etwas Béchamelsauce abnehmen, auf die oberste Lasagneschicht streichen. Mit restlichem Käse bestreuen.

6. Die Form zugedeckt auf dem Rost in den vorgeheizten Backofen schieben und die Lasagne **etwa 45 Minuten garen.**

7. Nach etwa 30 Minuten Garzeit den Deckel abnehmen und die Lasagne überbacken. Die Lasagne zum Servieren in Stücke teilen.

Lasagne mit Lammhack und Schafskäse I

Raffiniert – für die Party

8–10 Portionen

Pro Portion: E: 50 g, F: 75 g, Kh: 109 g, kJ: 5539, kcal: 1326, BE: 9,0

Für die Möhren-Frischkäse-Masse:

700 g Möhren
6 EL Zitronensaft
2 EL flüssiger Honig
400 g Doppelrahm-Frischkäse
120 g Rosinen
400 g Schlagsahne
Salz
gem. Pfeffer

Für die Hackfleisch-Gemüse-Masse:

1 kg Lammhackfleisch
5 Zwiebeln
4 Knoblauchzehen
600 g Zucchini
800 g pürierte Tomaten (aus Dosen)
1 Zweig Rosmarin
1 EL Kräuter der Provence

1 kg Lasagneplatten (ohne Vorkochen)
400 g Schlagsahne
400 g Joghurt (3,5 % Fett)
400 g Schafskäse
1 TL Pul Biber (geschrotete Pfefferschoten)
1 Zweig Rosmarin

Zubereitungszeit: 60 Minuten, ohne Ruhezeit
Garzeit: etwa 50 Minuten je Form

1. Möhren putzen, schälen, abspülen, abtropfen lassen und in kleine Würfel schneiden. Möhrenwürfel in einem Topf mit Zitronensaft und Honig zum Kochen bringen, unter gelegentlichem Rühren bei schwacher Hitze etwa 5 Minuten kochen lassen. Frischkäse, Rosinen und Sahne zu den Möhrenwürfeln geben und unterrühren. Mit Salz und Pfeffer würzen.

2. Das Lammhackfleisch in 2 Portionen in einer großen, beschichteten Pfanne ohne Fett unter ständigem Rühren etwa 5 Minuten anbraten. Dabei die Fleischklümpchen mit einer Gabel zerdrücken.

3. Zwiebeln und Knoblauch abziehen, klein würfeln, zur Hackfleischmasse geben und mit andünsten.

4. Den Backofen vorheizen.
Ober-/Unterhitze: etwa 200 °C
Heißluft: etwa 180 °C

5. Die Zucchini abspülen, abtrocknen und die Enden abschneiden. Zucchini in Würfel schneiden, ebenfalls zur Hackfleischmasse geben und kurz mitdünsten lassen. Pürierte Tomaten unterrühren. Die Zutaten zum Kochen bringen. Die Pfanne von der Kochstelle nehmen. Rosmarin abspülen und trocken tupfen. Die Nadeln von den Stängeln zupfen. Nadeln klein schneiden. Die Tomaten-Hackfleisch-Masse mit Salz, Pfeffer, Kräutern der Provence und Rosmarin würzen.

6. Möhrenwürfel-Frischkäse-Masse auf dem Boden von 2 flachen, großen Auflaufformen (gefettet) verteilen. Die Hälfte der Lasagneplatten jeweils darauflegen. Die Hackfleisch-Gemüse-Masse darauf verteilen und mit den restlichen Lasagneplatten belegen.

7. Die Sahne mit Joghurt verrühren und daraufgeben. Schafskäse in kleine Würfel schneiden und auf der Sahne-Joghurt-Masse verteilen. Mit Pul Biber würzen.

8. Rosmarin abspülen und trocken tupfen. Nadeln von den Stängeln zupfen. Nadeln klein schneiden und auf die Schafskäsewürfel streuen.

9. Die Formen nacheinander (bei Heißluft zusammen) in den vorgeheizten Backofen schieben. Die Lasagne **etwa 50 Minuten je Form garen.**

10. Nach etwa 30 Minuten Garzeit die Backofentemperatur auf Ober-/Unterhitze: etwa 180 °C, Heißluft: etwa 160 °C herunterschalten. Die Lasagne fertig garen.

11. Die Form jeweils aus dem Backofen nehmen. Lasagne kurz ruhen lassen und servieren.

Leipziger Allerlei mit Kalbshackbällchen I

Etwas aufwendiger – für Gäste
4 Portionen

Pro Portion: E: 44 g, F: 42 g, Kh: 33 g, kJ: 2899, kcal: 693, BE: 2,5

Für die Hackbällchen:

1 Brötchen (Semmel) vom Vortag
2 Schalotten
600 g Kalbsgehacktes
1 Ei (Größe M)
1 EL fein gehackte Kapern
2 EL Schnittlauchröllchen
Salz, gem. Pfeffer

500 g weißer Spargel
1 kleiner Blumenkohl
1 Bund Möhren
300 g frische Erbsen
200 g rosé Champignons
2 Schalotten
2 EL Butter
3 EL Weizenmehl
Fond (von den Hackbällchen)
heißes Wasser
1 Bund Kerbel
250 g Schlagsahne
Saft von
1 Zitrone

Zubereitungszeit: 45 Minuten
Garzeit: Hackbällchen etwa 15 Minuten
Garzeit: Eintopf etwa 20 Minuten

1. Für die Hackbällchen das Brötchen in kaltem Wasser einweichen und ausdrücken. Schalotten abziehen und in kleine Würfel schneiden. Das Gehackte in eine Schüssel geben. Brötchen, Ei, Schalottenwürfel, gehackte Kapern und Schnittlauchröllchen hinzugeben. Die Zutaten zu einer glatten Masse verkneten. Mit Salz und Pfeffer würzen.

2. Salzwasser in einem Topf zum Kochen bringen. Aus der Hackfleischmasse mit angefeuchteten Händen kleine Bällchen formen. Die Hackbällchen in dem siedenden Salzwasser bei schwacher Hitze etwa 15 Minuten gar ziehen lassen. Die Hackbällchen mit einer Schaumkelle herausnehmen, auf einen Teller legen und warm stellen. Den Fond durch ein feines Sieb in einen Topf gießen (passieren). Fond beiseitestellen.

3. Den Spargel von oben nach unten schälen. Darauf achten, dass die Schalen vollständig entfernt, die Köpfe aber nicht verletzt werden. Die unteren Enden abschneiden (holzige Stellen vollständig entfernen). Die Spargelstangen abspülen, abtropfen lassen und in etwa 4 cm lange Stücke schneiden.

4. Von dem Blumenkohl die Blätter und schlechten Stellen entfernen. Den Blumenkohl in Röschen teilen, abspülen und abtropfen lassen.

5. Möhren putzen, schälen, abspülen, abtropfen lassen und je nach Größe in Scheiben schneiden oder der Länge nach halbieren.

6. Die Erbsen aus den Schoten palen, abspülen und abtropfen lassen. Champignons putzen, evtl. kurz abspülen, trocken tupfen und vierteln. Die Schalotten abziehen und in kleine Würfel schneiden.

7. Butter in einem großen Topf zerlassen. Schalottenwürfel darin andünsten und mit Mehl bestäuben. Beiseitegestellten Fond unter Rühren hinzugießen. Spargelstücke, Blumenkohlröschen und Möhrenscheiben oder -stücke hinzugeben. So viel heißes Wasser hinzugießen, dass die Gemüsezutaten mit Wasser bedeckt sind. Den Eintopf zum Kochen bringen und zugedeckt etwa 15 Minuten bei schwacher Hitze kochen lassen.

8. Kerbel abspülen und trocken tupfen. Die Blättchen von den Stängeln zupfen. Blättchen klein schneiden.

9. Nach etwa 15 Minuten Garzeit Erbsen und Champignonviertel in den Eintopf geben, wieder zum Kochen bringen und zugedeckt weitere etwa 5 Minuten bei schwacher Hitze kochen lassen.

10. Sahne unterrühren. Die warm gestellten Hackbällchen hinzugeben. Das Leipziger Allerlei mit Salz, Pfeffer und Zitronensaft abschmecken.

Maissuppe mit Hack und Tomaten I

Schnell – schmeckt auch Kindern
4 Portionen

Pro Portion: E: 14 g, F: 15 g, Kh: 17 g, kJ: 1097, kcal: 262, BE: 1,5

1	*Zwiebel*
1 EL	*Speiseöl*
200 g	*Schweinegehacktes*
15 g	*Weizenmehl*
370 g	*stückige Tomaten mit Kräutern (aus dem Tetra Pak®)*
600 ml	*klare Fleischbrühe*
15 g	*Tomatenmark*
	Salz
	gem. Pfeffer
	Paprikapulver edelsüß
	Cayennepfeffer
1 Prise	*Zucker*
4 Stängel	*Petersilie*
285 g	*abgetropfter Gemüsemais (aus der Dose)*

Zubereitungszeit: 20 Minuten
Garzeit: etwa 15 Minuten

1. Zwiebel abziehen und in kleine Würfel schneiden. Speiseöl in einem Topf erhitzen. Zwiebelwürfel darin andünsten.

2. Gehacktes hinzugeben und etwa 10 Minuten unter Rühren bei mittlerer bis starker Hitze goldbraun anbraten. Dabei die Fleischklümpchen mit einer Gabel zerdrücken. Mehl darüberstäuben und etwa 1 Minute anrösten lassen.

3. Tomatenstücke mit Brühe und Tomatenmark hinzugeben. Mit Salz, Pfeffer, Paprika, Cayennepfeffer und Zucker würzen. Die Zutaten zum Kochen bringen und zugedeckt etwa 10 Minuten bei schwacher Hitze leicht kochen lassen.

4. Petersilie abspülen und trocken tupfen. Die Blättchen von den Stängeln zupfen. Die Blättchen grob zerschneiden.

5. Mais in ein Sieb geben, mit kaltem Wasser abspülen, abtropfen lassen und in die Suppe geben.

6. Die Suppe wieder zum Kochen bringen und weitere etwa 5 Minuten leicht kochen lassen.

7. Die Maissuppe mit Salz und Cayennepfeffer abschmecken. Anschließend mit Petersilie bestreuen und servieren.

Tipps: Ersetzen Sie die Fleischbrühe durch Geflügelbrühe und geben Sie mit den Tomatenstücken zusätzlich 100 g TK-Erbsen in die Suppe. Gut passen auch klein gewürfelte, geputzte Zucchini. Verteilen Sie dann vor dem Servieren 100 g Crème fraîche auf der Suppe oder geben Sie zerbröselten Schafskäse darauf. Sie können auch zusätzlich geputzte, klein gewürfelte Paprika und 1 geputzte, entkernte und klein geschnittene Chilischote mit in die Suppe geben. Schmecken Sie die Suppe dann mit etwas Tabascosauce ab. Für Erwachsene ersetzen Sie die Petersilienblättchen durch Korianderblättchen und fügen etwas Currypulver oder -paste hinzu. Bestreuen Sie die Suppe dann zum Servieren mit gehackten Cashewkernen und Korianderblättchen und servieren Sie Taco-Chips zur Maissuppe.

Majoran-Hackbällchen auf Gemüsestreifen I

(Zubereitung im Bambusdämpfer, Ø etwa 26 cm)
Raffiniert
4 Portionen

Pro Portion: E: 32 g, F: 26 g, Kh: 13 g, kJ: 1711, kcal: 409, BE: 1,0

2 Scheiben Toastbrot
1 rote Zwiebel
2 Knoblauchzehen
1 Topf Majoran
500 g Rindergehacktes
1 Ei (Größe M)
1 EL körniger Senf
Salz
gem. Pfeffer

2 dicke Möhren
1 Stange Porree (Lauch)
1 EL Butter
2 EL Sonnenblumenkerne

Außerdem:
20 kleine Pergamentpapierstücke

Zubereitungszeit: 35 Minuten
Dämpfzeit: etwa 15 Minuten

1. Toastbrotscheiben in kaltem Wasser einweichen. Zwiebel und Knoblauch abziehen, klein würfeln. Majoran abspülen und trocken tupfen. Einige Stängel zum Garnieren beiseitelegen. Von den restlichen Stängeln die Blättchen abzupfen. Blättchen klein schneiden. Die abgezupften Stängel beiseitelegen.

2. Toastbrotscheiben ausdrücken. Das Gehackte in eine Schüssel geben. Brotscheiben, Ei, Senf, Zwiebel-, Knoblauchwürfel und die Hälfte des klein geschnittenen Majorans hinzufügen. Die Zutaten gut verkneten. Mit Salz und Pfeffer würzen.

3. Aus der Hackfleischmasse mit angefeuchteten Händen etwa 20 gleich große Bällchen formen. Diese in dem restlichen, klein geschnittenen Majoran wälzen.

4. Von den Hackbällchen jeweils 10 Stück auf den Pergamentpapierstücken in je einen Dämpfeinsatz legen. Die Einsätze aufeinanderstellen und mit dem Deckel verschließen.

5. Eine große Pfanne oder einen Wok etwa 3 cm hoch mit Wasser füllen, die abgezupften, beiseitegelegten Majoranstängel hinzufügen und zum Kochen bringen. Den Bambusdämpfer hineinsetzen. Hackbällchen etwa 15 Minuten dämpfen.

6. Möhren und Porree putzen. Porreestange längs halbieren, gründlich waschen und abtropfen lassen. Möhren abspülen, abtropfen lassen, mit dem Porree in dünne Streifen schneiden.

7. Butter in einer Pfanne zerlassen. Gemüsestreifen darin unter Rühren andünsten, evtl. etwas Wasser hinzugießen. Das Gemüse etwa 5 Minuten dünsten, anschließend mit Salz und Pfeffer abschmecken.

8. Sonnenblumenkerne in einer Pfanne ohne Fett hellbraun rösten und unter die Gemüsestreifen rühren.

9. Die Hackbällchen auf dem Gemüse anrichten und mit den beiseitegelegten Majoranstängeln garniert servieren.

Marokkanische Lammhack-Pastilla I

Genuss wie im Urlaub

4 Portionen

Pro Portion: E: 47 g, F: 63 g, Kh: 87 g, kJ: 4644, kcal: 1110, BE: 7,0

100 g Zwiebeln
250 g Möhren
60 g getrocknete Aprikosen
200 g abgetropfte Kichererbsen (aus der Dose)
2 EL Olivenöl
500 g Lammhackfleisch
Salz
2 EL gem. Kreuzkümmel (Cumin)
2 EL Paprikapulver, rosenscharf
1 EL fein abgeriebene Schale von 1 Bio-Orange (unbehandelt, ungewachst)
2 EL Sesamsamen
3 Stängel Minze
500 g griechischer Sahnejoghurt
60 g Butter
16 Strudel- oder Filoteigblätter (375 g, aus dem Kühlregal)

30 g Pinienkerne
einige Zweige Minze

Zubereitungszeit: 60 Minuten, ohne Abkühlzeit
Backzeit: etwa 15 Minuten

1. Die Zwiebeln abziehen und in kleine Würfel schneiden. Möhren putzen, schälen, abspülen, abtropfen lassen und grob raffeln. Die Aprikosen in kleine Stücke schneiden. Kichererbsen in ein Sieb geben, mit kaltem Wasser abspülen und gut abtropfen lassen.

2. Das Olivenöl in einer großen Pfanne erhitzen. Das Lammhackfleisch darin unter Rühren etwa 5 Minuten bei starker Hitze kräftig anbraten. Dabei die Fleischklümpchen mit einer Gabel zerdrücken und mit Salz würzen.

3. Zwiebelwürfel, Möhrenraffel, Aprikosenstücke, Kreuzkümmel und Paprika hinzugeben, untermischen und noch etwa 1 Minute unter Rühren weiterbraten. Orangenschale unterrühren. Evtl. nochmals mit Salz abschmecken. Die Pfanne von der Kochstelle nehmen, die Hackfleischmasse erkalten lassen.

4. Sesam in einer Pfanne ohne Fett unter Wenden goldbraun rösten, herausnehmen und auf einem Teller erkalten lassen. Minze abspülen und trocken tupfen. Die Blättchen von den Stängeln zupfen. Blättchen klein schneiden. Joghurt mit der Minze und etwas Salz verrühren.

5. Den Backofen vorheizen.
Ober-/Unterhitze: etwa 220 °C
Heißluft: etwa 200 °C

6. Butter zerlassen. Filoteigblätter in etwa 22 x 22 cm große Quadrate schneiden. 1 Teigquadrat ausgebreitet auf die Arbeitsfläche legen, dünn mit der zerlassenen Butter bestreichen und mit einem zweiten Teigquadrat belegen. Ein Achtel der Hackfleischmasse in die Mitte geben. Eine Ecke des Teiges über die Füllung falten, mit Butter bestreichen. Alle weiteren Teigecken etwa 2 cm breit über die Füllung legen und jeweils mit Butter bestreichen, bis die Füllung komplett mit dem Teig bedeckt ist. Auf diese Weise 8 Pastillas herstellen.

7. Die Pastillas auf einem Backblech (mit Backpapier belegt) verteilen. Die Pastillaoberfläche mit Butter bestreichen. Das Backblech in den vorgeheizten Backofen (unteres Drittel) schieben und die Pastillas **etwa 15 Minuten goldbraun backen.**

8. In der Zwischenzeit Pinienkerne in einer Pfanne ohne Fett unter Rühren goldbraun rösten und herausnehmen. Minze abspülen und trocken tupfen. Minzezweige etwas kleiner zupfen.

9. Die Pastillas vom Backblech nehmen. Die Pastillas mit den Pinienkernen und Minzezweigen garnieren. Pastillas heiß servieren. Den Sesam unter den Minzejoghurt rühren und dazureichen.

Tipps: Pastillas schmecken auch kalt sehr gut. Dazu schmeckt ein frischer Minztee.

Maultaschenauflauf

Preiswert – etwas aufwendiger

4 Portionen

Pro Portion: E: 44 g, F: 58 g, Kh: 67 g, kJ: 4039, kcal: 966, BE: 5,0

Für die Maultaschen:

300 g Weizenmehl
2 Eier (Größe M)
4 EL Wasser
1 gestr. TL Salz

Für die Füllung:

1 Zwiebel
1 EL Speiseöl
300 g Gehacktes (halb Rind-, halb Schweinefleisch)
1 Ei (Größe M)
2 EL gehackte Petersilie
Salz, gem. Pfeffer
1 Eiweiß (Größe M)
1 l Fleischbrühe

Für die Champignon-Tomaten-Sauce:

4 Frühlingszwiebeln
200 g Champignons
30 g Butter
4 große Tomaten
etwas gerebelter Thymian
1 EL Weizenmehl
150 g Crème fraîche
1 Bund Schnittlauch
200 g ger. Gouda
20 g Butter

Zubereitungszeit: 70 Minuten, ohne Ruhezeit
Garzeit: etwa 20 Minuten

1. Für die Maultaschen Mehl in eine Rührschüssel geben. Eier, Wasser und Salz hinzufügen. Die Zutaten mit einem Mixer (Knethaken) zu einem glatten Teig verarbeiten. Den Teig in Frischhaltefolie gewickelt etwa 1 Stunde ruhen lassen.

2. In der Zwischenzeit für die Füllung Zwiebel abziehen und in kleine Würfel schneiden. Speiseöl in einer Pfanne erhitzen. Zwiebelwürfel darin glasig dünsten. Gehacktes hinzufügen, unter Rühren kurz anbraten. Dabei die Fleischklümpchen mit einer Gabel zerdrücken. Hackfleischmasse etwas abkühlen lassen.

3. Ei und Petersilie unter die Hackfleischmasse rühren. Mit Salz und Pfeffer würzen.

4. Den Maultaschenteig auf einer leicht bemehlten Arbeitsfläche dünn ausrollen und etwa 10 cm große Quadrate ausschneiden oder -rädeln. Etwas von der Hackfleischmasse auf jedes Teigquadrat geben. Die Teigränder mit verschlagenem Eiweiß bestreichen. Die Teigquadrate zu Dreiecken übereinanderklappen. Die Teigränder andrücken.

5. Fleischbrühe in einem Topf erhitzen. Maultaschen darin evtl. portionsweise zugedeckt bei schwacher bis mittlerer Hitze etwa 10 Minuten garen. Maultaschen mit einem Schaumlöffel herausnehmen.

6. Den Backofen vorheizen.
Ober-/Unterhitze: etwa 200 °C
Heißluft: etwa 180 °C

7. Für die Sauce die Frühlingszwiebeln putzen, abspülen, abtropfen lassen und in Scheiben schneiden. Champignons putzen, evtl. kurz abspülen, trocken tupfen und in Scheiben schneiden.

8. Butter in einem Topf zerlassen. Champignonscheiben darin unter Rühren kurz andünsten, Frühlingszwiebeln unterrühren. Mit Salz und Pfeffer würzen.

9. Die Tomaten kreuzweise einschneiden und mit kochendem Wasser übergießen. Nach 1–2 Minuten herausnehmen und mit kaltem Wasser abschrecken. Tomaten häuten, halbieren und die Stängelansätze herausschneiden. Die Tomaten entkernen, in Stücke schneiden und zu den Champignonscheiben geben. Mit Salz, Pfeffer und Thymian würzen. Mehl unterrühren. Crème fraîche unterheben.

10. Schnittlauch abspülen, trocken tupfen und in Röllchen schneiden. Schnittlauchröllchen mit einem Drittel des Käses zur Tomaten-Champignon-Masse geben und unterrühren.

11. Die Hälfte der Maultaschen in eine flache Auflaufform (gefettet) geben. Etwas von der Tomaten-Champignon-Masse darauf verteilen. Die restlichen Maultaschen und restliche Tomaten-Champignon-Masse daraufgeben. Den Auflauf mit restlichem Käse bestreuen. Butter in Flöckchen daraufsetzen. Die Form auf dem Rost in den vorgeheizten Backofen schieben. Den Maultaschenauflauf **etwa 20 Minuten garen.**

Tipp: Sie können auch Maultaschen aus dem Kühlregal verwenden und wie angegeben mit der Champignon-Tomaten-Sauce überbacken.

Mettbällchen mit Wirsing-Möhren-Gemüse I

Deftig – für die Party

12 Portionen

Pro Portion: E: 23 g, F: 35 g, Kh: 10 g, kJ: 1874, kcal: 448, BE: 0,5

700 g Möhren
2 kg Wirsing
Salz
2 kleine Gemüsezwiebeln
120 g geräucherter Bauchspeck
3 EL Sonnenblumenöl
250 g Schlagsahne
250 ml Gemüsebrühe
gem. Pfeffer
ger. Muskatnuss
1 kg Thüringer Mett (gewürztes Schweinemett)
200 g Schmand (Sauerrahm)

Zubereitungszeit: 70 Minuten

1. Die Möhren putzen, schälen, abspülen, abtropfen lassen und in Scheiben schneiden.

2. Die großen äußeren Blätter des Wirsings entfernen. Wirsing vierteln und den Strunk herausschneiden. Die Kohlviertel abspülen, abtropfen lassen und in Streifen schneiden.

3. Wirsingstreifen und Möhrenscheiben in kochendem Salzwasser 1–2 Minuten blanchieren, in einem Sieb mit kaltem Wasser abschrecken und abtropfen lassen.

4. Zwiebeln abziehen, halbieren und in Würfel schneiden. Speck ebenfalls klein würfeln. Sonnenblumenöl in einem großen Topf erhitzen. Speck- und Zwiebelwürfel darin andünsten. Blanchiertes Gemüse hinzugeben und unter Rühren mitdünsten lassen.

5. Sahne und Brühe hinzugießen, mit Salz, Pfeffer und Muskat würzen. Die Zutaten zum Kochen bringen. Das Gemüse 10–15 Minuten garen.

6. In der Zwischenzeit Mett mit angefeuchteten Händen zu kleinen Bällchen formen, in kochendem Salzwasser etwa 10 Minuten bei schwacher Hitze garen.

7. Mettbällchen herausnehmen und zu dem Wirsing-Möhren-Gemüse geben. Schmand unterrühren. Das Gemüse mit den Gewürzen abschmecken.

Mettkuchen | Raffiniert

15 Stücke

Pro Stück: E: 6 g, F: 12 g, Kh: 7 g, kJ: 666, kcal: 159, BE: 0,5

Zum Vorbereiten:

100 g Staudensellerie
1 Möhre (etwa 100 g)
5 Stängel Basilikum

Für den Teig:

100 g Weizenmehl (Type 550)
30 g Vollkorn-Weizengrieß
3 gestr. TL Dr. Oetker Backin
30 g ger. Parmesan
50 ml Milch (3,5 % Fett)
2 Eier (Größe M)
75 ml Olivenöl
300 g Thüringer Mett (gewürztes Schweinemett)

Zubereitungszeit: 40 Minuten
Backzeit: 45–55 Minuten

1. Zum Vorbereiten Staudensellerie putzen und die harten Außenfäden abziehen. Sellerie abspülen, abtropfen lassen und in sehr dünne Scheiben schneiden. Die Möhre putzen, schälen, abspülen und abtropfen lassen. Möhre in sehr kleine Würfel schneiden.

2. Basilikum abspülen und trocken tupfen. Blättchen von den Stängeln zupfen, in feine Streifen schneiden.

3. Den Backofen vorheizen.
Ober-/Unterhitze: etwa 180 °C
Heißluft: etwa 160 °C

4. Für den Teig das Mehl mit Grieß, Backpulver und Parmesan in einer Rührschüssel mischen. Milch, Eier und Olivenöl hinzugeben. Die Zutaten mit einem Mixer (Rührstäbe) unterrühren. Die Möhrenwürfel, Selleriescheiben und Basilikumstreifen unter den Teig rühren. Schweinemett mit einem Messer in kleine Brocken teilen, auf den Teig geben und mit einem Löffel vorsichtig unterrühren, sodass kleine Mettbrocken erhalten bleiben.

5. Den Teig in eine Kastenform (25 x 11 cm, gefettet, mit Semmelbrösel ausgestreut) füllen und glatt streichen.

6. Die Form auf dem Rost in den vorgeheizten Backofen schieben und den Mettkuchen **45–55 Minuten backen.**

7. Die Form auf einen Kuchenrost stellen. Den Mettkuchen etwa 10 Minuten in der Form stehen lassen, dann auf einen mit Backpapier belegten Kuchenrost stürzen. Mettkuchen umdrehen und erkalten lassen.

Tipps: Der Teig muss nicht gesalzen werden, da das Mett und der Käse ausreichend Salz enthalten. Der Mettkuchen kann in Scheiben geschnitten gut eingefroren werden. Die aufgetauten Mettkuchen-Scheiben in heißem Speiseöl kurz von beiden Seiten anbraten.

Mettpizza | Für die Party

8–10 Portionen

Pro Portion: E: 67 g, F: 91 g, Kh: 77 g, kJ: 5861, kcal: 1400, BE: 6,5

Für die Sauce:

3 Zwiebeln
3 Knoblauchzehen
5 EL Olivenöl
800 g stückige Tomaten (aus Dosen)
1,6 kg geschälte Tomaten (aus Dosen)
Salz
gem. Pfeffer
Zucker
2 EL Rotweinessig

Für den Joghurtteig:

800 g Weizenmehl
2 Pck. Dr. Oetker Backin
300 g Joghurt (3,5 % Fett)
200 ml Speiseöl
1 gestr. TL Salz
2 Eier (Größe M)

Für den Belag:

4 Möhren
je 1 kleine, rote und grüne Paprikaschote
2 kg Thüringer Mett (gewürztes Schweinemett)
630 g abgetropfte Champignonscheiben (aus Gläsern)
250 g ger. Pizza-Käse

Zum Bestreuen:

1 Bund Schnittlauch

Zubereitungszeit: 65 Minuten
Backzeit: etwa 45 Minuten je Backblech

1. Für die Sauce Zwiebeln und Knoblauch abziehen, in kleine Würfel schneiden. Olivenöl in einem Topf erhitzen. Zwiebel- und Knoblauchwürfel darin unter Rühren andünsten.

2. Stückige und geschälte Tomaten mit dem Saft aus den Dosen hinzufügen, dabei die geschälten Tomaten etwas zerkleinern. Mit Salz, Pfeffer, etwas Zucker und Essig würzen.

3. Die Sauce zum Kochen bringen und etwa 20 Minuten einkochen lassen. Sauce etwas abkühlen lassen.

4. Für den Teig Mehl mit Backpulver mischen und in eine Rührschüssel geben. Joghurt, Speiseöl, Salz und Eier hinzufügen. Die Zutaten mit einem Mixer (Knethaken) kurz zu einem glatten Teig verarbeiten.

5. Den Backofen vorheizen.
Ober-/Unterhitze: etwa 220 °C
Heißluft: etwa 200 °C

6. Den Teig halbieren. Jeweils eine Teighälfte auf je einem Backblech (30 x 40 cm, gefettet) ausrollen.

7. Für den Belag Möhren putzen, schälen, abspülen, abtropfen lassen und grob raspeln. Paprikaschoten halbieren, entstielen, entkernen und die weißen Scheidewände entfernen. Schoten abspülen, trocken tupfen und in Würfel schneiden.

8. Mett in eine Rührschüssel geben. Champignonscheiben, Möhrenraspel und Paprikawürfel hinzugeben. Die Zutaten am besten mit einem Mixer (Knethaken) vermischen.

9. Die etwas abgekühlte Sauce auf den Teigen verstreichen. Die Mett-Gemüse-Masse als kleine Häufchen darauf verteilen und mit Käse bestreuen.

10. Die Backbleche nacheinander (bei Heißluft zusammen) in den vorgeheizten Backofen schieben. Die Pizzen **etwa 45 Minuten je Backblech backen.**

11. In der Zwischenzeit zum Bestreuen Schnittlauch abspülen, trocken tupfen und in Röllchen schneiden. Die Schnittlauchröllchen vor dem Servieren auf die Pizzen streuen.

Tipp: Wenn Sie es gern scharf mögen, geben Sie eine geputzte, entkernte, in Würfel geschnittene Peperoni mit in den Belag.

Mini-Burger „Madras" I

Exotisch

12 Stück

Pro Stück: E: 14 g, F: 19 g, Kh: 34 g, kJ: 1501, kcal: 358, BE: 3,0

Zum Vorbereiten:

6 abgetropfte, kleine Ananasscheiben (aus der Dose)
12 kleine Hamburger-Brötchen

600 g Gehacktes (halb Rind-, halb Schweinefleisch)
Salz
gem. Pfeffer

Für die Sauce:

1 kleine Zwiebel
1 kleine Banane
4 EL Speiseöl oder Butter
1 TL Currypulver
200 g Schlagsahne
etwas Ananassaft (aus der Dose)

Zubereitungszeit: 25 Minuten, ohne Abkühlzeit
Bratzeit: 8–10 Minuten

1. Zum Vorbereiten von den Ananasscheiben den Saft auffangen und für die Sauce beiseitestellen. Die Hamburger-Brötchen nach Packungsanleitung aufbacken. Hamburger-Brötchen erkalten lassen.

2. Gehacktes in eine Schüssel geben, mit Salz und Pfeffer würzen, gut unterarbeiten. Aus der Hackfleischmasse mit angefeuchteten Händen 12 kleine Hamburger formen.

3. Für die Sauce die Zwiebel abziehen und in kleine Würfel schneiden. Die Banane schälen und ebenfalls in kleine Würfel schneiden.

4. Von dem Speiseöl oder der Butter 2 Esslöffel in einem kleinen Topf erhitzen bzw. zerlassen. Zwiebel- und Bananenwürfel darin andünsten und mit Curry bestäuben. Sahne und etwas von dem beiseitegestellten Ananassaft hinzufügen, etwa 10 Minuten unter gelegentlichem Rühren etwas einkochen lassen.

5. Restliches Speiseöl oder restliche Butter in einer Pfanne erhitzen. Die Hamburger und Ananasscheiben darin 8–10 Minuten von beiden Seiten braten. Die Hamburger und die Ananasscheiben erkalten lassen.

6. Die Hamburger-Brötchen waagerecht aufschneiden. Die unteren Brötchenhälften mit jeweils 1 Hamburger und ½ Ananasscheibe belegen. Etwas von der Currysauce daraufgeben, mit jeweils der oberen Brötchenhälfte bedecken.

7. Restliche Currysauce dazu servieren.

Tipps: Versuchen Sie es einmal mit einer anderen Sauce zu den Hamburgern, z. B. mit einer Aprikosensauce mit Curry, einer Peperoni-Sauce oder einer türkischen Joghurtsauce. Für eine **Peperoni-Sauce** 400 g Tomaten kreuzweise einschneiden und mit kochendem Wasser übergießen. Nach 1–2 Minuten herausnehmen und mit kaltem Wasser abschrecken. Tomaten häuten, halbieren und die Stängelansätze herausschneiden. Tomaten grob zerkleinern. Den Bratensatz von den gebratenen Hamburgern (Mini-Burger „Madras") mit 125 ml Fleischbrühe loskochen. Die Tomatenstücke hinzugeben und in der Brühe bei schwacher Hitze gar ziehen lassen. 1 grüne Peperoni abspülen, trocken tupfen, entstielen, halbieren und entkernen. Peperonihälften in Streifen schneiden, zu den Tomatenstücken geben und etwa 10 Minuten mitgaren lassen. 2 Esslöffel abgetropfte, eingelegte rote Paprikastreifen in die Sauce geben, mit Salz und Pfeffer abschmecken. Für eine **Aprikosensauce mit Curry** 100 g Aprikosenkonfitüre (aus dem Glas) mit 100 g Salatmayonnaise (aus dem Glas) verrühren. 1–2 Teelöffel Currypulver unterrühren. Für eine **türkische Joghurtsauce** 4 Knoblauchzehen abziehen und mit 2 Teelöffeln Salz in einem Mörser zu einer glatten Paste zerreiben. Knoblauchpaste mit 1 Esslöffel gehackter, glatter Petersilie unter 600 g Joghurt (3,5 % Fett) rühren. 2 Esslöffel Sesamsamen in einer Pfanne ohne Fett unter Rühren goldbraun rösten, herausnehmen und kurz abkühlen lassen. Die Joghurtsauce mit dem Sesam bestreuen.

Minifrikadellen à la Coq au vin I

Mit Alkohol

4 Portionen

Pro Portion: E: 38 g, F: 22 g, Kh: 25 g, kJ: 1964, kcal: 470, BE: 2,0

475 g Hähnchenbrustfilet
½ Bund glatte Petersilie
20 g getrocknete Äpfel
2 EL mittelscharfer Senf
35 g Semmelbrösel
1 Ei (Größe M)
Salz
gem. schwarzer Pfeffer
200 g weiße Champignons
4 Scheiben Bacon (Frühstücksspeck, etwa 75 g)
etwa
2 Scheiben Toastbrot (etwa 75 g)
30 g Butter
3 EL Sonnenblumenöl
100 g abgetropfte Perlzwiebeln (aus dem Glas)
150 ml Rotwein, z. B. Merlot
1 TL Speisestärke
200 ml Hühnerbrühe oder Geflügelfond

Zubereitungszeit: 70 Minuten

1. Hähnchenbrustfilet kurz unter fließendem kalten Wasser abspülen, trocken tupfen und in etwa 2 cm große Würfel schneiden.

2. Petersilie abspülen und trocken tupfen. Die Blättchen von den Stängeln zupfen. Die Hälfte der Blättchen grob zerschneiden. Restliche Petersilienblättchen beiseitelegen. Die Äpfel in grobe Stücke schneiden.

3. Hähnchenfleischwürfel, grob geschnittene Petersilie, Apfelstücke und Senf im Blitzhacker fein hacken (nicht musig pürieren) und in eine Schüssel geben. Semmelbrösel, Ei, Salz und Pfeffer hinzugeben und die Masse mit einem Löffel oder mit den Händen gut vermischen.

4. Aus der Hackfleischmasse mit leicht angefeuchteten Händen 16 kleine Frikadellen formen und zugedeckt in den Kühlschrank stellen.

5. Champignons putzen, evtl. kurz abspülen, trocken tupfen und vierteln. Bacon in etwa 2 cm breite Stücke schneiden.

6. Die Toastbrotscheiben in etwa 1 cm große Würfel schneiden. Butter in einer Pfanne zerlassen. Die Brotwürfel darin von allen Seiten goldbraun rösten und herausnehmen.

7. Einen Esslöffel des Sonnenblumenöls zum verbliebenen Bratfett in die Pfanne geben. Die Baconstreifen darin bei mittlerer Hitze goldbraun braten, herausnehmen und auf Küchenpapier abtropfen lassen.

8. Die Champignonstücke und Perlzwiebeln in dem verbliebenen Bratfett in der Pfanne etwa 3 Minuten leicht anbraten, mit Salz würzen und aus der Pfanne nehmen.

9. Restliches Sonnenblumenöl einer großen Pfanne erhitzen. Die Frikadellen darin von jeder Seite etwa 3 Minuten bei mittlerer Hitze goldbraun braten.

10. Anschließend die Frikadellen mit Rotwein ablöschen, zum Kochen bringen und um die Hälfte einkochen lassen.

11. Die Speisestärke mit 4 Esslöffeln der Brühe oder des Fonds glatt rühren. Die restliche Brühe oder Fond hinzugießen und zum Kochen bringen. Die angerührte Speisstärke einrühren und unter Rühren aufkochen lassen.

12. Die Perlzwiebel-Champignon-Mischung hinzugeben. Mit Salz und Pfeffer würzen, etwa 3 Minuten bei schwacher Hitze kochen lassen.

13. Die beiseitegelegten Petersilienblättchen grob zerschneiden. Die Frikadellen mit der Sauce anrichten. Mit den Baconstreifen, den Croûtons und der Petersilie bestreuen.

Beilage: Salzkartoffeln oder Baguette.

Minifrikadellen-Auflauf I

Gut vorzubereiten

8–10 Portionen

Pro Portion: E: 32 g, F: 44 g, Kh: 13 g, kJ: 2403, kcal: 574, BE: 1,0

1 kg Gehacktes (halb Rind-, halb Schweinefleisch)
2 Eier (Größe M)
2 Beutel Zwiebelsauce (für je 250 ml Wasser)
6 EL Speiseöl
1 kg Möhren
660 g abgetropfte, feine, junge Schnittbohnen (aus Gläsern)
Salz
gem. Pfeffer
gerebeltes Bohnenkraut

Für den Guss:

250 g Kräuter-Crème-fraîche
6 EL Schlagsahne

Zum Bestreuen:

200 g ger. Gratin-Käse

Zubereitungszeit: 75 Minuten
Garzeit: etwa 25 Minuten

1. Gehacktes in eine Schüssel geben. Die Eier und das Zwiebelsaucen-Pulver gut unterkneten. Aus der Hackfleischmasse mit angefeuchteten Händen etwa 40 kleine Frikadellen formen.

2. Jeweils etwas Speiseöl in einer Pfanne erhitzen. Die Minifrikadellen darin portionsweise von beiden Seiten knusprig braun braten, herausnehmen und auf Küchenpapier abtropfen lassen.

3. Den Backofen vorheizen.
Ober-/Unterhitze: etwa 200 °C
Heißluft: etwa 180 °C

4. Die Möhren putzen, schälen, abspülen, abtropfen lassen und schräg in dünne Scheiben schneiden. Die Möhrenscheiben portionsweise in dem verbliebenen Bratfett unter Rühren einige Minuten garen (evtl. etwas Wasser hinzugießen).

5. Bohnen mit den Möhrenscheiben mischen. Mit Salz, Pfeffer und Bohnenkraut würzen. Die Bohnen-Möhren-Mischung in eine große, flache Auflaufform (gefettet) geben. Die Minifrikadellen darauf verteilen.

6. Für den Guss Crème fraîche mit Sahne verrühren und als Kleckse auf dem Auflauf verteilen. Mit Gratin-Käse bestreuen. Die Form auf dem Rost in den vorgeheizten Backofen schieben und den Auflauf **etwa 25 Minuten garen.**

Beilage: Kartoffelpüree.

Tipp: Sie können den Auflauf bereits am Vortag bis einschließlich Punkt 5 vorbereiten und zugedeckt kalt stellen. Vor dem Verzehr dann ab Punkt 6 fortfahren. Die Garzeit verlängert sich dann um etwa 15 Minuten.

Minipizzen mit Hack | Für Gäste

12 Stück

Pro Stück: E: 11 g, F: 12 g, Kh: 19 g, kJ: 967, kcal: 230, BE: 1,5

1 Pck. Grundmischung Pizzateig „Italienische Art"
170 ml warmes Wasser

Für den Belag:

2 rote Zwiebeln
250 g passierte Tomaten (aus dem Tetra Pak®)
500 g Gehacktes (halb Rind-, halb Schweinefleisch)
Salz, gem. Pfeffer
gem. Kreuzkümmel (Cumin)
Paprikapulver rosenscharf
3–4 EL Olivenöl
100 g abgetropfte, eingelegte, milde, grüne Peperoni (aus dem Glas)

Zubereitungszeit: 30 Minuten, ohne Teiggehzeit
Backzeit: 15–20 Minuten je Backblech

1. Die Grundmischung Pizzateig mit Wasser nach Packungsanleitung zubereiten. Den Teig zugedeckt etwa 15 Minuten an einem warmen Ort gehen lassen.

2. Für den Belag Zwiebeln abziehen, zuerst in dünne Scheiben schneiden, dann in Ringe teilen. Den gegangenen Pizzateig auf einer leicht bemehlten Arbeitsfläche nochmals kurz durchkneten.

3. Den Teig in 12 gleich große Portionen teilen und jeweils zu Kugeln formen. Die einzelnen Teigkugeln zu je einer runden Platte (Ø 10–12 cm) ausrollen.

4. Die Teigplatten auf 2 Backbleche (mit Backpapier belegt) legen und mit den passierten Tomaten bestreichen.

5. Das Gehackte darüberkrümeln und die Zwiebelringe darauflegen. Die Pizzen mit Salz, Pfeffer, Kreuzkümmel und Paprika würzen. Nochmals zugedeckt etwa 15 Minuten an einem warmen Ort gehen lassen.

6. In der Zwischenzeit den Backofen vorheizen.
Ober-/Unterhitze: etwa 220 °C
Heißluft: etwa 200 °C

7. Die Pizzen mit Olivenöl beträufeln. Die Backbleche nacheinander (bei Heißluft zusammen) in den vorgeheizten Backofen schieben. Die Pizzen **15–20 Minuten je Backblech backen.**

8. Die Pizzen von den Backblechen nehmen, mit je 1–2 Peperoni belegen und sofort servieren.

Moussaka | Klassisch

6 Portionen

Pro Portion: E: 33 g, F: 56 g, Kh: 12 g, kJ: 2832, kcal: 676, BE: 0,5

1 ½ kg	*Auberginen*
	Salz
500 g	*Tomaten*
2	*Zwiebeln*
150 ml	*Olivenöl*
600 g	*Gehacktes (Lamm- oder Rindfleisch)*
	gem. Pfeffer
je etwa 1 TL	*gerebelter Oregano, Thymian und Basilikum*
2	*Knoblauchzehen*
1 EL	*gehackte Petersilie*
300 g	*Joghurt (3,5 % Fett)*
125 ml	*Milch (3,5 % Fett)*
2	*Eier (Größe M)*
150 g	*ger. mittelalter Gouda*

Zubereitungszeit: 60 Minuten
Garzeit: etwa 35 Minuten

1. Auberginen abspülen, abtrocknen und die Enden abschneiden. Auberginen in ½–1 cm dicke Scheiben schneiden, mit Salz bestreuen und etwa 15 Minuten stehen lassen.

2. In der Zwischenzeit Tomaten kreuzweise einschneiden und mit kochendem Wasser übergießen. Nach 1–2 Minuten herausnehmen und mit kaltem Wasser abschrecken. Die Tomaten häuten, halbieren und die Stängelansätze herausschneiden. Tomaten in Scheiben schneiden. Zwiebeln abziehen und klein würfeln.

3. Den Backofen vorheizen.
Ober-/Unterhitze: etwa 200 °C
Heißluft: etwa 180 °C

4. Etwas Olivenöl in einer Pfanne erhitzen. Die Auberginenscheiben mit Küchenpapier trocken tupfen, portionsweise in dem erhitzten Olivenöl von beiden Seiten anbraten, herausnehmen und auf Küchenpapier abtropfen lassen.

5. Das restliche Olivenöl in der Pfanne erhitzen. Die Zwiebelwürfel darin andünsten. Gehacktes hinzufügen und unter Rühren anbraten, dabei die Fleischklümpchen mit einer Gabel zerdrücken. Gehacktes mit Salz, Pfeffer, Oregano, Thymian und Basilikum würzen, etwa 5 Minuten schmoren. Knoblauch abziehen, durch eine Knoblauchpresse drücken und unterrühren.

6. Die Hälfte der Auberginenscheiben in eine große, flache Auflaufform (etwa 30 x 25 cm, gefettet) geben. Mit Salz, Pfeffer und Petersilie bestreuen. Die Hälfte der Tomatenscheiben darauflegen. Gehacktesmasse darauf verteilen. Nacheinander die restlichen Auberginen- und Tomatenscheiben fächerartig daraufgeben.

7. Joghurt mit Milch und Eiern verschlagen, die eingeschichteten Zutaten damit übergießen. Mit Käse bestreuen. Die Form auf dem Rost in den vorgeheizten Backofen schieben. Die Moussaka **etwa 35 Minuten garen.**

Beilage: Fladenbrot und Tomatensalat.

Nudel-Mett-Auflauf I

Schmeckt auch Kindern – schnell

4 Portionen

Pro Portion: E: 40 g, F: 35 g, Kh: 73 g, kJ: 3214, kcal: 767, BE: 6,0

2 1/2 l	*Wasser*
2 1/2 gestr. TL	*Salz*
250 g	*Spiralnudeln*
500 g	*Thüringer Mett (gewürztes Schweinemett)*
400 g	*Tomatenstücke mit Kräutern (aus der Dose)*
250 ml	*Texicana-Salsa (aus der Flasche)*
300 g	*TK-Balkangemüse*
	Salz, gem. Pfeffer
	Kräuter der Provence
50 g	*frisch ger. Parmesan*
25 g	*Semmelbrösel*

Zubereitungszeit: 20 Minuten
Garzeit: etwa 35 Minuten

1. Das Wasser in einem großen Topf zugedeckt zum Kochen bringen. Dann Salz und Nudeln hinzugeben. Die Nudeln im geöffneten Topf bei mittlerer Hitze nach Packungsanleitung kochen lassen, dabei gelegentlich umrühren.

2. Den Backofen vorheizen.
Ober-/Unterhitze: etwa 200 °C
Heißluft: etwa 180 °C

3. Anschließend die Nudeln in ein Sieb geben, mit heißem Wasser abspülen, abtropfen lassen und in eine flache, große Auflaufform (gefettet) geben. Aus dem Mett mit angefeuchteten Händen kleine Klößchen formen. Mettklößchen zwischen den Nudeln verteilen.

4. Tomatenstücke mit Texicana-Salsa und dem gefrorenen Balkangemüse vermengen. Mit Salz, Pfeffer und Kräutern der Provence würzen.

5. Das Gemüse auf der Nudel-Mettklößchen-Masse verteilen. Mit Käse und Semmelbröseln bestreuen. Die Form auf dem Rost in den vorgeheizten Backofen schieben. Den Auflauf **etwa 35 Minuten garen.**

Nudeln mit Lammhack auf maurische Art I

Genuss wie im Urlaub

4 Portionen

Pro Portion: E: 38 g, F: 42 g, Kh: 65 g, kJ: 3333, kcal: 797, BE: 5,5

2 ½ l Wasser
2 ½ gestr. TL Salz
250 g Fadennudeln (Suppennudeln)

100 g Zwiebeln
500 g rote Paprikaschoten
40 g getrocknete Aprikosen
8 Stängel Minze
3 EL Olivenöl
500 g Lammhackfleisch
0,2 g Safranfäden (aus Döschen)
1 TL gem. Zimt
2 EL gem. Kreuzkümmel (Cumin)
30 g Sultaninen
50 g Pinienkerne
Salz
fein abgeriebene Schale von
1 Bio-Zitrone
(unbehandelt, ungewachst)
50 g Manchego-Käse (ohne Rinde)

Zubereitungszeit: 45 Minuten
Überbackzeit: etwa 6 Minuten

1. Das Wasser in einem großen Topf zugedeckt zum Kochen bringen. Dann Salz und Nudeln hinzugeben. Die Nudeln im geöffneten Topf bei mittlerer Hitze nach Packungsanleitung bissfest kochen, dabei gelegentlich umrühren. Anschließend die Nudeln in ein Sieb geben, mit heißem Wasser abspülen und abtropfen lassen.

2. Die Zwiebeln abziehen und klein würfeln. Paprikaschoten vierteln, entstielen, entkernen und die weißen Scheidewände entfernen. Schoten abspülen, trocken tupfen und in etwa 1 cm breite Streifen schneiden. Aprikosen in etwa ½ cm dicke Streifen schneiden. Minze abspülen, trocken tupfen. Blättchen von den Stängeln zupfen. Die Hälfte der Minzeblättchen grob zerschneiden. Restliche Minzeblättchen beiseitelegen.

3. Den Backofen vorheizen.
Ober-/Unterhitze: etwa 240 °C
Heißluft: etwa 220 °C

4. Zwei Esslöffel des Olivenöls in einer großen, hohen Pfanne oder einem weiten Topf erhitzen. Das Lammhackfleisch darin bei starker Hitze etwa 5 Minuten unter Rühren kräftig anbraten. Dabei die Fleischklümpchen mit einer Gabel zerdrücken. Safran, Zimt, Kreuzkümmel, Zwiebelwürfel, Paprika-, Aprikosenstreifen, Sultaninen und Pinienkerne hinzugeben. Die Zutaten gut untermischen und mit Salz würzen.

5. Die Hackfleischmasse weitere etwa 6 Minuten unter gelegentlichem Rühren braten, sodass die Paprikastreifen noch leicht knackig ist. Zitronenschale unterrühren. Die Pfanne oder den Topf von der Kochstelle nehmen.

6. Die Nudeln und die klein geschnittene Minze untermischen, evtl. nochmals mit Salz würzen. Die noch heiße Nudel-Hackfleisch-Masse in einer runden, feuerfesten Form (Ø etwa 28 cm, mit restlichem Olivenöl bestrichen) verteilen. Den Käse fein darüberreiben.

7. Die Form auf dem Rost in den vorgeheizten Backofen schieben. Die Nudel-Hackfleisch-Masse **etwa 6 Minuten goldbraun überbacken.** Mit den beiseitegelegten Minzeblättchen bestreuen und sofort servieren.

Nudeltaschen mit Lammhack I

Etwas aufwendiger

8 Portionen

Pro Portion: E: 22 g, F: 31 g, Kh: 50 g, kJ: 2374, kcal: 567, BE: 4,0

Für den Nudelteig:

500 g Weizenmehl
4 Eier (Größe M)
2 gestr. TL Salz
5–6 EL Wasser
2 EL Speiseöl

Für die Füllung:

3 EL Olivenöl
500 g Lammhackfleisch
2 Knoblauchzehen
1 gestr. TL Salz
1 Zwiebel
1 Peperoni
1 rote Paprikaschote
1 abgetropfte Essiggurke (aus dem Glas)
2 EL Tomatenmark
Salz, gem. Pfeffer
1 TL abgeriebene Schale von 1 Bio-Zitrone (unbehandelt, ungewachst)
1 TL gehackte Pfefferminze

Zum Bestreichen:

etwas Eiweiß

Für die Gewürzbutter:

100 g zerlassene, flüssige Butter
2 EL Paprikapulver edelsüß
2 EL gehackte Petersilie
etwas Zitronensaft

Zubereitungszeit: 50 Minuten, ohne Ruhezeit

1. Für den Nudelteig Mehl in eine Rührschüssel geben und in die Mitte eine Vertiefung drücken. Eier, Salz, Wasser und Speiseöl verschlagen, in die Vertiefung geben. Mit einer Gabel nach und nach etwas von dem Mehl einrühren.

2. Anschließend mit einem Mixer (Knethaken) zu einem glatten Teig verkneten. Sollte der Teig kleben, noch etwas Mehl hinzufügen. Den Teig in Frischhaltefolie wickeln und etwa 1 Stunde ruhen lassen.

3. In der Zwischenzeit für die Füllung das Olivenöl in einer Pfanne erhitzen. Lammhack darin unter Rühren scharf braten. Dabei die Fleischklümpchen mit einer Gabel zerdrücken. Den Knoblauch abziehen, mit Salz zerreiben, zum Hackfleisch geben und kurz mit anbraten. Zwiebel abziehen, klein würfeln, ebenfalls zum Hackfleisch geben und kurz mitbraten lassen.

4. Peperoni abspülen, trocken tupfen, entstielen und fein hacken. Die Paprikaschote halbieren, entstielen, entkernen und die weißen Scheidewände entfernen. Schote abspülen, abtropfen lassen und in kleine Würfel schneiden. Peperoni- und Paprikawürfel unter die Hackfleischmasse geben, kurz mitdünsten lassen.

5. Essiggurke klein würfeln, mit Tomatenmark unter die Hackfleischmasse rühren. Mit Salz, Pfeffer, Zitronenschale und Pfefferminze kräftig würzen, etwas abkühlen lassen.

6. Den Teig portionsweise auf einer leicht bemehlten Arbeitsfläche dünn ausrollen. Aus den Teigplatten mit einem Messer Rechtecke (etwa 6 x 8 cm) oder Quadrate (etwa 8 x 8 cm) schneiden.

7. Die Hackfleischmasse gleichmäßig auf den Nudelquadraten oder -rechtecken verteilen. Das Eiweiß mit etwas Wasser verschlagen, die Teigränder damit bestreichen. Die belegten Teigstücke zusammenklappen und die Ränder fest andrücken.

8. Salzwasser in einem Topf erhitzen. Nudeltaschen darin portionsweise 8–10 Minuten garen, mit einer Schaumkelle herausnehmen, gut abtropfen lassen und auf einer runden Platte anrichten.

9. Butter mit Paprika und Petersilie verrühren. Mit Zitronensaft, Salz und Pfeffer würzen. Die Gewürzbutter auf den Nudeltaschen verteilen, servieren.

Tipp: Nach Belieben die Nudeltaschen mit Petersilie und halbierten Cocktailtomaten garnieren.

Orientalische Hackpizza I

Für die Party

8–10 Portionen

Pro Portion: E: 32 g, F: 32 g, Kh: 53 g, kJ: 2650, kcal: 632, BE: 4,5

Für den Reis:

750 ml Wasser
1 Zwiebel
500 g Langkornreis
1 Lorbeerblatt
Salz
3 Sternanis
0,2 g Safran (aus dem Döschen)
1–2 TL Kurkuma (Gelbwurz)
einige Pimentkörner
einige Zitronenmelisseblättchen
einige Thymianblättchen

Für den Fleischteig:

2 Brötchen (Semmeln) vom Vortag
3 Zwiebeln
4–5 Knoblauchzehen
800 g Gehacktes (halb Rind-, halb Schweinefleisch)
2 Eier (Größe M)
1 EL mittelscharfer Senf
2 gestr. TL Salz
gem. Pfeffer
1 gestr. TL gem. Kreuzkümmel (Cumin)
250 g grüne Oliven mit Mandelfüllung
50 g abgezogene, ganze Mandeln

Für den Belag:

6 Tomaten
300 g Schafskäse
1/2 Bund glatte Petersilie

Zubereitungszeit: 35 Minuten
Garzeit: Reis 35–40 Minuten
Backzeit: Hackpizza 30–40 Minuten

1. Den Backofen vorheizen.
Ober-/Unterhitze: etwa 200 °C
Heißluft: etwa 180 °C

2. Für den Reis Wasser in einem großen, feuerfesten Topf zum Kochen bringen. Zwiebel abziehen. Reis, Zwiebel, Lorbeerblatt, Salz, Sternanis, Safran, Kurkuma, Pimentkörner und abgespülte, trocken getupfte Melisse- und Thymianblättchen hinzufügen. Den Topf mit Deckel verschließen, auf dem Rost in den vorgeheizten Backofen schieben und den Reis **35–40 Minuten garen.**

3. Den garen Reis in einer Fettpfanne (30 x 40 cm, gefettet) verteilen, dabei Zwiebel, Lorbeerblatt und Sternanis entfernen. Den Reis mit einem in Wasser getauchten Löffel andrücken.

4. Für den Fleischteig die Brötchen in kaltem Wasser einweichen und gut ausdrücken. Zwiebeln und Knoblauch abziehen, in kleine Würfel schneiden.

5. Das Gehackte in eine Schüssel geben. Brötchen, Zwiebel-, Knoblauchwürfel, Eier und Senf hinzufügen. Die Zutaten zu einem Teig verkneten, kräftig mit Salz, Pfeffer und Kreuzkümmel würzen.

6. Oliven und Mandeln grob hacken, zum Hackfleischteig geben und gut untermengen. Den Fleischteig auf dem Reis in der Fettpfanne verteilen und mit angefeuchteten Händen etwas andrücken.

7. Für den Belag Tomaten abspülen, trocken tupfen und die Stängelansätze herausschneiden. Tomaten in Scheiben schneiden. Schafskäse ebenfalls in Scheiben schneiden. Tomaten- und Schafskäsescheiben auf der Hackpizza verteilen.

8. Die Fettpfanne in den heißen Backofen schieben. Die Hackpizza **bei gleicher Backofentemperatur 30–40 Minuten backen.**

9. In der Zwischenzeit Petersilie abspülen und trocken tupfen. Die Blättchen von den Stängeln zupfen. Petersilienblättchen kurz vor dem Servieren auf die Hackpizza streuen.

Tipps: Dazu passt ein Joghurt-Minz-Dip. Sie können die Kräuter und Gewürze für den Reis auch in einen Papier-Teefilter geben und mitkochen. So lassen sie sich leichter wieder entfernen.

Orientalische Hacktorte I

Genuss wie im Urlaub

8–10 Portionen

Pro Portion: E: 36 g, F: 36 g, Kh: 18 g, kJ: 2282, kcal: 545, BE: 1,5

3	*Knoblauchzehen*
1 Stange	*Porree (Lauch)*
80 g	*getrocknete Aprikosen*
60 g	*trocken eingelegte, schwarze Oliven*
1,6 kg	*Lammhackfleisch*
300 g	*gegarter Reis (etwa 100 g Rohgewicht)*
4	*Eier (Größe M)*
40 g	*Pinienkerne*
60 g	*Rosinen*
0,4 g	*Safran (aus Döschen) oder 2 TL Kurkuma (Gelbwurz)*
	Salz
	gem. Pfeffer
	Pul Biber (geschrotete Pfefferschoten)

Zubereitungszeit: 50 Minuten, ohne Ruhezeit
Garzeit: etwa 75 Minuten

1. Den Backofen vorheizen.
Ober-/Unterhitze: etwa 180 °C
Heißluft: etwa 160 °C

2. Knoblauch abziehen, klein würfeln. Porree putzen, die Stange längs halbieren, gründlich waschen, abtropfen lassen und in feine Streifen schneiden. Aprikosen in feine Streifen schneiden. Oliven entsteinen.

3. Lammhackfleisch in eine Schüssel geben. Reis, Knoblauchwürfel, Porreestreifen, Aprikosenstreifen, Oliven, Eier, Pinienkerne und Rosinen hinzufügen. Die Zutaten gut verkneten. Mit Safran oder Kurkuma, Salz, Pfeffer und Pul Biber würzen.

4. Hackfleischmasse in eine Springform (Ø 28 cm, Boden gefettet) füllen und glatt streichen. Die Form auf ein Backblech setzen. Oder den Springformrand auf ein Backblech (gefettet) stellen. Die Hackfleischmasse hineingeben und glatt verstreichen. Das Backblech in den vorgeheizten Backofen schieben. Die Hacktorte **etwa 75 Minuten garen.**

5. Das Backblech auf einen Rost stellen. Die Hacktorte etwa 10 Minuten ruhen lassen. Sie dann aus der Form bzw. dem Springformrand lösen, auf eine Platte setzen und in Stücke schneiden.

Orientalischer Hackauflauf I

Pikant-würzig

4 Portionen

Pro Portion: E: 40 g, F: 40 g, Kh: 30 g, kJ: 2696, kcal: 643, BE: 2,0

150 g Zuckerschoten
1 Bund Frühlingszwiebeln
400 g Gehacktes (Rinder- oder Lammgehacktes)
3 EL TK-Zwiebel-Knoblauch-Mischung
1 Ei (Größe M)
Salz
gem. Pfeffer
1 Msp. gem. Kreuzkümmel (Cumin)
1 Msp. Currypulver
1 EL Olivenöl
400 g stückige Tomaten (aus dem Tetra Pak®)
50 g getrocknete Pflaumen (ohne Stein)
200 g Schafskäse, z. B. Fetakäse
240 g abgespülte, abgetropfte Kichererbsen (aus der Dose)
50 g gehackte Erdnusskerne, ungeröstet, ungesalzen

Zubereitungszeit: 20 Minuten
Garzeit: etwa 20 Minuten

1. Von den Zuckerschoten die Enden abschneiden, evtl. abfädeln. Schoten abspülen, abtropfen lassen und halbieren. Frühlingszwiebeln putzen, abspülen, abtropfen lassen und in kleine Stücke schneiden.

2. Das Gehackte in eine Schüssel geben, gefrorene Zwiebel-Knoblauch-Mischung und Ei gut unterkneten. Mit Salz, Pfeffer, Cumin und Curry würzen. Aus der Hackfleischmasse mit angefeuchteten Händen 6–8 kleine, flache Hacksteaks formen.

3. Den Backofen vorheizen.
Ober-/Unterhitze: etwa 200 °C
Heißluft: etwa 180 °C

4. Olivenöl in einer Pfanne erhitzen. Zuckerschoten darin unter Rühren kurz anbraten und herausnehmen. Hacksteaks in die Pfanne geben und von beiden Seiten gut anbraten. Frühlingszwiebelstücke hinzugeben und kurz mit anbraten. Hacksteaks aus der Pfanne nehmen. Tomatenstücke in die Pfanne geben, mit Salz und Pfeffer würzen und kurz aufkochen.

5. Pflaumen in Streifen schneiden. Käse fein zerbröseln. Hacksteaks, Zuckerschoten, Kichererbsen und Pflaumenstreifen in eine große, flache Auflaufform (gefettet) schichten. Die Tomatensauce darauf verteilen. Mit Käsebröseln und Erdnusskernen bestreuen.

6. Die Form auf dem Rost in den vorgeheizten Backofen schieben. Den Auflauf **etwa 20 Minuten garen.**

Tipp: Statt mit Erdnusskernen kann der Auflauf auch mit Sesamsamen bestreut werden.

Paprika mit Hackfüllung I

Klassisch

4 Portionen

Pro Portion: E: 34 g, F: 41 g, Kh: 14 g, kJ: 2328, kcal: 556, BE: 0,5

4 Paprikaschoten (je 150–200 g)

Für die Füllung:

1 Gemüsezwiebel
2 EL Olivenöl
600 g Gehacktes (halb Rind-, halb Schweinefleisch)
3 Tomaten
1 EL Tomatenmark
Salz
gem. Pfeffer

Für die Sauce:

4 EL Olivenöl
4 Tomaten
375 ml heiße Gemüsebrühe
1 EL Tomatenmark
1 EL gehackte, glatte Petersilie
gerebelter Oregano
1 Prise Zucker

Zubereitungszeit: 60 Minuten
Garzeit: etwa 40 Minuten

1. Die Paprikaschoten abspülen, abtrocknen und am Stielende jeweils einen Deckel abschneiden. Aus den Paprikaschoten mithilfe eines Löffels Kerne und weiße Scheidewände entfernen.

2. Für die Füllung Gemüsezwiebel abziehen, halbieren und in Würfel schneiden. Olivenöl in einer großen Pfanne erhitzen. Die Hälfte der Zwiebelwürfel darin unter Rühren andünsten. Gehacktes hinzugeben und unter Rühren anbraten. Dabei die Fleischklümpchen mit einer Gabel zerdrücken.

3. Tomaten abspülen, trocken tupfen, halbieren und die Stängelansätze herausschneiden. Die Tomaten in Würfel schneiden, mit dem Tomatenmark zur Hackfleischmasse geben. Mit Salz und Pfeffer würzen. Die Paprikaschoten mit der Hackfleischmasse füllen und den Deckel wieder auflegen.

4. Für die Sauce Olivenöl in einem breiten, großen Topf erhitzen. Die restlichen Zwiebelwürfel darin unter Rühren andünsten. Die Paprikaschoten nebeneinander in den Topf setzen.

5. Tomaten abspülen, trocken tupfen, halbieren und die Stängelansätze herausschneiden. Die Tomaten in Stücke schneiden und zu den Paprikaschoten in den Topf geben. Brühe und Tomatenmark hinzufügen, zum Kochen bringen. Die Paprikaschoten etwa 40 Minuten gar dünsten lassen.

6. Die Paprikaschoten herausnehmen, auf eine vorgewärmte Platte setzen und warm stellen. Mit Petersilie bestreuen. Die Sauce mit Salz, Pfeffer, Oregano und Zucker würzen. Die Paprikaschoten mit der Sauce servieren.

Paprikagemüse mit Hack

Raffiniert

4 Portionen

Pro Portion: E: 18 g, F: 28 g, Kh: 10 g, kJ: 1534, kcal: 366, BE: 0,5

je 1 rote, grüne und gelbe Paprikaschote
500 g Tomaten
2 Zwiebeln
4 EL Olivenöl
Tomaten-Gewürzsalz
Salz
300 g Gehacktes (halb Rind-, halb Schweinefleisch)
gem. Pfeffer
Paprikapulver edelsüß
5 EL Schlagsahne
gem. Zimt
1–2 Zweige Minze

Zubereitungszeit: 30 Minuten
Garzeit: etwa 20 Minuten

1. Paprikaschoten halbieren, entstielen, entkernen und die weißen Scheidewände entfernen. Schoten abspülen, abtropfen lassen und längs in Streifen schneiden.

2. Die Tomaten kreuzweise einschneiden und mit kochendem Wasser übergießen. Nach 1–2 Minuten herausnehmen und mit kaltem Wasser abschrecken. Tomaten häuten, halbieren, entkernen und die Stängelansätze herausschneiden. Tomaten achteln. Die Zwiebeln abziehen, zuerst in Scheiben schneiden, dann in Ringe teilen.

3. Die Hälfte des Olivenöls in einer Pfanne erhitzen. Das vorbereitete Gemüse darin etwa 10 Minuten unter gelegentlichem Rühren dünsten. Mit Tomaten-Gewürzsalz und Salz würzen.

4. Restliches Olivenöl in einer zweiten Pfanne erhitzen. Gehacktes darin unter Rühren scharf anbraten. Dabei die Fleischklümpchen mit einer Gabel zerdrücken. Mit Salz, Pfeffer und Paprika würzen. Das gedünstete Gemüse hinzugeben und gut untermischen. Sahne unterrühren. Mit Zimt abschmecken.

5. Minze abspülen und trocken tupfen. Die Blättchen von den Stängeln zupfen. Blättchen in Streifen schneiden. Paprikagemüse mit Hack mit den Minzestreifen bestreut servieren.

Paprika-Hack-Pfanne

Einfach – schnell

4 Portionen

Pro Portion: E: 28 g, F: 34 g, Kh: 8 g, kJ: 1883, kcal: 451, BE: 0,5

je 1 rote, gelbe und grüne Paprikaschote (je etwa 150 g)
250 g Tomaten
2 EL Speiseöl
500 g Rindergehacktes
Salz
gem. Pfeffer
1 TL Currypulver
2–3 EL Wasser
150 g Crème fraîche

Zubereitungszeit: 25 Minuten
Garzeit: 8–9 Minuten

1. Paprikaschoten halbieren, entstielen, entkernen und die weißen Scheidewände entfernen. Schoten abspülen, trocken tupfen und in sehr feine Streifen schneiden.

2. Die Tomaten kreuzweise einschneiden und mit kochendem Wasser übergießen. Nach 1–2 Minuten herausnehmen und mit kaltem Wasser abschrecken. Tomaten häuten, halbieren und die Stängelansätze herausschneiden. Tomaten achteln.

3. Speiseöl in einer Pfanne erhitzen. Das Gehackte darin unter Rühren kräftig anbraten. Dabei die Fleischklümpchen mit einer Gabel zerdrücken. Paprikastreifen hinzugeben, mit Salz, Pfeffer und Curry würzen, Wasser hinzugeben.

4. Die Zutaten zum Kochen bringen und etwa 5 Minuten garen.

5. Tomatenspalten hinzugeben und noch weitere 3–4 Minuten mitgaren lassen.

6. Crème fraîche vor dem Servieren auf die Paprika-Hack-Pfanne geben.

Tipps: Mit Reis und einem gemischten Blattsalat servieren. Ersetzen Sie im Sommer die Crème fraîche durch Joghurt, den Sie mit 1 Teelöffel Zitronensaft und etwas Salz verrührt haben.

Abwandlung: Paprikareis mit Mettküchlein (4 Portionen). Dafür 2 rote Paprikaschoten halbieren, entstielen, entkernen, weiße Scheidewände entfernen. Schoten abspülen, abtropfen lassen, 1 1/2 Schoten in Streifen schneiden. Je 1 Zwiebel und 1 Knoblauchzehe abziehen, klein würfeln. 1 Esslöffel Speiseöl in einem Topf erhitzen, Zwiebel- und Knoblauchwürfel darin glasig dünsten. Paprikastreifen und 250 g Langkornreis hinzufügen, unter Rühren kurz andünsten, mit Paprikapulver edelsüß und Salz würzen. 500 ml Gemüsebrühe hinzugießen, zum Kochen bringen, in etwa 15 Minuten ausquellen lassen. Restliche Paprika klein würfeln, unter den garen Reis ziehen. Für die Mettküchlein 500 g Schweinemett mit 2 Eiern (Größe M) verkneten, mit Pfeffer, Zwiebelpulver und gerebeltem Basilikum würzen, 4 flache Frikadellen aus dem Fleischteig formen. 1 Esslöffel Speiseöl in einer Pfanne erhitzen. Die Mettküchlein darin etwa 10 Minuten von beiden Seiten braten, auf dem Paprikareis anrichten.

Paprikakraut-Topf I

Deftig – für jeden Tag
4–6 Portionen

Pro Portion: E: 30 g, F: 36 g, Kh: 30 g, kJ: 2343, kcal: 561, BE: 2,5

1 kg Weißkohl
3 Zwiebeln
200 g Speckwürfel (aus dem Kühlregal)
2 EL Paprikapulver edelsüß
500 ml Fleischbrühe
100 g Crème fraîche
1 EL Tomatenmark
Salz
gem. Pfeffer
500 g Kartoffeln

Für die Fleischklößchen:
1 Brötchen (Semmel) vom Vortag
1 Zwiebel
375 g Rindergehacktes
1 Ei (Größe M)
Paprikapulver edelsüß
2 EL Speiseöl

2–3 EL Crème fraîche
2 EL gehackte Petersilie

Zubereitungszeit: 30 Minuten
Garzeit: Eintopf 25–30 Minuten

1. Vom Weißkohl die äußeren Blätter entfernen. Den Kohl vierteln und den Strunk herausschneiden. Kohlviertel fein hobeln, abspülen und abtropfen lassen. Zwiebeln abziehen, in kleine Würfel schneiden. Speckwürfel in einem großen Topf auslassen, die Zwiebelwürfel hinzugeben, andünsten und mit Paprika würzen. Weißkohlstreifen evtl. in 2 Portionen hinzufügen und mitdünsten lassen.

2. Brühe hinzugießen. Crème fraîche und Tomatenmark unterrühren, mit Salz und Pfeffer würzen. Die Zutaten zum Kochen bringen und etwa 10 Minuten garen.

3. Kartoffeln schälen, abspülen, abtropfen lassen und in Würfel schneiden. Die Kartoffelwürfel in den Eintopf geben, wieder zum Kochen bringen und weitere 15–20 Minuten garen.

4. Für die Fleischklößchen in der Zwischenzeit Brötchen in kaltem Wasser einweichen und ausdrücken. Zwiebel abziehen und klein würfeln.

5. Das Gehackte in eine Schüssel geben. Brötchen, Zwiebelwürfel und Ei hinzugeben und gut unterkneten. Mit Salz, Pfeffer und Paprika würzen. Aus der Hackfleischmasse mit angefeuchteten Händen Klößchen formen.

6. Speiseöl in einer Pfanne erhitzen. Die Klößchen darin von allen Seiten goldbraun braten, herausnehmen und in den garen Eintopf geben.

7. Crème fraîche auf den Paprikakraut-Topf geben und mit Petersilie bestreuen.

Tipps: Ersetzen Sie den Weißkohl durch die gleiche Menge Wirsing und bereiten Sie die Fleischklößchen aus Thüringer oder Jägermett zu. Seien Sie vorsichtig beim Würzen, diese beiden Mettsorten sind meist schon gewürzt.

Paprika-Lasagne I

Für die Party

8–10 Portionen

Pro Portion: E: 20 g, F: 18 g, Kh: 67 g, kJ: 2145, kcal: 510, BE: 5,5

Für die Sauce:

3 Zwiebeln
4 Knoblauchzehen
2 grüne Chilischoten
6 EL Olivenöl
1 l Gemüsebrühe
500 ml Milch (3,5 % Fett)
150 g Grünkernschrot
60 g Weizenmehl
1 EL Pul Biber (geschrotete Pfefferschoten)
Salz
3 Eigelb (Größe M)

1,2 kg rote Paprikaschoten
2 Bund glatte Petersilie
500 g Lasagneplatten (ohne Vorkochen)
200 g ger. Pizza-Käse
etwas Pul Biber

Zubereitungszeit: 70 Minuten
Garzeit: etwa 30 Minuten

1. Für die Sauce Zwiebeln und Knoblauch abziehen, in feine Würfel schneiden. Die Chilischoten halbieren, entstielen, entkernen, abspülen, abtropfen lassen und klein würfeln.

2. Olivenöl in einem großen Topf erhitzen. Zwiebel- und Knoblauchwürfel darin andünsten. Brühe, Milch, Grünkernschrot und Mehl hinzugeben. Die Zutaten unter ständigem Rühren mit einem Schneebesen aufkochen lassen. Mit Chiliwürfeln, Pul Biber und Salz kräftig würzen.

3. Eigelb mit etwas von der Sauce verschlagen und unter die Sauce rühren (nicht mehr kochen lassen).

4. Den Backofen vorheizen.
Ober-/Unterhitze: etwa 220 °C
Heißluft: etwa 200 °C

5. Die Paprikaschoten halbieren, entstielen, entkernen und die weißen Scheidewände entfernen. Die Schoten abspülen, abtropfen lassen und in etwa 1 cm große Würfel schneiden. Paprikawürfel in kochendem Salzwasser etwa 5 Minuten kochen lassen. Anschließend in einem Sieb abtropfen lassen. Petersilie abspülen und trocken tupfen. Die Blättchen von den Stängeln zupfen, Blättchen klein schneiden.

6. Auf den Boden einer großen, flachen Auflaufform (gefettet) zuerst etwas Sauce geben, darauf ein Drittel der Lasagneplatten verteilen, dann die Hälfte der Paprikawürfel, der Petersilie und etwas Sauce daraufgeben. Wieder ein Drittel der Lasagneplatten darauflegen. Restliche Paprikawürfel, restliche Petersilie und etwas Sauce darauf verteilen. Mit den restlichen Lasagneplatten belegen und die restliche Sauce darauf verteilen.

7. Die Lasagne mit Käse und Pul Biber bestreuen. Die Form auf dem Rost in den vorgeheizten Backofen schieben. Die Lasagne **etwa 30 Minuten garen.** Die Form aus dem Backofen nehmen und auf einen Rost stellen. Lasagne noch etwa 10 Minuten ruhen lassen. Anschließend in Stücke schneiden und servieren.

Tipp: Anstelle von Pul Biber können Sie die Sauce auch mit Sambal Oelek würzen.

Paprikaschoten, gefüllt I

Beliebt
4 Portionen

Pro Portion: E: 30 g, F: 27 g, Kh: 21 g, kJ: 1865, kcal: 445, BE: 1,5

4 Paprikaschoten (etwa 600 g)
Salz
gem. Pfeffer

Für die Füllung:
500 g Gehacktes (halb Rind-, halb Schweinefleisch)
1 große Tomate
3 EL gehackte Petersilie
1 Ei (Größe M)
100 g gegarter Basmatireis (etwa 30 g Rohgewicht)
Cayennepfeffer
Worcestersauce
2 EL Semmelbrösel
20 g Butter

400 g passierte Tomaten (aus der Dose)

Zubereitungszeit: 45 Minuten
Garzeit: 25–30 Minuten

1. Von den Paprikaschoten jeweils am Stielende waagerecht einen Deckel abschneiden. Kerne und weiße Scheidewände entfernen. Schoten und Deckel abspülen und abtrocknen.

2. Die Innenseiten der Schoten mit Salz und Pfeffer bestreuen.

3. Für die Füllung Gehacktes in eine Schüssel geben. Die Tomate abspülen, abtrocknen, halbieren und entkernen. Das Fruchtfleisch mit einem kleinen Löffel herausnehmen und beiseitelegen. Tomate in kleine Würfel schneiden.

4. Den Backofen vorheizen.
Ober-/Unterhitze: etwa 200 °C
Heißluft: etwa 180 °C

5. Tomatenwürfel, Petersilie und Ei zur Gehacktesmasse geben und mit einer Gabel gut vermengen. Reis untermischen. Mit Salz, Pfeffer, Cayennepfeffer und Worcestersauce würzen.

6. Die Paprikaschoten mit der Gehacktes-Reis-Masse füllen und mit Semmelbröseln bestreuen. Die Butter in Flöckchen daraufsetzen. Die gefüllten Paprikaschoten in eine quadratische Auflaufform (gefettet) setzen.

7. Die passierten Tomaten mit dem beiseitegelegten Tomatenfruchtfleisch mischen und in die Zwischenräume der Paprikaschoten geben. Die beiseitegelegten Paprikadeckel darauflegen.

8. Die Form auf dem Rost (ohne Deckel) in den vorgeheizten Backofen schieben. Die Paprikaschoten **25–30 Minuten garen.**

Pasta-Frikadellen-Salat

Für Gäste

12 Portionen

Pro Portion: E: 29 g, F: 46 g, Kh: 57 g, kJ: 3187, kcal: 761, BE: 4,5

6 l Wasser
6 gestr. TL Salz
600 g Penne (Röhrennudeln)

Für das Dressing:

375 g Aioli (Knoblauch-Mayonnaise)
450 g Joghurt (3,5 % Fett)
3 EL Tomatenketchup
Salz, gem. Pfeffer

Für die Mini-Chili-Frikadellen:

2 Brötchen (Semmeln) vom Vortag
3 Zwiebeln
1 kg Gehacktes (halb Rind-, halb Schweinefleisch)
3 Eier (Größe M)
3–6 EL Speiseöl, z. B. Rapsöl
9–12 EL Thai-Chili-Sauce

3 gegarte Maiskolben (vakuumverpackt) oder 420 g abgetropfter Gemüsemais (aus Dosen)
3 große, rote Paprikaschoten
500 g Römer- oder Eisbergsalat

450–500 ml heiße Gemüsebrühe

Zubereitungszeit: 45 Minuten, ohne Abkühlzeit

1. Das Wasser in einem großen Topf zugedeckt zum Kochen bringen. Dann Salz und Nudeln hinzugeben. Die Nudeln evtl. in 2 Portionen im geöffneten Topf bei mittlerer Hitze nach Packungsanleitung kochen lassen, dabei gelegentlich umrühren. Anschließend die Nudeln in ein Sieb geben, mit kaltem Wasser abspülen und abtropfen lassen.

2. Für das Dressing Aioli mit Joghurt und Ketchup in einer großen Schüssel verrühren und mit Salz und Pfeffer abschmecken. Die lauwarmen Nudeln zu dem Dressing in die Schüssel geben und gut untermischen. Nudeln erkalten lassen.

3. Für die Frikadellen Brötchen in kaltem Wasser einweichen. Zwiebeln abziehen, klein würfeln. Gehacktes in eine Schüssel geben. Brötchen, Zwiebelwürfel und Eier hinzufügen. Die Zutaten gut verkneten. Mit Salz und Pfeffer würzen. Aus der Hackfleischmasse mit angefeuchteten Händen kleine Frikadellen formen.

4. Jeweils etwas Speiseöl in einer großen Pfanne erhitzen. Die Frikadellen darin portionsweise von allen Seiten knusprig braun braten. Die Frikadellen aus der Pfanne nehmen, mit der Chili-Sauce vermischen und erkalten lassen.

5. Maiskolben in Scheiben schneiden. Paprikaschoten halbieren, entstielen, entkernen und die weißen Scheidewände entfernen. Schoten abspülen, trocken tupfen und in kleine Würfel schneiden. Salat putzen, abspülen, gut abtropfen lassen oder trocken schleudern. Salatblätter in mundgerechte Stücke zupfen.

6. Heiße Gemüsebrühe unter die Nudeln rühren. Die Nudeln nochmals mit Salz und Pfeffer abschmecken. Restliche vorbereitete Salatzutaten untermischen. Den Salat mit den Mini-Chili-Frikadellen anrichten.

Penne mit Wirsingsauce und Mettbällchen I

Raffiniert

4 Portionen

Pro Portion: E: 24 g, F: 21 g, Kh: 57 g, kJ: 2169, kcal: 520, BE: 4,5

500 g Wirsing
200 g Möhren
2 EL Rapsöl
250 g Thüringer Mett (gewürztes Schweinemett)
100 ml Gemüsebrühe
3 l Wasser
3 gestr. TL Salz
300 g Penne (Röhrennudeln)
1–2 EL Crème fraîche
Salz, gem. Pfeffer
ger. Muskatnuss

Zubereitungszeit: 35 Minuten

1. Vom Wirsing die äußeren, welken Blätter entfernen. Den Kohl vierteln und den Strunk herausschneiden. Wirsingviertel abspülen, abtropfen lassen und in feine Streifen schneiden.

2. Möhren putzen, schälen, abspülen, abtropfen lassen und in dünne Scheiben schneiden. Rapsöl in einer großen Pfanne erhitzen. Von dem Mett mit einem Teelöffel kleine Klößchen abstechen und in dem erhitzten Rapsöl von allen Seiten knusprig braun braten.

3. Wirsingstreifen mit den Möhrenscheiben zu den Klößchen geben, unter Rühren kurz andünsten. Die Gemüsebrühe hinzugießen, zum Kochen bringen. Die Wirsingsauce zugedeckt etwa 5 Minuten kochen lassen, dabei gelegentlich umrühren.

4. In der Zwischenzeit das Wasser in einem großen Topf zugedeckt zum Kochen bringen. Dann Salz und Nudeln hinzugeben. Die Nudeln im geöffneten Topf bei mittlerer Hitze nach Packungsanleitung kochen lassen, dabei gelegentlich umrühren.

5. Crème fraîche unter die Wirsingsauce rühren. Die Sauce weitere etwa 3 Minuten kochen lassen.

6. Die Nudeln in ein Sieb geben, mit heißem Wasser abspülen und abtropfen lassen.

7. Die Wirsingsauce mit Salz, Pfeffer und Muskat würzen. Die Nudeln vorsichtig unterheben und sofort servieren.

Pfannkuchentorte mit Blumenkohl I

Raffiniert – mit Alkohol

4 Portionen

Pro Portion: E: 60 g, F: 72 g, Kh: 54 g, kJ: 4667, kcal: 1115, BE: 4,5

Für den Pfannkuchenteig:

180 g Weizenmehl
3 Eier (Größe M)
375 ml Milch (3,5 % Fett)
Salz
gem. Pfeffer

Für die Füllung:

1 Zwiebel
1 Knoblauchzehe
1 EL Olivenöl
400 g Gehacktes (halb Rind-, halb Schweinefleisch)
3 EL Tomatenmark
400 g geschälte Tomaten (aus der Dose)
5 EL trockener Rotwein
1 TL gerebelter Oregano
1 Lorbeerblatt
Cayennepfeffer
1 Blumenkohl (etwa 700 g)

Für die Käsesauce:

30 g Butter
20 g Weizenmehl
500 ml Milch (3,5 % Fett)
250 g ger. Emmentaler
ger. Muskatnuss

5–6 EL Olivenöl

2 EL ger. Gouda
einige Basilikumblättchen

Zubereitungszeit: 75 Minuten
Backzeit: Pfannkuchentorte 15–20 Minuten

1. Für den Teig Mehl in eine Rührschüssel geben. Eier mit Milch verschlagen, mit Salz und Pfeffer würzen. Nach und nach unter Rühren zum Mehl geben. Darauf achten, dass keine Klümpchen entstehen. Den Teig 20–30 Minuten ruhen lassen.

2. Für die Füllung in der Zwischenzeit Zwiebel und Knoblauch abziehen, klein würfeln. Olivenöl in einer Pfanne erhitzen. Zwiebel- und Knoblauchwürfel darin andünsten. Gehacktes hinzufügen, unter Rühren etwa 5 Minuten anbraten. Dabei die Fleischklümpchen mit einer Gabel zerdrücken.

3. Tomatenmark, geschälte Tomaten mit der Flüssigkeit und Rotwein unter die Hackfleischmasse rühren. Mit Salz, Pfeffer, Oregano, Lorbeerblatt und Cayennepfeffer würzen. Die Zutaten zum Kochen bringen und etwa 10 Minuten unter gelegentlichem Rühren einkochen lassen.

4. Von dem Blumenkohl die Blätter und schlechten Stellen entfernen, den Strunk abschneiden. Blumenkohl in Röschen teilen, abspülen, abtropfen lassen und in kochendem Salzwasser etwa 8 Minuten garen. Blumenkohlröschen in einem Sieb abtropfen lassen und unter die Hackfleischsauce heben. Die Sauce nochmals mit den Gewürzen abschmecken und das Lorbeerblatt entfernen.

5. Für die Käsesauce Butter in einem Topf zerlassen. Mehl hinzufügen und unter Rühren goldgelb dünsten. Milch nach und nach unter Rühren hinzugießen. Darauf achten, dass keine Klümpchen entstehen. Die Sauce etwa 5 Minuten unter gelegentlichem Rühren kochen lassen, dann den Käse unterrühren. Die Käsesauce mit Salz, Pfeffer und Muskat würzen.

6. Den Backofen vorheizen.
Ober-/Unterhitze: etwa 200 °C
Heißluft: etwa 180 °C

7. Dann etwas Olivenöl in einer beschichteten Pfanne (Ø 24 cm) erhitzen. Den Teig gut durchrühren und eine dünne Teiglage mit einer drehenden Bewegung gleichmäßig auf dem Boden der Pfanne verteilen. Den Pfannkuchen von beiden Seiten goldgelb backen. Bevor der Pfannkuchen gewendet wird, etwas Olivenöl in die Pfanne geben. Aus dem restlichen Teig weitere 5 Pfannkuchen backen.

8. Abwechselnd die Pfannkuchen, die Hackfleisch-Blumenkohl-Füllung und die Käsesauce in eine runde Auflaufform (gefettet) schichten. Pfannkuchentorte mit Käse bestreuen. Die Form auf dem Rost in den vorgeheizten Backofen schieben und die Pfannkuchentorte **15–20 Minuten backen.**

9. Die Pfannkuchentorte mit abgespülten und trocken getupften Basilikumblättchen garniert servieren.

Tipps: Nehmen Sie statt des Emmentalers und des Goudas einen kräftigen Bergkäse. Ersetzen Sie den Rotwein durch etwas Fleischbrühe.

Pikante Kroepoek-Häppchen I

Raffiniert – schnell

4 Portionen

Pro Portion: E: 21 g, F: 31 g, Kh: 37 g, kJ: 2150, kcal: 514, BE: 3,0

300 g Geflügelhackfleisch (evtl. beim Metzger vorbestellen)
2 EL Speisestärke
2 EL Wasser
3 EL Reisessig oder Weißweinessig
Salz
je 1 grüne, rote und gelbe Paprikaschote
1 Bund Frühlingszwiebeln
1 kleines Stück frischer Ingwer
2 Knoblauchzehen
2 EL Wasser
1 EL Zucker
2 EL Sojasauce
2 EL Fischsauce (erhältlich im Asialaden)

Zum Ausbacken:

1 l neutrales Speiseöl
100 g Kroepoek (Krabbenbrot zum Ausbacken)

2–3 EL Olivenöl
gem. Pfeffer

Zubereitungszeit: 30 Minuten

1. Geflügelhackfleisch mit 1 Esslöffel Speisestärke und 2 Esslöffeln Wasser verrühren. 1 Esslöffel Essig und 1 Prise Salz unterrühren. Marinade zum Geflügelhackfleisch geben und untermengen.

2. Die Paprikaschoten halbieren, entstielen, entkernen und die weißen Scheidewände entfernen. Die Schoten abspülen, abtropfen lassen und in sehr kleine Würfel schneiden. Die Frühlingszwiebeln putzen, abspülen, gut trocken tupfen und in dünne Scheiben schneiden. Ingwer schälen und fein reiben. Knoblauch abziehen und klein würfeln.

3. Die restliche Speisestärke mit 2 Esslöffeln Wasser anrühren. Restlichen Essig, Zucker und jeweils 1 Esslöffel Soja- und Fischsauce unterrühren.

4. Zum Ausbacken Speiseöl in einem Topf oder einer Fritteuse auf etwa 180 °C erhitzen und die Kroepoek-Scheiben darin portionsweise etwa 30 Sekunden ausbacken. Dabei die Scheiben häufiger wenden, da sie sich wölben und rundherum weiß bleiben sollen (sonst schmecken sie bitter). Die ausgebackenen Kroepoek-Scheiben mit einem Schaumlöffel herausnehmen und auf Küchenpapier abtropfen lassen.

5. Olivenöl in einer Pfanne erhitzen. Das marinierte Geflügelhackfleisch darin unter Rühren anbraten. Paprikawürfel, Frühlingszwiebelscheiben, Ingwer und Knoblauchwürfel unterrühren, kurz mitbraten lassen. Die angerührte Essig-Sojasaucen-Mischung unterrühren, zum Kochen bringen und etwa 1 Minute kochen lassen.

6. Die Hack-Gemüse-Mischung mit restlicher Sojasauce, Fischsauce, Salz und Pfeffer abschmecken. Die ausgebackenen Kroepoek-Scheiben mit der Hack-Gemüse-Mischung füllen und sofort servieren. Sie weichen sehr schnell durch.

Tipp: Nach Belieben die Häppchen mit Peperoniblüten und „Frühlingszwiebelbürsten" garnieren.

Pizza mit Zwiebelmett und Schnittlauch

Deftig

4 Portionen

Pro Portion: E: 19 g, F: 18 g, Kh: 60 g, kJ: 2035, kcal: 487, BE: 5,0

Für den Hefeteig:

300 g Weizenmehl (Type 550)
Salz
1 TL Dr. Oetker Trockenbackhefe
225 ml lauwarmes Wasser

Für den Belag:

250 g rote Zwiebeln
1 TL Kümmelsamen, ganz
75 g Emmentaler (am Stück)
75 g Crème fraîche
100 g Schinken-Zwiebelmettwurst
gem. schwarzer Pfeffer
½ Bund Schnittlauch

Zubereitungszeit: 40 Minuten, ohne Teiggehzeit
Backzeit: 22–25 Minuten

1. Für den Teig Mehl in eine Rührschüssel geben, mit 1 Teelöffel Salz und Trockenbackhefe sorgfältig vermischen. Lauwarmes Wasser hinzugeben.

2. Die Zutaten mit einem Mixer (Knethaken) zunächst kurz auf niedrigster, dann auf höchster Stufe zu einem glatten Teig verkneten. Den Teig zugedeckt an einem warmen Ort etwa 90 Minuten gehen lassen.

3. In der Zwischenzeit für den Belag die Zwiebeln abziehen, längs halbieren und quer in sehr dünne Scheiben schneiden.

4. Zwiebelscheiben in eine Schüssel geben. Etwa 1 Teelöffel Salz und den Kümmel gut untermischen. Zwiebelscheiben mindestens 60 Minuten ziehen lassen. Käse grob reiben und beiseitestellen.

5. Den Backofen vorheizen.
Ober-/Unterhitze: etwa 240 °C
Heißluft: etwa 220 °C

6. Den gegangenen Teig mit etwas Mehl bestäuben, aus der Schüssel nehmen und auf einem Backblech (mit Backpapier belegt) zu einem etwa 1 cm dicken Fladen ausrollen oder mit den Händen zu einem Fladen formen.

7. Den Teigfladen zunächst mit Crème fraîche bestreichen. Die Zwiebelscheiben daraufgeben. Zwiebelmettwurst in kleine Stücke zupfen und gleichmäßig darauf verteilen.

8. Mit dem beiseitegestellten Käse bestreuen und mit grob gemahlenem Pfeffer würzen.

9. Die Form auf dem Rost in den vorgeheizten Backofen schieben. Die Zwiebelpizza **22–25 Minuten backen.**

10. In der Zwischenzeit Schnittlauch abspülen, trocken tupfen und in Röllchen schneiden.

11. Die Zwiebelpizza mit Schnittlauchröllchen bestreut servieren.

Tipps: Verwenden Sie für den Belag statt des Emmentalers geriebenen Mozzarella und bestreuen Sie die Pizza vor dem Servieren mit abgespülten, in Streifen geschnittenen Basilikumblättchen.

Porreecremesuppe mit Mett I

Schnell – schmeckt auch Kindern

4 Portionen

Pro Portion: E: 17 g, F: 29 g, Kh: 4 g, kJ: 1431, kcal: 343, BE: 0,0

1	*Zwiebel*
2 Stangen	*Porree (Lauch, etwa 400 g)*
30 g	*Butter oder Margarine*
250 g	*Schweinemett*
1 l	*Gemüsebrühe*
	Salz
	gem. Pfeffer
100–150 g	*Sahne-Schmelzkäse*

Zubereitungszeit: 20 Minuten
Garzeit: 8–9 Minuten

1. Zwiebel abziehen und in kleine Würfel schneiden. Porree putzen, die Stangen längs halbieren, gründlich waschen und abtropfen lassen. Den Porree in Streifen schneiden.

2. Die Butter oder Margarine in einem Topf zerlassen. Zwiebelwürfel darin andünsten. Das Mett hinzufügen und unter Rühren anbraten. Dabei die Fleischklümpchen mit einer Gabel zerdrücken. Porreestreifen hinzugeben und 3–4 Minuten mitdünsten lassen.

3. Brühe hinzugießen, mit Salz und Pfeffer würzen. Die Zutaten zum Kochen bringen und zugedeckt etwa 5 Minuten bei schwacher Hitze leicht kochen lassen.

4. Schmelzkäse in die heiße Suppe geben und unter Rühren schmelzen lassen. Porreecremesuppe mit Salz und Pfeffer abschmecken.

Portugiesischer Hackbraten I

Raffiniert – mit Alkohol

4 Portionen

Pro Portion: E: 32 g, F: 34 g, Kh: 19 g, kJ: 2207, kcal: 527, BE: 1,5

1 Brötchen (Semmel) vom Vortag
1 mittelgroße Zwiebel
einige Zweige Petersilie
1 Knoblauchzehe
1 gestr. TL Salz
3 Sardellenfilets
500 g Gehacktes (halb Rind-, halb Schweinefleisch)
2 EL abgetropfte Kapern (aus dem Glas)
1 Ei (Größe M)
40 g Semmelbrösel
gem. Pfeffer
Paprikapulver edelsüß
gem. Kümmelsamen
50 g durchwachsener, geräucherter Speck
30 g Butterschmalz
1 große Zwiebel
1 Stange Porree (Lauch)
1 Möhre
125 ml Rotwein

Zubereitungszeit: 55 Minuten
Garzeit: etwa 60 Minuten

1. Brötchen in kaltem Wasser einweichen. Zwiebel abziehen und sehr klein würfeln. Petersilie abspülen und trocken tupfen. Die Blättchen von den Stängeln zupfen. Blättchen klein schneiden. Knoblauch abziehen, mit Salz zu einer Paste zerreiben. Sardellenfilets kurz unter fließendem kalten Wasser abspülen, trocken tupfen und in sehr kleine Würfel schneiden. Eingeweichtes Brötchen gut ausdrücken.

2. Das Gehackte in eine Schüssel geben. Brötchen, Zwiebelwürfel, Petersilie, Knoblauchpaste, Sardellenwürfel, Kapern, Ei und Semmelbrösel zum Gehackten in die Schüssel geben. Die Zutaten zu einem Fleischteig verkneten. Mit Pfeffer, Paprika und Kümmel würzen.

3. Den Backofen vorheizen.
Ober-/Unterhitze: etwa 200 °C
Heißluft: etwa 180 °C

4. Den Hackfleischteig mit angefeuchteten Händen zu einem Laib formen. Speck in kleine Würfel schneiden. Das Butterschmalz in einem Bräter erhitzen. Die Speckwürfel darin auslassen.

5. Zwiebel abziehen, klein würfeln. Porree putzen, Stangen längs halbieren, gründlich waschen, abtropfen lassen und in Stücke schneiden. Möhre putzen, schälen, abspülen, abtropfen lassen und würfeln.

6. Vorbereiteten Hackbraten in den Bräter legen. Den Bräter mit Deckel auf dem Rost in den vorgeheizten Backofen schieben. Den Hackbraten **etwa 60 Minuten garen.**

7. Nach etwa 20 Minuten Garzeit etwas von dem Rotwein hinzufügen, dann das vorbereitete Gemüse hinzugeben und mitgaren lassen. Nach weiteren etwa 20 Minuten den restlichen Rotwein hinzugießen. Den Hackbraten mit dem Gemüse fertig garen.

Räuberbraten mit Steckrüben

Preiswert – dauert länger
6–8 Portionen

Pro Portion: E: 43 g, F: 40 g, Kh: 28 g,
kJ: 2691, kcal: 642, BE: 2,5

1 Brötchen (Semmel) vom Vortag
100 g Zwiebeln
2 Knoblauchzehen
1 1/4 kg Gehacktes (halb Rind-, halb Schweinefleisch)
80 g gewürfelter Schinkenspeck
2 Eier (Größe M)
1 EL mittelscharfer Senf
1 EL ger. Meerrettich
Salz, gem. Pfeffer
5 EL Speiseöl, z. B. Rapsöl
250 ml Barbecue-Sauce
200 ml Fleischbrühe

250 g rote Paprikaschoten
1 1/4 kg Steckrübe
150 ml Wasser
1/2 gestr. TL Salz
1 EL Zucker
60 g Butter
einige Stängel glatte Petersilie

Zubereitungszeit: 40 Minuten
Garzeit: etwa 4 Stunden

1. Den Backofen vorheizen.
Ober-/Unterhitze: etwa 95 °C

2. Brötchen in kaltem Wasser einweichen und ausdrücken. Zwiebeln und Knoblauch abziehen, in kleine Würfel schneiden. Gehacktes in eine Schüssel geben. Zwiebel-, Knoblauch-, Schinkenspeckwürfel, Eier, Senf und Meerrettich hinzugeben. Die Zutaten zu einem Teig verkneten. Mit Salz und Pfeffer würzen.

3. Aus dem Fleischteig mit angefeuchteten Händen 2 längliche Laibe (je etwa 7 cm dick) formen. Speiseöl in einem Bräter erhitzen. Die Fleischlaibe darin (evtl. nacheinander) von allen Seiten etwa 10 Minuten gut anbraten.

4. Barbecue-Sauce und Fleischbrühe zum Hackbraten in den Bräter gießen und kurz zum Kochen bringen. Den Bräter auf dem Rost in den vorgeheizten Backofen (unteres Drittel) schieben. Die beiden Hackbraten **etwa 4 Stunden garen.**

5. Etwa 2 Stunden vor Ende der Garzeit die Paprikaschoten halbieren, entstielen, entkernen und die weißen Scheidewände entfernen. Die Schoten abspülen, abtropfen lassen und in feine Streifen schneiden. Die Paprikastreifen auf die Hackbraten legen und mitgaren lassen. Räuberbraten fertig garen.

6. Etwa 30 Minuten vor Ende der Garzeit Steckrübe putzen, schälen, abspülen, abtropfen lassen und in etwa 2 cm große Würfel schneiden. Die Steckrübenwürfel mit Wasser, Salz, Zucker und Butter in einem Topf zum Kochen bringen. Zugedeckt etwa 10 Minuten bei schwacher Hitze garen.

7. Petersilie abspülen und trocken tupfen. Die Blättchen von den Stängeln zupfen. Blättchen klein schneiden. Das Gemüse mit Salz und Pfeffer abschmecken, Petersilie unterrühren.

8. Die Räuberbraten aus dem Bräter nehmen, in Scheiben schneiden, mit den Steckrüben und der Sauce servieren.

Räuberhackbraten I

Dauert länger – preiswert

8 Portionen

Pro Portion: E: 49 g, F: 53 g, Kh: 12 g, kJ: 2995, kcal: 715, BE: 1,0

2 Brötchen (Semmeln) vom Vortag
200 g junger Gouda
4 Zwiebeln
3 Knoblauchzehen
2 rote Paprikaschoten
360 g abgetropfte Champignons (aus dem Glas)
5 EL Speiseöl
1,2 kg Gehacktes (halb Rind-, halb Schweinefleisch)
4 Eier (Größe M)
1 EL Paprikapulver edelsüß
1 EL Paprikapulver rosenscharf
Salz
gem. Pfeffer
300 g durchwachsener Speck

Außerdem:

Küchengarn

Zubereitungszeit: 40 Minuten
Garzeit: etwa 75 Minuten

1. Brötchen in kaltem Wasser einweichen. Käse in Würfel schneiden. Zwiebeln und Knoblauch abziehen, klein würfeln.

2. Paprikaschoten vierteln, entstielen, entkernen und die weißen Scheidewände entfernen. Schoten abspülen, trocken tupfen und in kleine Würfel schneiden. Champignons in feine Scheiben schneiden.

3. Speiseöl in einer Pfanne erhitzen. Zwiebel- und Knoblauchwürfel darin andünsten. Paprikawürfel hinzufügen und unter Rühren mit andünsten. Champignonscheiben und Käsewürfel unterheben.

4. Den Backofen vorheizen.
Ober-/Unterhitze: etwa 180 °C
Heißluft: etwa 160 °C

5. Eingeweichtes Brötchen gut ausdrücken. Gehacktes in eine Schüssel geben. Die vorbereitete Paprika-Champignon-Mischung, Brötchen und Eier hinzufügen. Die Zutaten zu einem Teig verkneten, mit Paprika, Salz und Pfeffer würzen. Aus dem Fleischteig mit angefeuchteten Händen einen Laib formen.

6. Den Speck in Scheiben schneiden, auf den Fleischlaib legen und mit Küchengarn zusammenbinden. Den Hackbraten in eine Fettpfanne legen. Die Fettpfanne in den vorgeheizten Backofen schieben. Den Hackbraten **etwa 75 Minuten garen.**

7. Während der Garzeit evtl. etwas Wasser in die Fettpfanne gießen.

8. Den Hackbraten aus der Fettpfanne nehmen und das Küchengarn entfernen. Hackbraten in Scheiben schneiden.

Tipps: Den Hackbraten kalt oder warm in Scheiben schneiden. Zur Abwandlung Kochschinken in Würfeln unter die Hackfleischmasse geben.

Reisnudelsalat mit Hackbällchen und Tomatensauce I

Raffiniert

4 Portionen

Pro Portion: E: 24 g, F: 38 g, Kh: 53 g, kJ: 2718, kcal: 649, BE: 4,0

Für die Hackbällchen:

1/2 Tüte Erdnussflips
1/2 Tüte Paprikaringe
250 g Gehacktes (halb Rind-, halb Schweinefleisch)
1 Ei (Größe M)
Salz
gem. Pfeffer
1 TL gerebelter Rosmarin
Tabasco
ger. Muskatnuss
Knoblauchpulver
4 EL gehackte Petersilie
5 EL Speiseöl

Für den Salat:

150 g Reisnudeln (Hartweizennudeln in Reisform)
2 EL Speiseöl
175 g abgetropfte Artischockenherzen (aus der Dose)
2–3 Bund Schnittlauch
210 g abgetropfte, kleine Champignons (aus der Dose)

Für die Sauce:

2 Fleischtomaten
6 EL Artischockenflüssigkeit (aus der Dose)
6 EL Schlagsahne

Zubereitungszeit: 60 Minuten, ohne Abkühlzeit

1. Für die Bällchen die Erdnussflips und Paprikaringe in einen Gefrierbeutel geben und mit einer Teigrolle grob zerbröseln.

2. Gehacktes mit den Bröseln in eine Schüssel geben. Ei, Salz, Pfeffer, Rosmarin, Tabasco, Muskat, Knoblauch und Petersilie hinzugeben. Die Zutaten zu einem glatten Teig verkneten.

3. Aus dem Hackfleischteig mit angefeuchteten Händen etwa 40 kleine Bällchen formen.

4. Jeweils etwas Speiseöl in einer Pfanne erhitzen. Die Hackbällchen darin portionsweise von allen Seiten knusprig braun braten, herausnehmen und abkühlen lassen.

5. Für den Salat Reisnudeln in kochendem Salzwasser nach Packungsanleitung garen. Die Reisnudeln in ein Sieb geben, mit heißem Wasser abspülen und abtropfen lassen.

6. Speiseöl in einer Pfanne erhitzen. Die Reisnudeln darin schwenken und erkalten lassen.

7. Von den Artischockenherzen die Flüssigkeit auffangen und 6 Esslöffel für die Sauce abmessen. Die Artischockenherzen in Viertel schneiden.

8. Schnittlauch abspülen, trocken tupfen und in Röllchen schneiden.

9. Die vorbereiteten Salatzutaten mit den Champignons in einer Schüssel vermengen und in den Kühlschrank stellen.

10. Für die Sauce Tomaten kreuzweise einschneiden, mit kochendem Wasser übergießen. Nach 1–2 Minuten herausnehmen und mit kaltem Wasser abschrecken. Tomaten häuten, halbieren und die Stängel-ansätze herausschneiden. Die Tomaten durch ein Sieb streichen.

11. Die Artischockenflüssigkeit und Sahne unter die Tomatenmasse rühren. Die Sauce mit Salz und Pfeffer abschmecken, in den Kühlschrank stellen.

12. Die Sauce erst kurz vor dem Servieren unter die Salatzutaten heben. Den Salat in einer flachen Schale anrichten. Die Hackbällchen darauf verteilen.

Tipp: Für eine Party verdoppeln Sie die Zutaten und servieren einen gemischten Salat dazu.

Russische Frikadellen | Einfach
4 Portionen

Pro Portion: E: 30 g, F: 42 g, Kh: 9 g, kJ: 2227, kcal: 532, BE: 0,5

500 g Gehacktes (halb Rind-, halb Schweinefleisch)
1 Ei (Größe M)
Salz, gem. Pfeffer
1–2 EL Speiseöl

1 Bund Frühlingszwiebeln (etwa 250 g)
250 g kleine Champignons, rosé oder weiß
190 g abgetropfte Cornichons (aus dem Glas)
200 g Schlagsahne
1 TL Paprikapulver edelsüß
1 EL mittelscharfer Senf

Zum Bestäuben:
Paprikapulver

Zum Garnieren:
glatte Petersilienblättchen

Außerdem:
1 Stück Bratfolie oder Bratschlauch

Zubereitungszeit: 20 Minuten
Garzeit: etwa 25 Minuten

1. Gehacktes mit dem Ei in einer Schüssel verkneten, mit Salz und Pfeffer würzen. Aus der Hackfleischmasse mit angefeuchteten Händen 12 kleine Frikadellen formen. Speiseöl in einer Pfanne erhitzen. Die Frikadellen darin von allen Seiten anbraten.

2. Den Backofen vorheizen.
Ober-/Unterhitze: etwa 200 °C
Heißluft: etwa 180 °C

3. Die Frühlingszwiebeln putzen, abspülen, abtropfen lassen und in kleine Stücke schneiden. Champignons putzen, evtl. kurz abspülen, trocken tupfen und halbieren. Cornichons längs vierteln.

4. Die Frühlingszwiebelstücke, Champignonhälften, Cornichons und Sahne in einer Schüssel mischen, mit Paprika, Senf, Salz und Pfeffer herzhaft würzen.

5. Die Gemüse-Sahne-Masse auf ein großes Stück Bratfolie oder in den Bratschlauch geben. Frikadellen mit Paprika bestäuben und auf der Gemüse-Sahne-Masse verteilen. Die Bratfolie oder den Bratschlauch nach Packungsanleitung verschließen und auf ein Backblech legen. Das Backblech in den vorgeheizten Backofen (unteres Drittel) schieben. Die Frikadellen mit dem Gemüse **etwa 25 Minuten garen.**

6. Die Folie aufschneiden. Die Frikadellen mit dem Gemüse herausnehmen, auf einer Platte anrichten und mit abgespülten, trocken getupften Petersilienblättchen garnieren.

Beilage: Tomatenreis. Dafür gegarten Reis mit Tomatenwürfeln (von frischen Tomaten) in zerlassener Butter schwenken, mit Salz, Pfeffer und Tomatenketchup abschmecken. Nach Belieben gegarten Reis in eine Tasse füllen und auf die Platte stürzen.

Russischer Hacktopf I

Für die Party

12 Portionen

Pro Portion: E: 31 g, F: 27 g, Kh: 7 g, kJ: 1646, kcal: 392, BE: 0,5

4 große Zwiebeln
5 EL Speiseöl
1,6 kg Rindergehacktes
3 Stangen Porree (Lauch)
800 g passierte Tomaten (aus Dosen)
500 ml Fleischbrühe
1 EL mittelscharfer Senf
1 EL Paprikapulver edelsüß
1 gestr. TL Salz
gem. Pfeffer
450 g saure Sahne

Zubereitungszeit: 50 Minuten
Garzeit: etwa 15 Minuten

1. Zwiebeln abziehen und in kleine Würfel schneiden. Speiseöl in einem großen, breiten Topf erhitzen. Zwiebelwürfel darin andünsten.

2. Das Gehackte hinzugeben und bei starker Hitze unter Rühren krümelig anbraten. Dabei die Fleischklümpchen mit einer Gabel zerdrücken.

3. Porree putzen, die Stangen längs halbieren, gründlich waschen, abtropfen lassen und in feine Streifen schneiden. Porree mit passierten Tomaten, Fleischbrühe, Senf, Paprika, Salz und Pfeffer zum angebratenen Gehackten in den Topf geben. Den Hacktopf zum Kochen bringen und zugedeckt etwa 15 Minuten bei schwacher Hitze unter mehrmaligem Rühren garen.

4. Den Hacktopf mit den Gewürzen abschmecken. Die saure Sahne kurz vor dem Servieren darauf verteilen.

Beilage: Nudeln oder Reis.

Sardische Lammbällchen aus dem Ofen I Mit Alkohol

4 Portionen

Pro Portion: E: 48 g, F: 57 g, Kh: 42 g, kJ: 3810, kcal: 911, BE: 3,5

750 g	*kleine Kartoffeln (je etwa 40 g)*
8	*Knoblauchzehen*
250 ml	*Weißwein*
7 EL	*Olivenöl*
300 ml	*Gemüsebrühe*
	Salz
75 g	*abgetropfte, grüne Oliven (ohne Stein)*
40 g	*getrocknete Soft-Tomaten*
50 g	*Pecorino (ohne Rinde)*
800 g	*Lammhackfleisch*
70 g	*Semmelbrösel*
2	*Eier (Größe M)*
	gem. schwarzer Pfeffer
1/2	*Bio-Zitrone (unbehandelt, ungewachst)*
6 Stängel	*Thymian*
1 frischer Zweig	*Lorbeer (mit 4 Blättern)*
6 Stängel	*Rosmarin*
40 g	*abgetropfte Kapern (aus dem Glas)*

Zubereitungszeit: 45 Minuten
Garzeit: etwa 50 Minuten

1. Den Backofen vorheizen.
Ober-/Unterhitze: etwa 220 °C
Heißluft: etwa 200 °C

2. Die Kartoffeln unter fließendem kalten Wasser abbürsten, abtropfen lassen und der Länge nach vierteln. Die Kartoffelspalten mit den nicht abgezogenen Knoblauchzehen, Weißwein, 3 Esslöffeln Olivenöl und der Brühe in einer großen, feuerfesten Form oder in einer Fettpfanne verteilen. Mit Salz würzen.

3. Die Form auf dem Rost oder die Fettpfanne in den vorgeheizten Backofen schieben. Die Kartoffelspalten **etwa 30 Minuten garen.**

4. In der Zwischenzeit Oliven, Tomaten und den Käse in grobe Stücke schneiden und zusammen im Blitzhacker in kleine Stücke hacken.

5. Das Lammhackfleisch in eine Schüssel geben. Die klein gehackte Tomaten-Käse-Mischung, Semmelbrösel und Eier gut unterarbeiten, mit Salz und Pfeffer würzen. Aus der Hackfleischmasse mit angefeuchteten Händen 16 glatte Bällchen formen.

6. Die Zitrone heiß abwaschen, abtrocknen und halbieren. Eine Zitronenhälfte in 2 cm große Stücke schneiden.

7. Restliches Olivenöl in einer großen Pfanne erhitzen. Die Hackfleischbällchen darin bei starker Hitze von allen Seiten kurz leicht braun anbraten und herausnehmen.

8. Thymian, Lorbeer und Rosmarin abspülen und trocken tupfen.

9. Die Hackfleischbällchen, Kräuter, Zitronenstücke und Kapern nach etwa 30 Minuten Garzeit zu den Kartoffelspalten in die Form oder Fettpfanne geben und **bei gleicher Backofentemperatur etwa 18 Minuten mitgaren lassen.**

10. Die sardischen Lammbällchen sofort servieren.

Sauerkraut-Mett-Puffer I

Für Gäste

4 Portionen

Pro Portion: E: 25 g, F: 49 g, Kh: 24 g, kJ: 2677, kcal: 640, BE: 2,0

Für den Salat:

250 g Feldsalat
40 g Kürbiskerne
4 EL Obstessig
Salz
gem. schwarzer Pfeffer
1 TL Zucker
4 EL Kürbiskernöl

10 Schnittlauchhalme

Für die Sauerkraut-Mett-Puffer:

200 g Sauerkraut (aus der Dose)
50 g Frühlingszwiebeln
2 Stängel Majoran
40 g Bergkäse oder Emmentaler (ohne Rinde)
100 g Weizenmehl
2 Eier (Größe M)
200 ml Milch (3,5 % Fett)
200 g Thüringer Mett (gewürztes Schweinemett)

6 EL Sonnenblumenöl

Zubereitungszeit: 45 Minuten
Bratzeit: etwa 20 Minuten

1. Für den Salat Feldsalat putzen und die Wurzelansätze abschneiden. Feldsalat gründlich abspülen und trocken schleudern. Die Kürbiskerne in einer Pfanne ohne Fett unter Rühren goldbraun rösten, herausnehmen und auf einem Teller erkalten lassen. Essig mit Salz, Pfeffer und etwas Zucker verrühren, Kürbiskernöl unterschlagen. Schnittlauch abspülen, trocken tupfen und in feine Röllchen schneiden.

2. Den Backofen vorheizen.
Ober-/Unterhitze: etwa 80 °C
Heißluft: etwa 60 °C

3. Sauerkraut mit den Händen gut ausdrücken und anschließend grob hacken. Frühlingszwiebeln putzen, abspülen, abtropfen lassen und in sehr feine Scheiben schneiden. Majoran abspülen und trocken tupfen. Die Blättchen von den Stängeln zupfen. Blättchen klein schneiden. Den Bergkäse oder Emmentaler fein reiben.

4. Mehl, Eier und Milch in einer Rührschüssel mit dem Schneebesen glatt rühren. Sauerkraut, Frühlingszwiebelscheiben, Majoran, Käse und das Mett hinzugeben und mit einem Holzlöffel gleichmäßig unterrühren, bis das Mett gut verteilt ist. Die Masse leicht mit Salz und kräftig mit Pfeffer würzen.

5. Dann aus der Sauerkraut-Mett-Masse insgesamt 12 Puffer backen. Dafür jeweils 2 Esslöffel des Sonnenblumenöls in einer großen Pfanne erhitzen. 4 Portionen von der Sauerkraut-Mett-Masse mit einem Löffel in die Pfanne geben. Die Portionen sofort flach drücken und zu einem Puffer (Ø 8–9 cm) formen. Die Puffer von jeder Seite 2–3 Minuten goldbraun braten, herausnehmen und auf einen Teller legen.

6. Die fertigen Puffer im vorgeheizten Backofen warm halten. Restliche Puffer auf die gleiche Weise zubereiten.

7. Den Feldsalat mit der Vinaigrette mischen und mit den Kürbiskernen in Schälchen anrichten. Die Sauerkraut-Mett-Puffer mit den Schnittlauchröllchen bestreuen und mit dem Salat servieren.

Scharfe Bohnensuppe I

Schnell

2–4 Portionen

Pro Portion: E: 37 g, F: 17 g, Kh: 27 g, kJ: 1730, kcal: 414, BE: 2,0

1	*Zwiebel*
1–2 TL	*Speiseöl, z. B. Sonnenblumenöl*
250 g	*Gehacktes (halb Rind-, halb Schweinefleisch*
100 g	*gewürfelter, durchwachsener Speck oder Bacon*
2 geh. EL	*Tomatenmark*
1 geh. TL	*Paprikapulver edelsüß*
500 ml	*Hühner- oder Gemüsebrühe*
530 g	*gut abgetropfte, weiße Bohnen mit Suppengrün (aus der Dose)*
	Salz
	gem. Pfeffer
etwa	
2 Zweige	*Petersilie*
1	*frische Chilischote*
2–3 EL	*rote Paprikawürfel*

Zubereitungszeit: 10 Minuten
Garzeit: etwa 25 Minuten

1. Zwiebel abziehen und in kleine Würfel schneiden.

2. Speiseöl in einer Pfanne erhitzen. Gehacktes darin unter Rühren scharf anbraten. Dabei die Fleischklümpchen mit einer Gabel zerdrücken.

3. Zwiebel- und Speckwürfel hinzugeben, kurz mitdünsten lassen. Tomatenmark und Paprika hinzufügen, ebenfalls kurz mit andünsten.

4. Brühe hinzugießen, zum Kochen bringen und etwa 10 Minuten bei mittlerer Hitze kochen lassen.

5. Weiße Bohnen zur Suppe in den Topf geben, wieder zum Kochen bringen und weitere etwa 15 Minuten kochen lassen. Die Suppe mit Salz und Pfeffer abschmecken.

6. Petersilie abspülen und trocken tupfen. Die Blättchen von den Stängeln zupfen. Die Blättchen grob zerschneiden.

7. Chilischote halbieren, entstielen, entkernen, abspülen und trocken tupfen. Chilihälften sehr klein schneiden.

8. Die Suppe in Suppentassen anrichten. Mit Petersilie, Chili und Paprikawürfeln garnieren.

Abwandlung: Für eine **scharfe Kidney-Bohnensuppe „Nevada“** (4 Portionen) 30 g Butter oder Margarine in einem Topf zerlassen. 250 g Rindergehacktes darin unter Rühren andünsten, dabei die Fleischklümpchen mit einer Gabel zerdrücken. Jeweils 1 Knoblauchzehe und 1 Zwiebel abziehen, klein würfeln, hinzufügen und mitdünsten lassen. 2 Möhren putzen, schälen, abspülen, abtropfen lassen und klein würfeln. 1 Stange Staudensellerie putzen, die harten Außenfäden abziehen. Sellerie abspülen, abtropfen lassen und in Scheiben schneiden. Möhren und Sellerie in den Topf geben und mit andünsten. Mit Salz, weißem Pfeffer, Cayennepfeffer und Paprikapulver edelsüß bestreuen. 250 ml Gemüsebrühe hinzugießen. Das Gemüse etwa 10 Minuten garen. 510 g abgetropfte Kidney-Bohnen (aus Dosen) mit 400 g geschälten Tomaten (aus der Dose) hinzufügen, zum Kochen bringen und etwa 5 Minuten garen. Die Kindney-Bohnensuppe mit Salz, weißem Pfeffer, Cayennepfeffer und Paprikapulver edelsüß abschmecken, 150 g saure Sahne und 2 Esslöffel Schnittlauchröllchen unterrühren.

Scharfe Rinderhack-Zitronengras-Spieße I

Exotisch

4 Portionen

Pro Portion: E: 43 g, F: 51 g, Kh: 46 g, kJ: 3431, kcal: 819, BE: 3,5

600 g Rindergehacktes
2 Bio-Limetten (unbehandelt, ungewachst)

Für den Salat:

40 g frischer Ingwer
4 EL Zucker
Salz
2 EL dunkles, asiatisches Sesamöl
7 EL Sonnenblumenöl
300 g Cocktailtomaten
100 g Staudensellerie
150 g Salatgurke
100 g Mungobohnensprossen
1 rosa Grapefruit (etwa 400 g)
150 g rote Zwiebeln
20 Thai-Basilikumblättchen
20 Minzeblättchen

75 g Cornflakes
2 Eier (Größe M)
2 EL Sambal Oelek
4 EL Sojasauce
12 Stangen Zitronengras (je etwa 10 g)
40 g geröstete, gesalzene Erdnusskerne

Zubereitungszeit: 60 Minuten
Bratzeit: Spieße je 6–8 Minuten

1. Gehacktes in eine Schüssel geben. Limetten heiß abwaschen, abtrocknen und die Schale fein abreiben. Die Zitronenschale zum Gehackten geben.

2. Die Limetten halbieren, den Saft auspressen und 6 Esslöffel Saft abmessen. Ingwer schälen und sehr fein würfeln. Ingwerwürfel mit Zucker, Limettensaft und etwas Salz verrühren. Sesamöl und 4 Esslöffel des Sonnenblumenöls unterschlagen.

3. Die Tomaten abspülen, trocken tupfen und vierteln. Staudensellerie putzen und die harten Außenfäden abziehen. Selleriestangen abspülen, trocken tupfen und in feine Scheiben schneiden. Salatgurke gründlich abspülen, abtrocknen und die Enden abschneiden. Die Gurke der Länge nach halbieren und schräg in dünne Scheiben schneiden.

4. Mungobohnensprossen putzen, in ein Sieb geben, unter fließendem kalten Wasser abspülen und abtropfen lassen. Grapefruit so schälen, dass die weiße Haut vollständig entfernt ist. Grapefruit zuerst längs durchschneiden, danach quer in dünne Scheiben schneiden. Zwiebeln abziehen und halbieren. Ein Drittel der Zwiebeln der Länge nach in sehr dünne Scheiben schneiden.

5. Die Zwiebelscheiben, Tomatenviertel, Gurken-, Selleriescheiben, Mungobohnensprossen und Grapefruitscheiben in eine Schüssel geben. Limettenvinaigrette gut untermischen, evtl. mit etwas Salz nachwürzen. Den Salat zugedeckt etwa 30 Minuten im Kühlschrank durchziehen lassen.

6. Basilikum- und Minzeblättchen abspülen, trocken tupfen und beiseitelegen.

7. Die restlichen Zwiebeln fein würfeln und mit den Cornflakes im Blitzhacker fein zerbröseln. Die Zwiebel-Brösel-Masse zu dem Gehackten in die Schüssel geben. Eier, Sambal Oelek und Sojasauce hinzugeben. Die Zutaten gut verkneten und anschließend mit etwas Salz würzen.

8. Restliches Sonnenblumenöl in 2 großen Bratpfannen erhitzen. Die Zitronengrasspieße auf Länge der Bratpfannen kürzen. Die Hackfleischmasse in 12 Portionen teilen und mit angefeuchteten Händen gleichmäßig um die Zitronengrasspieße formen, dabei festdrücken. Die Spieße in den beiden Pfannen von allen Seiten 6–8 Minuten braten.

9. Die Erdnusskerne klein hacken. Die beiseitegelegten Basilikum- und Minzeblättchen unter den Salat heben. Den Salat anrichten und mit den Erdnusskernen bestreuen. Die Rinderhack-Zitronengras-Spieße dazulegen und servieren.

Scharfer Tortellonisalat I

Für Gäste

8 Portionen

Pro Portion: E: 28 g, F: 28 g, Kh: 45 g, kJ: 2286, kcal: 546, BE: 3,5

Für die Hackfleischsauce:

je 1	*grüne, rote und gelbe Paprikaschote*
600 g	*Schweinegehacktes*
	Salz
	gem. Pfeffer
	Cayennepfeffer
6 EL	*Tomatenketchup*
4–5 EL	*Obstessig*
etwas	*Zucker*
3–4 l	*Wasser*
3–4 gestr. TL	*Salz*
1 kg	*Tortelloni mit Käsefüllung (aus dem Kühlregal)*
1	*Salatgurke*
1 Bund	*glatte Petersilie*
150 ml	*lauwarme Gemüsebrühe*

Zubereitungszeit: 45 Minuten, ohne Abkühl- und Durchziehzeit

1. Für die Hackfleischsauce Paprikaschoten halbieren, entstielen, entkernen und die weißen Scheidewände entfernen. Schoten abspülen, trocken tupfen und in kleine Würfel schneiden.

2. Gehacktes in einer beschichteten Pfanne bei mittlerer Hitze unter Rühren anbraten, dabei die Fleischklümpchen mit einer Gabel zerdrücken. Mit Salz, Pfeffer und Cayennepfeffer würzen. Tomatenketchup, 4 Esslöffel von dem Obstessig und die Paprikawürfel hinzugeben. Die Hackfleischsauce mit Zucker abschmecken, abkühlen lassen.

3. Das Wasser in einem großen Topf zugedeckt zum Kochen bringen. Dann Salz und Tortelloni hinzugeben. Die Tortelloni im geöffneten Topf bei mittlerer Hitze nach Packungsanleitung kochen lassen, dabei gelegentlich umrühren.

4. Anschließend die Tortelloni in ein Sieb geben, mit heißem Wasser abspülen und abtropfen lassen.

5. Die Salatgurke abwaschen, abtrocknen, der Länge nach halbieren und entkernen. Gurkenhälften in dünne Scheiben schneiden. Petersilie abspülen und trocken tupfen. Die Blättchen von den Stängeln zupfen (einige Blättchen zum Garnieren beiseitelegen).

6. Brühe mit restlichem Obstessig in einer großen Schüssel verrühren. Mit Salz und Pfeffer würzen. Die Tortelloni, Gurkenscheiben und Petersilienblättchen hinzugeben und gut vermengen. Den Salat mindestens 20 Minuten durchziehen lassen. Mit Salz und Pfeffer abschmecken.

7. Die Hackfleischsauce auf dem Salat verteilen. Den Salat mit den beiseitegelegten Petersilienblättchen garnieren und servieren.

Tipp: Gehacktes in einer unbeschichteten Pfanne in 2–3 Esslöffeln Speiseöl anbraten.

Schichtmittag I

Macht richtig satt

4 Portionen

Pro Portion: E: 29 g, F: 47 g, Kh: 28 g, kJ: 2726, kcal: 651, BE: 2,0

1 kleiner Weißkohl (etwa 750 g)
600 g festkochende Kartoffeln
1 Gemüsezwiebel
4 EL Speiseöl
Salz
gem. Pfeffer
evtl. gem. Kümmelsamen
500 g Thüringer Mett (gewürztes Schweinemett)
125 ml Gemüsebrühe
40 g Butter

Zubereitungszeit: 40 Minuten
Garzeit: 70–90 Minuten

1. Weißkohl putzen, vierteln und den Strunk herausschneiden. Die Kohlviertel in feine Streifen schneiden, abspülen und abtropfen lassen. Die Weißkohlstreifen in kochendem Wasser 3–5 Minuten kochen lassen. Kohlstreifen in einem Sieb abtropfen lassen.

2. Kartoffeln schälen, abspülen, abtropfen lassen und in Scheiben schneiden. Gemüsezwiebel abziehen und in dünne Scheiben schneiden.

3. Das Speiseöl in einem Topf erhitzen. Die Hälfte der Weißkohlstreifen darin andünsten, mit Salz, Pfeffer und nach Belieben mit Kümmel würzen. Die Hälfte der Kartoffel- und Zwiebelscheiben daraufgeben. Das Mett auseinanderzupfen und darauf verteilen.

4. Die restlichen Kartoffel- und Zwiebelscheiben und zuletzt die restlichen Weißkohlstreifen einschichten, mit den Gewürzen bestreuen. Gemüsebrühe hinzugießen. Butter in Flöckchen daraufsetzen.

5. Schichtmittag zugedeckt bei schwacher Hitze 70–90 Minuten garen.

Tipps: Schichtmittag kann auch bei Ober-/Unterhitze: etwa 180 °C, Heißluft: etwa 160 °C etwa 90 Minuten im vorgeheizten Backofen gegart werden. Die Zugabe von Kümmel erhöht die Bekömmlichkeit dieses Kohl-Gerichtes.

Schmorgurken mit Geflügelhack I

Einfach

4 Portionen

Pro Portion: E: 41 g, F: 28 g, Kh: 27 g, kJ: 2210, kcal: 528, BE: 2,0

2 Schmorgurken (je etwa 400 g)

Für die Füllung:

1 Bund Schnittlauch
Salz
120 g Langkornreis
600 g Geflügelhackfleisch (evtl. beim Metzger vorbestellen)
1 Ei (Größe M)
gem. Pfeffer
1 Gemüsezwiebel (etwa 200 g)
150 g magerer, durchwachsener Speck
2 EL Speiseöl
200 ml Gemüsebrühe

Zubereitungszeit: 25 Minuten, ohne Quellzeit
Garzeit: 50–60 Minuten

1. Die Schmorgurken abspülen, abtropfen lassen, schälen und halbieren. Die Kerne mit einem Teelöffel herauslösen.

2. Für die Füllung den Schnittlauch abspülen, trocken tupfen und in kleine Röllchen schneiden. Wasser in einem Topf zum Kochen bringen. Salz und Reis hinzufügen, umrühren, wieder zum Kochen bringen und bei schwacher Hitze etwa 15 Minuten ausquellen lassen. Reis in ein Sieb geben, mit kaltem Wasser übergießen und abtropfen lassen.

3. Geflügelhackfleisch in eine Schüssel geben. Reis, Ei und zwei Drittel der Schnittlauchröllchen hinzufügen. Die Zutaten gut verkneten. Mit Salz und Pfeffer würzen, auf den Gurkenhälften verteilen.

4. Den Backofen vorheizen.
Ober-/Unterhitze: etwa 180 °C
Heißluft: etwa 160 °C

5. Zwiebel abziehen, halbieren und in kleine Würfel schneiden. Speck ebenfalls klein würfeln.

6. Speiseöl in einem Bräter erhitzen. Zwiebel- und Speckwürfel darin glasig dünsten. Brühe hinzugießen. Die gefüllten Gurkenhälften in den Bräter geben. Den Bräter auf dem Rost in den vorgeheizten Backofen schieben. Die Schmorgurken **50–60 Minuten garen.**

7. Die gefüllten Gurken aus dem Bräter nehmen, auf einem Teller anrichten und mit den restlichen Schnittlauchröllchen bestreut servieren.

Schwedische Köttbullar I

Beliebt – klassisch

4 Portionen

Pro Portion: E: 38 g, F: 45 g, Kh: 25 g, kJ: 2736, kcal: 653, BE: 2,0

100 g	*Semmelbrösel*
250 ml	*Milch (3,5 % Fett)*
1	*Zwiebel*
600 g	*Rindergehacktes*
1	*Ei (Größe M)*
½ gestr. TL	*Salz*
	gem. Pfeffer
3 EL	*Speiseöl, z. B. Sonnenblumenöl*
3	*abgetropfte Gewürzgurken (aus dem Glas)*
etwa 150 g	*Schlagsahne*
1–2 EL	*Gurkensud (aus dem Glas)*
	Salz

Zubereitungszeit: 40 Minuten, ohne Quellzeit

1. Die Semmelbrösel mit Milch in einer Schüssel gut verrühren und etwa 30 Minuten quellen lassen.

2. Zwiebel abziehen und auf der Haushaltsreibe fein reiben oder in sehr kleine Würfel schneiden. Gehacktes in eine Schüssel geben. Semmelbröselmasse und Ei hinzufügen. Die Zutaten zu einem geschmeidigen Teig verarbeiten. Mit Salz und Pfeffer würzen.

3. Aus der Hackfleischmasse mit angefeuchteten Händen walnussgroße Bällchen formen.

4. Speiseöl in einer Pfanne erhitzen. Köttbullar darin evtl. portionsweise von allen Seiten unter gelegentlichem Wenden bei mittlerer Hitze 8–10 Minuten braten. Köttbullar aus der Pfanne nehmen und zugedeckt warm stellen.

5. Von den Gurken 1–2 Esslöffel Gurkensud auffangen. Gurken in kleine Würfel schneiden, mit Sahne und dem Gurkensud zum verbliebenen Bratfett in die Pfanne geben, unter Rühren aufkochen und etwa 2 Minuten einkochen lassen. Die Sauce mit Salz und Pfeffer würzen.

6. Köttbullar in die Sauce geben und kurz erwärmen.

Beilage: Salzkartoffeln oder Reis mit Blattsalat.

Tipps: Statt eingelegter Gurken Perlzwiebeln oder Senffrüchte verwenden. Noch preiswerter wird es, wenn Sie statt Rindergehacktes gemischtes Gehacktes (halb Rind-, halb Schweinefleisch) verwenden.

Scotch eggs goes to Bollywood

Zum Mitnehmen – raffiniert

4 Portionen

Pro Portion: E: 54 g, F: 75 g, Kh: 54 g, kJ: 4619, kcal: 1105, BE: 4,5

Für die Raita-Würzsauce:

2 Mini-Salatgurken oder
1 Salatgurke (etwa 225 g)
200 g Strauchtomaten
3 Stängel Minze
500 g Sahnejoghurt
Salz

Für die Scotch eggs:

550 g Gehacktes (halb Rind-, halb Schweinefleisch)
125 g Semmelbrösel
2 Eier (Größe M)
2 EL mildes Currypulver
1 EL gem. Ingwer
evtl. Cayennepfeffer
40 g Kokosraspel
8 hart gekochte Eier
50 g Weizenmehl

Zum Frittieren:

2 l Speiseöl

200 g Mango-Chutney (aus dem Glas)

Zubereitungszeit: 60 Minuten

1. Für die Raita die Gurken schälen, längs vierteln und die Kerne mit einem Löffel herausschaben. Die Gurken in sehr dünne Scheiben schneiden. Tomaten abspülen, trocken tupfen, halbieren und die Stängelansätze herausschneiden. Tomaten in kleine Stücke schneiden. Minze abspülen und trocken tupfen. Die Blättchen von den Stängeln zupfen. Blättchen klein schneiden.

2. Joghurt mit Salz in einer Schüssel verrühren. Die Gurkenscheiben, Tomatenstücke und Minze unterrühren. Würzsauce zugedeckt etwa 30 Minuten im Kühlschrank durchziehen lassen.

3. Für die Scotch eggs in der Zwischenzeit das Gehackte in eine Schüssel geben. 25 g Semmelbrösel, 1 Ei, Salz, Curry, Ingwer und nach Belieben Cayennepfeffer hinzugeben und unter die Hackfleischmasse kneten.

4. Das restliche Ei verschlagen. Die restlichen Semmelbrösel mit den Kokosraspeln mischen.

5. Die gekochten Eier pellen. Die Hackfleischmasse in 8 Portionen teilen. Jeweils 1 Ei in eine Hackfleischportion mit angefeuchteten Händen „einpacken" und glatt formen.

6. Die eingepackten Eier zunächst dünn in Mehl wenden, dann durch das verschlagene Ei ziehen und zuletzt in der Semmelbrösel-Kokosraspel-Mischung wenden. Nicht anhaftende Brösel leicht abschütteln.

7. Zum Frittieren das Speiseöl in einem hohen Topf oder in einer Fritteuse auf etwa 180 °C erhitzen. Jeweils 4 vorbereitete Scotch eggs darin 5–6 Minuten goldbraun ausbacken, dabei einmal wenden. Die Scotch eggs herausnehmen und auf Küchenpapier abtropfen lassen.

8. Die Scotch eggs mit der Raita und dem Mango-Chutney servieren.

Tipp: Dazu passt Fladenbrot.

Shepherd's Pie I

Mit Alkohol

3 Portionen

Pro Portion: E: 38 g, F: 45 g, Kh: 33 g, kJ: 3044, kcal: 727, BE: 2,0

3 EL Speiseöl, z. B. Olivenöl
500 g Gehacktes (halb Rind-, halb Schweinefleisch)
1 Gemüsezwiebel
2 Knoblauchzehen
1 Fleischtomate
100 g Möhrenwürfel
200 ml Rotwein
240 g geschälte Tomaten (aus der Dose)
1 Pck. Kartoffelpüree (Fertigprodukt, für 3 Portionen)
Salz
gem. Pfeffer
Paprikapulver edelsüß
1 Handvoll frisch gehackte Kräuter

Zubereitungszeit: 30 Minuten
Garzeit: Bolognesesauce 35–40 Minuten
Garzeit: Shepherd's Pie 15–20 Minuten

1. Das Speiseöl in einer Pfanne erhitzen. Gehacktes darin unter Rühren kräftig anbraten. Dabei die Fleischklümpchen mit einer Gabel zerdrücken. Zwiebel und Knoblauch abziehen. Zwiebel halbieren. Zwiebelhälften und Knoblauch in kleine Würfel schneiden, zu dem Gehackten geben und mit anbraten.

2. Die Tomate abspülen, trocken tupfen, halbieren und den Stängelansatz herausschneiden. Tomate in Stücke schneiden, zusammen mit den Möhrenwürfeln zur Hackfleischmasse geben und unter gelegentlichem Rühren etwa 5 Minuten mitdünsten lassen.

3. Rotwein und geschälte Tomaten mit der Flüssigkeit hinzugeben, zum Kochen bringen und 30–35 Minuten bei nicht zu starker Hitze einkochen lassen.

4. Den Backofen vorheizen.
Ober-/Unterhitze: etwa 220 °C
Heißluft: etwa 200 °C

5. In der Zwischenzeit Kartoffelpüree nach Packungsanleitung zubereiten. Bolognesesauce mit Salz, Pfeffer und Paprika pikant würzen und in eine flache, feuerfeste Form (gefettet) füllen. Das noch warme Kartoffelpüree mit einem Löffel locker auf der Bolognesesauce verteilen. Die Form auf dem Rost in den vorgeheizten Backofen schieben. Shepherd's Pie **15–20 Minuten garen.**

6. Shepherd's Pie mit den frisch gehackten Kräutern bestreuen.

Tipps: Am saubersten lässt sich alles in die Auflaufform füllen, wenn die Bolognesesauce abgekühlt und fest geworden ist und man das noch warme Püree in einem Einwegspritzbeutel mit Sterntülle in einem schönen Muster auf der Bolognesesauce aufspritzt. Knackiger Friséesalat mit einer Kräuter-Vinaigrette bietet einen schönen Kontrast zu einem überaus süchtig machenden Gericht.

Spaghetti alla bolognese I

Klassisch

4–6 Portionen

Pro Portion: E: 32 g, F: 26 g, Kh: 84 g, kJ: 2932, kcal: 701, BE: 7,0

3 Zwiebeln
2 Knoblauchzehen
100 g Möhren
100 g Staudensellerie
300 g Zucchini
3 EL Olivenöl
400 g Schweinegehacktes
400 g geschälte Tomaten (aus der Dose)
½ gestr. EL Salz
1 EL Zucker
gem. Pfeffer
je 1 TL gerebelter Thymian und Oregano
400 g pürierte Tomaten (aus der Dose)
1 Topf Basilikum
5 l Wasser
5 gestr. TL Salz
500 g Spaghetti

Zubereitungszeit: 50 Minuten

1. Zwiebeln und Knoblauch abziehen, in kleine Würfel schneiden. Möhren putzen, schälen, abspülen. Sellerie putzen und die harten Außenfäden abziehen. Sellerie abspülen. Zucchini abspülen und die Enden abschneiden. Möhren, Sellerie und Zucchini abtropfen lassen und in kleine Würfel schneiden.

2. Olivenöl in einem großen Topf erhitzen. Zwiebel- und Knoblauchwürfel darin andünsten. Gehacktes hinzufügen und unter ständigem Rühren etwa 5 Minuten anbraten. Dabei die Fleischklümpchen mit einer Gabel zerdrücken. Möhren-, Sellerie- und Zucchiniwürfel unterrühren. Geschälte Tomaten mit Saft hinzugeben.

3. Die Zutaten unter Rühren zum Kochen bringen und etwa 5 Minuten unter Rühren kochen lassen. Mit Salz, Zucker, Pfeffer, Thymian und Oregano würzen. Tomatenpüree unterrühren. Die Sauce mit den Gewürzen abschmecken und warm stellen.

4. Das Basilikum abspülen und trocken tupfen. Die Blättchen von den Stängeln zupfen. Die Blättchen klein schneiden.

5. Das Wasser in einem großen Topf zugedeckt zum Kochen bringen. Dann Salz und Spaghetti hinzugeben. Die Spaghetti im geöffneten Topf bei mittlerer Hitze nach Packungsanleitung bissfest kochen, dabei gelegentlich umrühren. Anschließend die Spaghetti in ein Sieb geben, mit heißem Wasser abspülen und abtropfen lassen.

6. Spaghetti in eine Schüssel geben. Die Sauce hinzufügen und mit den Spaghetti vermengen. Mit Basilikum bestreut sofort servieren.

Spaghetti alla Norma mit Polpettini | Mit Alkohol

4 Portionen

Pro Portion: E: 47 g, F: 48 g, Kh: 79 g, kJ: 3989, kcal: 952, BE: 6,0

1 Aubergine (etwa 250 g)
Salz
1 kg Strauchtomaten
150 g Zwiebeln
2 große Knoblauchzehen
½–1 rote Chilischote
9 EL Olivenöl
250 ml Tomatensaft
250 ml Hühnerbrühe oder Geflügelfond
Zucker
4 Stängel Minze

Für die Klößchen:

350 g Kalbshackfleisch
1 Ei (Größe M)
25 g fein ger. Parmesan
2 EL Semmelbrösel
gem. schwarzer Pfeffer
ger. Muskatnuss
1 Stängel Rosmarin

3½ l Wasser
3½ gestr. TL Salz
350 g Spaghetti

100 ml trockener Weißwein
3 Stängel Basilikum
250 g abgetropfter Mozzarella

Zubereitungszeit: 80 Minuten

1. Für die Sauce die Aubergine abspülen, abtrocknen und den Stängelansatz entfernen. Aubergine in etwa 1 cm dicke und 5 cm lange Stifte schneiden, in eine Schüssel geben und mit Salz bestreuen. Auberginenstifte etwa 30 Minuten ziehen lassen.

2. In der Zwischenzeit Tomaten kreuzweise einschneiden und mit kochendem Wasser übergießen. Nach 1–2 Minuten herausnehmen und mit kaltem Wasser abschrecken. Die Tomaten häuten, halbieren und die Stängelansätze herausschneiden. Die Tomaten mit den Kernen in etwa 1½ cm große Würfel schneiden. 100 g Zwiebeln und den Knoblauch abziehen, in kleine Würfel schneiden. Chilischote entstielen, abspülen, trocken tupfen und klein hacken.

3. Drei Esslöffel des Olivenöls in einem Topf erhitzen. Zwiebel-, Knoblauch-, Tomatenwürfel und Chili darin bei starker Hitze unter Rühren andünsten. Tomatensaft und Brühe oder Fond hinzugießen, mit Salz und 1 Esslöffel Zucker würzen. Minze abspülen, trocken tupfen. 3 Minzestängel zu den angedünsteten Tomatenwürfeln geben. Die Zutaten zum Kochen bringen und ohne Deckel etwa 55 Minuten bei mittlerer Hitze einkochen lassen. Anschließend Minzestängel herausnehmen.

4. Die Auberginenstifte mit Küchenpapier gut trocken tupfen. 3 Esslöffel des restlichen Olivenöls in einer Pfanne erhitzen. Die Auberginenstifte bei starker Hitze unter Rühren goldbraun braten, herausnehmen und in die Tomatensauce geben.

5. Für die Klößchen Kalbshackfleisch in eine Schüssel geben. Ei, Parmesan, Semmelbrösel, Salz, Pfeffer und Muskat hinzugeben. Die Zutaten zu einer glatten Masse verkneten. Aus der Hackfleischmasse mit angefeuchteten Händen 32 kleine, glatte Klößchen formen. Die restlichen Zwiebeln abziehen und klein würfeln. Rosmarin abspülen und trocken tupfen. Die Nadeln von dem Stängel zupfen. Nadeln klein schneiden.

6. Das Wasser in einem großen Topf zugedeckt zum Kochen bringen. Dann Salz und Spaghetti hinzugeben. Die Spaghetti im geöffneten Topf bei mittlerer Hitze nach Packungsanleitung bissfest kochen, dabei gelegentlich umrühren.

7. In der Zwischenzeit restliches Olivenöl in einer großen Pfanne erhitzen. Die Klößchen darin evtl. in 2 Portionen von allen Seiten bei starker Hitze etwa 5 Minuten braten. Zwiebelwürfel und Rosmarin nach etwa 2 Minuten Bratzeit hinzugeben und mitbraten lassen. Anschließend mit Wein ablöschen, so lange kochen lassen, bis fast keine Flüssigkeit mehr vorhanden ist.

8. Die garen Spagetti in ein Sieb geben, mit heißem Wasser abspülen und abtropfen lassen. Die Tomatensauce nochmals erhitzen.

9. Von dem restlichen Minzestängel die Blättchen abzupfen und klein schneiden. Basilikum abspülen und trocken tupfen. Die Blättchen von den Stängeln zupfen. Blättchen grob zerschneiden.

10. Die Spaghetti mit der Tomatensauce und Minze gut vermischen und kurz erhitzen. Spaghetti anrichten und die Kalbsklößchen darauf verteilen. Mozzarella etwas auseinanderzupfen und daraufgeben. Mit Basilikum bestreut sofort servieren.

Tipp: Geben Sie statt der Minze 2 Esslöffel abgetropfte Kapern in die Tomatensauce.

Spaghetti mit Tomaten-Fleisch-Sauce I

Klassisch – mit Alkohol

4 Portionen

Pro Portion: E: 33 g, F: 22 g, Kh: 78 g, kJ: 2762, kcal: 659, BE: 6,0

2 Zwiebeln
2 EL Speiseöl
375 g Gehacktes (halb Rind-, halb Schweinefleisch)
Salz
gem. Pfeffer
Paprikapulver edelsüß
1 EL Tomatenmark
1 kg Fleischtomaten
je 1 Stängel Thymian, Basilikum und Majoran
6 EL Rotwein

4 l Wasser
4 gestr. TL Salz
400 g Spaghetti

Zubereitungszeit: 30 Minuten

1. Zwiebeln abziehen und in kleine Würfel schneiden. Speiseöl in einem Topf erhitzen. Zwiebelwürfel darin andünsten. Gehacktes hinzufügen und unter ständigem Rühren anbraten. Dabei die Fleischklümpchen mit einer Gabel zerdrücken. Mit Salz, Pfeffer und Paprika würzen. Tomatenmark unterrühren.

2. Die Tomaten kreuzweise einschneiden und mit kochendem Wasser übergießen. Nach 1–2 Minuten herausnehmen und mit kaltem Wasser abschrecken. Tomaten häuten, halbieren und die Stängelansätze herausschneiden. Die Tomaten entkernen, in Würfel schneiden und zur Hackfleischmasse geben.

3. Die Kräuter abspülen, trocken tupfen und mit dem Wein hinzufügen. Die Sauce zum Kochen bringen und etwa 10 Minuten ohne Deckel leicht köcheln lassen, dabei gelegentlich umrühren.

4. Das Wasser in einem großen Topf zugedeckt zum Kochen bringen. Dann Salz und Nudeln hinzugeben. Die Nudeln im geöffneten Topf bei mittlerer Hitze nach Packungsanleitung bissfest kochen, dabei gelegentlich umrühren. Anschließend die Nudeln in ein Sieb geben, mit heißem Wasser abspülen und abtropfen lassen.

5. Die Kräuterstängel aus der Sauce entfernen. Die Sauce mit Salz, Pfeffer und Paprika abschmecken. Spaghetti mit der Tomaten-Fleisch-Sauce anrichten und servieren.

Spargel-Kerbel-Suppe mit Hackklößchen I

Gut vorzubereiten – für Gäste

4 Portionen

Pro Portion: E: 19 g, F: 34 g, Kh: 16 g, kJ: 1868, kcal: 448, BE: 0,5

200 g Tatar oder Gehacktes (halb Rind-, halb Schweinefleisch)
2 EL Butter (zimmerwarm)
1 Eigelb (Größe M)
30 g Semmelbrösel
1 EL fein gehackte Petersilie
Salz, gem. Pfeffer
ger. Muskatnuss

750 g weißer Spargel
250 g Champignons
1 Bund Suppengrün
3 Frühlingszwiebeln
3 EL Butter
750 ml Gemüsebrühe
3 EL Crème fraîche
2 EL gehackte Kerbelblättchen

Zubereitungszeit: 40 Minuten
Garzeit: etwa 15 Minuten

1. Das Tatar oder Gehackte in eine Schüssel geben. Butter, Eigelb, Semmelbrösel und Petersilie hinzufügen. Die Zutaten zu einer geschmeidigen Masse verkneten. Mit Salz, Pfeffer und Muskat würzen. Aus der Fleischmasse mit angefeuchteten Händen kleine Klößchen formen.

2. Für die Suppe den Spargel von oben nach unten schälen. Dabei darauf achten, dass die Schalen vollständig entfernt, die Köpfe aber nicht verletzt werden. Die unteren Enden abschneiden (holzige Stellen vollkommen entfernen). Spargel abspülen, abtropfen lassen und in etwa 3 cm lange Stücke schneiden.

3. Champignons putzen, evtl. kurz abspülen, trocken tupfen und in Scheiben schneiden. Suppengrün und Frühlingszwiebeln putzen, abspülen, abtropfen lassen und in feine Streifen schneiden.

4. Die Butter in einem Topf zerlassen. Suppengrün- und Frühlingszwiebelstreifen darin unter Rühren kurz andünsten. Brühe hinzugießen und zum Kochen bringen. Spargelstückchen hinzufügen und wieder zum Kochen bringen. Nach etwa 10 Minuten Garzeit die Champignonscheiben und Klößchen hinzugeben, etwa 5 Minuten bei schwacher Hitze gar ziehen lassen.

5. Crème fraîche unter die Suppe rühren. Die Suppe mit Kerbel bestreut servieren.

Spätzle mit Lamm-Sugo I

Mit Alkohol – schnell

4 Portionen

Pro Portion: E: 33 g, F: 25 g, Kh: 77 g, kJ: 2906, kcal: 689, BE: 6,5

Für den Lamm-Sugo:

2 EL Olivenöl
400 g Lammhackfleisch
2 Zwiebeln
2 Knoblauchzehen
200 ml Rotwein
100 ml Gemüsebrühe
1 rote Paprikaschote
1 Zweig Rosmarin
1 TL gerebelter Thymian
Salz
gem. Pfeffer
1 gestr. EL Speisestärke

4 l Wasser
4 gestr. TL Salz
400 g Spätzle

Zubereitungszeit: 30 Minuten

1. Für den Lamm-Sugo das Olivenöl in einer Pfanne erhitzen. Hackfleisch darin unter Rühren anbraten. Dabei die Fleischklümpchen mit einer Gabel zerdrücken. Zwiebeln und Knoblauch abziehen, in kleine Würfel schneiden und mit andünsten.

2. Rotwein und Brühe hinzugießen, zum Kochen bringen und etwa 5 Minuten bei mittlerer Hitze kochen.

3. In der Zwischenzeit die Paprikaschote halbieren, entstielen, entkernen und die weißen Scheidewände entfernen. Schote abspülen, abtropfen lassen und in kleine Würfel schneiden. Paprikawürfel unter die Lammhack-Sauce rühren und kurz mitkochen lassen.

4. Rosmarin abspülen und trocken tupfen. Die Nadeln von dem Stängel zupfen. Die Nadeln klein schneiden. Lamm-Sugo mit Rosmarin, Thymian, Salz und Pfeffer würzen. Speisestärke mit etwas Wasser anrühren, in den Sugo rühren und unter Rühren aufkochen lassen. Lamm-Sugo warm stellen.

5. Das Wasser in einem großen Topf zugedeckt zum Kochen bringen. Dann Salz und Spätzle hinzugeben. Die Spätzle im geöffneten Topf bei mittlerer Hitze nach Packungsanleitung bissfest kochen, dabei gelegentlich umrühren. Anschließend die Spätzle in ein Sieb geben, mit heißem Wasser abspülen und abtropfen lassen.

6. Spätzle mit Lamm-Sugo auf Tellern anrichten und servieren.

Spitzkohleintopf mit Fleischklößchen I

Macht richtig satt

4 Portionen

Pro Portion: E: 23 g, F: 25 g, Kh: 44 g, kJ: 2102, kcal: 500, BE: 3,5

1,2 kg Spitzkohl oder junger Weißkohl
750 g Kartoffeln
60 g Butter
500 ml Gemüsebrühe
Salz
gem. Pfeffer

Für die Fleischklößchen:

1 Brötchen (Semmel) vom Vortag
1 kleine Zwiebel
250 g Gehacktes (halb Rind-, halb Schweinefleisch)
1 Ei (Größe M)

400 g geschälte Tomaten (aus der Dose)

Zubereitungszeit: 50 Minuten

1. Den Kohl putzen, halbieren und den Strunk herausschneiden. Kohl in feine Streifen schneiden, abspülen und abtropfen lassen. Kartoffeln schälen, abspülen, abtropfen lassen und in Würfel schneiden.

2. Butter in einem großen Topf zerlassen. Kohlstreifen, Kartoffelwürfel und Brühe hinzufügen, mit Salz und Pfeffer würzen. Die Zutaten zum Kochen bringen und zugedeckt etwa 40 Minuten bei mittlerer Hitze garen.

3. In der Zwischenzeit für die Fleischklößchen Brötchen in kaltem Wasser einweichen und gut ausdrücken. Zwiebel abziehen und klein würfeln. Gehacktes in eine Schüssel geben. Brötchen, Zwiebelwürfel und Ei unterkneten. Mit Salz und Pfeffer würzen.

4. Aus der Hackfleischmasse mit angefeuchteten Händen etwa 20 kleine Klößchen formen. Tomaten mit der Flüssigkeit und die Klößchen etwa 10 Minuten vor Ende der Garzeit in den Eintopf geben und fertig garen. Den Spitzkohleintopf mit Fleischklößchen mit Salz und Pfeffer abschmecken.

Tipp: Ein leckerer Eintopf, den Sie auch gut auf Vorrat kochen können, da er sich gut einfrieren lässt.

Süßsaure Hacksuppe I

Für die Party
8–10 Portionen

Pro Portion: E: 39 g, F: 36 g, Kh: 44 g, kJ: 2755, kcal: 657, BE: 3,5

1 Gemüsezwiebel
4 Knoblauchzehen
7 EL Speiseöl
1 1/2 kg Gehacktes (halb Rind-, halb Schweinefleisch)
Salz
gem. Pfeffer
250 g Langkornreis
3 l Gemüsebrühe
500 g Zucchini
300 g Cocktailtomaten
500 ml süßsaure Asia-Sauce
250 g TK-Erbsen
Cayennepfeffer

Zubereitungszeit: 40 Minuten
Garzeit: etwa 20 Minuten

1. Zwiebel und Knoblauch abziehen. Zwiebel halbieren und in grobe Würfel schneiden. Knoblauch klein schneiden.

2. Jeweils 1–2 Esslöffel des Speiseöls in einer Pfanne erhitzen. Gehacktes darin portionsweise unter Rühren anbraten. Dabei die Fleischklümpchen mit einer Gabel zerdrücken. Mit Salz und Pfeffer würzen.

3. Restliches Speiseöl in einem großen Topf erhitzen. Zwiebelwürfel, Knoblauch und Reis darin unter Rühren andünsten. Brühe hinzugießen und zum Kochen bringen. Den Reis zugedeckt etwa 8 Minuten bei schwacher Hitze garen.

4. In der Zwischenzeit Zucchini abspülen, abtrocknen und die Enden abschneiden. Die Zucchini der Länge nach halbieren und in Scheiben schneiden.

5. Die Cocktailtomaten abspülen, abtropfen lassen und halbieren, evtl. die Stängelansätze herausschneiden.

6. Gehacktes, Asia-Sauce und Zucchinischeiben zu dem Reis in den Topf geben.

7. Die Suppe wieder zum Kochen bringen und weitere etwa 5 Minuten kochen lassen.

8. Tomatenhälften und die gefrorenen Erbsen in die Suppe geben und wieder zum Kochen bringen.

9. Die Suppe nochmals etwa 5 Minuten kochen lassen und mit Cayennepfeffer abschmecken.

Abwandlung: Süßsaurer Gemüse-Hack-Eintopf (8–10 Portionen). Dafür 1 Gemüsezwiebel, 4 Knoblauchzehen, 1/2 kg Gehacktes (halb Rind-, halb Schweinefleisch), 8 Esslöffel Speiseöl, Salz und Pfeffer wie im Rezept unter Punkt 1–3 beschrieben zubereiten und braten. 1 rote Peperoni halbieren, entstielen, entkernen, abspülen, trocken tupfen, in feine Streifen schneiden. 20 g Ingwer schälen, klein würfeln. 3 rote und grüne Paprikaschoten (je 200 g) halbieren, entstielen, entkernen, weiße Scheidewände entfernen. Schoten abspülen, abtropfen lassen, in schmale Streifen schneiden. 200 g Porree putzen, Stangen längs halbieren, gründlich waschen, abtropfen lassen, in dünne Streifen schneiden. 500 g Möhren putzen, schälen, abspülen, abtropfen lassen, in dünne Streifen schneiden. 2 Esslöffel Apfelessig mit 4 Esslöffeln Sojasauce, 400 g passierten Tomaten (aus der Dose) und 2 Esslöffeln braunem Zucker verrühren. Getrennt davon 3 Esslöffel Speisestärke mit 2 1/2 l Gemüse- oder Fleischbrühe verrühren. Vorbereitetes Gemüse portionsweise in insgesamt 6 Esslöffeln Speiseöl andünsten. Peperonistreifen, Ingwerwürfel, Paprika- und Porreestreifen portionsweise in etwas von dem Speiseöl etwa 2 Minuten andünsten. Gemüse herausnehmen, beiseitestellen. Die Möhrenstreifen in dem restlichen Speiseöl etwa 3 Minuten andünsten. Gesamtes Gemüse mit dem angebratenen Hackfleisch und 16 abgetropften Maiskölbchen (aus dem Glas) in den Topf geben, weitere etwa 5 Minuten dünsten. Die Essig-Soja-Tomaten-Mischung mit der angerührten Brühe hinzugeben, unter Rühren zum Kochen bringen, zugedeckt 5–8 Minuten bei schwacher Hitze kochen lassen. Den Gemüse-Hack-Eintopf zum Schluss noch mit Salz, Pfeffer und 4 Esslöffeln Apfelessig süßsauer abschmecken.

Sweet-Potatoe-Top-Pie I

Klassisch – mit Alkohol

4 Portionen

Pro Portion: E: 46 g, F: 42 g, Kh: 74 g, kJ: 3697, kcal: 882, BE: 6,0

1,2 kg Süßkartoffeln
Salz
4 Stängel Minze
2 EL gem. Ingwer
fein abgeriebene Schale von
1 Bio-Limette (unbehandelt, ungewachst)
2 rote Paprikaschoten (etwa 400 g)
200 g Frühlingszwiebeln
2 EL Sonnenblumenöl
800 g Gehacktes (halb Rind-, halb Schweinefleisch)
2 EL Paprikapulver, edelsüß
1 EL gem. Piment (Nelkenpfeffer)
1 TL gem. Zimt
ger. Muskatnuss
2 EL gem. Kreuzkümmel (Cumin)
3 EL brauner Rum
Cayennepfeffer

Zubereitungszeit: 35 Minuten
Backzeit: etwa 10 Minuten

1. Süßkartoffeln schälen, abspülen, abtropfen lassen und in etwa 3 cm große Stücke schneiden. Kartoffelstücke in kochendem Salzwasser in etwa 15 Minuten gar kochen. Anschließend in einem Sieb gut abtropfen lassen, in eine Schüssel geben und mit dem Kartoffelstampfer zu einem feinen Püree zerdrücken oder durch eine Kartoffelpresse drücken.

2. Minze abspülen und trocken tupfen. Die Blättchen von den Stängeln zupfen. Blättchen klein schneiden. Minze, 1 Esslöffel Ingwer und Limettenschale zum Püree geben und gut untermischen. Mit etwas Salz würzen.

3. Den Backofen vorheizen.
Ober-/Unterhitze: etwa 250 °C
Heißluft: etwa 230 °C

4. Paprikaschoten halbieren, entstielen, entkernen und die weißen Scheidewände entfernen. Schoten abspülen, abtropfen lassen und in etwa 1 cm breite Streifen schneiden.

5. Frühlingszwiebeln putzen, abspülen, abtropfen lassen und in etwa 1 cm breite Scheiben schneiden.

6. Das Sonnenblumenöl in einer großen Pfanne oder einem Topf erhitzen. Das Gehackte darin unter Rühren bei starker Hitze goldbraun anbraten. Dabei die Fleischklümpchen mit einer Gabel zerdrücken.

7. Die Paprikastreifen und Frühlingszwiebelscheiben unterrühren, etwa 2 Minuten kräftig mit andünsten.

8. Restlichen Ingwer, Paprika, Piment, Zimt, Muskat und Kreuzkümmel unterrühren, leicht mitrösten lassen. Mit Rum ablöschen. Mit Salz und Cayennepfeffer leicht scharf würzen.

9. Die Hackfleischmasse in 4 feuerfeste Gratinformen (gefettet) geben. Das Süßkartoffelpüree darauf verteilen.

10. Die Formen auf dem Rost in den vorgeheizten Backofen schieben. Sweet-Potatoe-Top-Pie **etwa 10 Minuten backen.**

Tipp: Sie können Sweet-Potatoe-Top-Pie auch in einer großen Auflaufform oder Springform zubereiten.

Tacos mit Hackfüllung I

Für Gäste
12 Portionen

Pro Portion: E: 15 g, F: 19 g, Kh: 13 g, kJ: 1175, kcal: 280, BE: 1,0

1	*Zwiebel*
4 EL	*Speiseöl*
750 g	*Rindergehacktes*
2	*Knoblauchzehen*
1 Beutel	*mexikanische Gewürzmischung*
	Salz
	gem. Pfeffer
	Paprikapulver edelsüß
125 ml	*Fleischbrühe*
1	*Avocado*
etwas	*Zitronensaft*
150 g	*saure Sahne*
1 EL	*gehackte Kräuter, z. B. Petersilie, Basilikum*
1 kleiner	*Eisbergsalat*
1 Bund	*Frühlingszwiebeln*
12	*große Taco-Schalen (Fertigprodukt)*
175 g	*abgetropfter Gemüsemais (aus der Dose)*

Zubereitungszeit: 55 Minuten

1. Zwiebel abziehen und in kleine Würfel schneiden. Speiseöl in einer Pfanne erhitzen, Zwiebelwürfel und Gehacktes darin unter Rühren anbraten. Dabei die Fleischklümpchen mit einer Gabel zerdrücken.

2. Knoblauch abziehen, durch eine Knoblauchpresse drücken und unter die Hackfleischmasse rühren. Mit Gewürzmischung, Salz, Pfeffer und Paprika würzen. Brühe hinzugießen, umrühren, zum Kochen bringen und zugedeckt etwa 15 Minuten bei mittlerer Hitze garen.

3. Den Backofen vorheizen.
Ober-/Unterhitze: etwa 180 °C
Heißluft: etwa 160 °C

4. Die Avocado halbieren, entkernen, schälen und in Würfel schneiden. Avocadowürfel mit Zitronensaft beträufeln. Saure Sahne und Kräuter verrühren, beiseitestellen.

5. Eisbergsalat putzen, vierteln, abspülen, trocken schleudern oder gut abtropfen lassen und in feine Streifen schneiden. Die Frühlingszwiebeln putzen, abspülen, abtropfen lassen und in dünne Scheiben schneiden.

6. Taco-Schalen mit der offenen Seite nach unten auf ein Backblech setzen. Das Backblech in den vorgeheizten Backofen schieben. Tacos **3–4 Minuten erwärmen.**

7. Alle vorbereiteten Zutaten zum Füllen der Tacos in Schüsseln anrichten. Hackfleisch in einer Schale auf einem Rechaud warm stellen. Je 1 Taco-Schale mit Hackfleisch, Salat, Mais, Avocado- und Zwiebelwürfeln füllen und mit der beiseitegestellten Kräutersahne beträufeln.

Tipps: Die gefüllten Tacos eignen sich sehr gut als Zwischenmahlzeit, als Gericht auf einem Buffet, für Feste und Partys. Statt der Gewürzmischung können Sie auch eine Mischung aus Salz, Cayennepfeffer, Paprikapulver edelsüß, evtl. Chilipulver selbst herstellen. Nach Belieben zusätzlich Oregano oder Thymian untermischen. Tacos nach Belieben vor dem Servieren mit geriebenem Gouda bestreuen.

Tatar-Häppchen | Schnell – für Gäste

20 Stück

Pro Stück: E: 4 g, F: 3 g, Kh: 4 g, kJ: 241, kcal: 58, BE: 0,5

3 Schalotten
2 abgetropfte Cornichons (aus dem Glas)
1 Eigelb (Größe M)
250 g Tatar
Salz
1 EL abgetropfte Kapern (aus dem Glas)
1 TL scharfer Senf
gem. Pfeffer
Paprikapulver edelsüß
3–4 große Friséesalatblätter
20 Pumpernickeltaler
50 g Butter
3 Cocktailtomaten

Zubereitungszeit: 20 Minuten

1. Schalotten abziehen, mit den Cornichons in kleine Würfel schneiden. Cornichonwürfel, Eigelb, die Hälfte der Schalottenwürfel und Tatar in einer Schüssel gut vermengen. Mit Salz, Kapern, Senf, Pfeffer und Paprika würzen.

2. Friséeblätter abspülen, trocken tupfen und in kleine Stücke teilen. Pumpernickelscheiben mit Butter bestreichen. Salatblätter darauflegen und die Tatarmischung darauf verteilen.

3. Tomaten abspülen, trocken tupfen und evtl. die Stängelansätze entfernen. Tomaten vierteln. Tomatenviertel zusammen mit den restlichen Schalottenwürfeln auf den Häppchen verteilen.

Tipp: Tatar noch am selben Tag verwenden.

Abwandlung: Aus 400 g Thüringer Mett (gewürztes Schweinemett) etwa 20 kleine Bällchen formen, in 3 Esslöffeln erhitztem Speiseöl rundherum anbraten, dann abkühlen lassen. Von 1 Salatgurke 20 Scheiben abschneiden und das Gurkeninnere etwas aushöhlen. 200 g Schafskäse mit gut 1 Esslöffel Ajvar (Paprikapaste, aus dem Glas) gut verrühren, mit etwas Pfeffer abschmecken und in die Mitte der Gurkenscheiben geben. Je 1 Fleischbällchen auf die Gurkenscheibe setzen und mit einem Holzspießchen feststecken.

Tatar-Häppchen, klassisch

Schnell – mit Alkohol (ohne Foto)

2 Personen

Pro Portion: E: 35 g, F: 13 g, Kh: 1 g, kJ: 1153, kcal: 275, BE: 0,0

300 g	*Rinderfilet (ohne Fett und Sehnen)*
2	*frische Eigelb (Größe M)*
2 EL	*fein gehackte Schalotten*
1 TL	*Paprikapulver edelsüß*
1 Spritzer	*Worcestersauce*
1 EL	*Cognac oder Weinbrand*
	Salz, gem. schwarzer Pfeffer
2–3 Scheiben	*Graubrot*

Zubereitungszeit: 15 Minuten

1. Das Fleisch vom Metzger frisch durchdrehen lassen oder besser selbst zweimal durch die feine Scheibe des Fleischwolfes drehen.

2. Das zerkleinerte Fleisch in eine Rührschüssel geben. Eigelb, Schalotten, Paprika, Worcestersauce und Cognac oder Weinbrand hinzugeben. Die Zutaten mit einer Gabel vermengen. Mit Salz und Pfeffer abschmecken.

3. Die Hackfleischmasse portionsweise zu Frikadellen formen. Das Tatar auf dem Graubrot servieren.

Hinweis: Nur ganz frische Eigelb verwenden, die nicht älter als 5 Tage sind (Legedatum beachten!).

Tipps: Das Rindertatar sieht appetitlicher aus, wenn man das Fleisch am Stück kauft und erst kurz vor der Zubereitung zweimal durch die feine Scheibe des Fleischwolfes dreht. Außerdem verringert man so das Risiko, dass sich Bakterien auf der Oberfläche des Fleisches ansammeln. Steht kein Fleischwolf zur Verfügung, das Filet mit einem großen, stabilen Messer in kleine Würfel schneiden und dann fein hacken. Für eine feurige Variante 2 Esslöffel Tomatenketchup, 1 Spritzer Tabasco, 1 Teelöffel Paprikapulver rosenscharf, 2 Esslöffel sehr fein gehackte Paprikaschote und statt Cognac 2 Esslöffel Wodka hinzufügen.

Tatar-Schinken-Klößchen in Pfifferlingsrahm I

Raffiniert

2 Portionen

Pro Portion: E: 56 g, F: 70 g, Kh: 19 g, kJ: 3875, kcal: 931, BE: 1,5

1	*Brötchen (Semmel) vom Vortag*
125 g	*lauwarme Schlagsahne*
125 g	*Pfifferlinge*
3 Zweige	*Kerbel*
1 TL	*abgetropfte, grüne Pfefferkörner (in Lake)*
1	*Zwiebel*
200 g	*Tatar (Beefsteakhackfleisch)*
200 g	*Schinkenwürfel (aus dem Kühlregal)*
1	*Ei (Größe M)*
	gem. Pfeffer
2 EL	*Butter*
250 ml	*Rinderbrühe*
150 g	*Crème fraîche*

Zubereitungszeit: 25 Minuten
Garzeit: etwa 10 Minuten

1. Brötchen evtl. in Stücke schneiden, in der Sahne etwa 10 Minuten einweichen und gut ausdrücken.

2. Pfifferlinge putzen, evtl. kurz abspülen und gut trocken tupfen. Kerbel abspülen und trocken tupfen. Die Blättchen von den Stängeln zupfen. Blättchen klein schneiden. Pfefferkörner zerdrücken.

3. Die Zwiebel abziehen und grob zerkleinern. Tatar in eine Schüssel geben. Schinkenwürfel, Brötchen und Ei gut unterkneten. Mit Pfeffer würzen. Aus der Fleischmasse mit angefeuchteten Händen 16–20 Klößchen formen.

4. Butter in einer Pfanne zerlassen. Pfifferlinge darin unter Rühren andünsten. Mit Brühe ablöschen. Die Klößchen hinzugeben und etwa 10 Minuten gar ziehen lassen. Crème fraîche hinzugeben und mit Kerbel bestreut servieren.

Tomatenhacksteaks I

Raffiniert – schnell

4 Portionen

Pro Portion: E: 33 g, F: 11 g, Kh: 11 g, kJ: 1166, kcal: 278, BE: 1,0

1 große Zwiebel
600 g mageres Rindergehacktes
50 g Semmelbrösel
125 g abgetropfte Tomaten (aus der Dose)
1 EL fein gehackter Kerbel oder fein gehackte Petersilie
1 TL Tabascosauce
Salz
gem. Pfeffer
1–2 EL Speiseöl

Zubereitungszeit: 15 Minuten
Grill-/Bratzeit: etwa 10 Minuten

1. Die Zwiebel abziehen und in sehr kleine Würfel schneiden.

2. Gehacktes in eine Schüssel geben. Zwiebelwürfel, Semmelbrösel, Tomaten, Kerbel oder Petersilie und Tabascosauce hinzugeben. Die Zutaten gut verkneten. Mit Salz und Pfeffer abschmecken.

3. Aus der Hackfleischmasse mit angefeuchteten Händen 10 flache, runde Steaks (Ø etwa 5 cm) formen. Die Hacksteaks bis zur weiteren Verwendung in den Kühlschrank stellen.

4. Tomatenhacksteaks auf einem vorgeheizten, mit Speiseöl bestrichenen Grillrost oder in einer mit Speiseöl erhitzten Pfanne von beiden Seiten etwa 10 Minuten grillen oder braten.

Tipp: Nach Belieben kann statt Rindergehacktes auch gemischtes Gehacktes (halb Rind-, halb Schweinefleisch) verwendet werden.

Ungarische Pilzfrikadellen I

Raffiniert – schnell

4 Portionen

Pro Portion: E: 24 g, F: 29 g, Kh: 2 g, kJ: 1507, kcal: 360, BE: 0,0

250 g Champignons
400 g Schweinegehacktes
1 Knoblauchzehe
1 Zwiebel
3–4 EL TK-Petersilie
1 Ei (Größe M), Salz
2 gestr. TL Paprikapulver edelsüß
½ TL Paprikapulver rosenscharf
3 EL Speiseöl, z. B. Sonnenblumenöl

Zubereitungszeit: 25 Minuten
Bratzeit: etwa 10 Minuten

1. Die Champignons putzen, evtl. kurz abspülen und trocken tupfen. Champignons in kleine Stücke schneiden. Gehacktes in eine Schüssel geben und mit den Pilzstücken vermengen.

2. Knoblauch und Zwiebel abziehen, in kleine Würfel schneiden. Petersilie, Ei, Knoblauch- und die Zwiebelwürfel zur Gehacktes-Pilz-Masse geben und gut unterkneten. Mit Salz und Paprika würzen.

3. Aus der Hackfleischmasse mit angefeuchteten Händen kleine Frikadellen formen. Speiseöl in einer Pfanne erhitzen. Frikadellen darin unter mehrmaligem Wenden etwa 10 Minuten braten.

Tipps: Servieren Sie nach Belieben marinierte Paprikaschoten, Essiggemüse und getoastetes Bauernbrot dazu. Garnieren Sie die Pilzfrikadellen nach Belieben mit einigen Blättchen glatter Petersilie.

Weiße-Bohnen-Hackauflauf

Preiswert (ohne Foto)
4 Portionen

Pro Portion: E: 40 g, F: 53 g, Kh: 37 g, kJ: 3292, kcal: 787, BE: 2,5

150 g durchwachsener Speck
500 g Zwiebeln
375 g Schweinegehacktes
Salz, gem. weißer Pfeffer
530 g abgetropfte, weiße Bohnen (aus Dosen)
1 Ei (Größe M)
125 ml Gemüsebrühe
125 g Schlagsahne
4 EL Semmelbrösel
40 g Butter in Flöckchen

Zubereitungszeit: 25 Minuten
Garzeit: etwa 20 Minuten

1. Speck klein würfeln. Zwiebeln abziehen, zuerst in Scheiben schneiden, dann in Ringe teilen. Speckwürfel in einer Pfanne auslassen. Zwiebelringe hinzugeben und glasig dünsten. Speckwürfel und Zwiebelringe aus der Pfanne nehmen und beiseitelegen.

2. Den Backofen vorheizen.
Ober-/Unterhitze: etwa 200 °C
Heißluft: etwa 180 °C

3. Gehacktes in die Pfanne geben, in dem Speckfett unter Rühren anbraten. Dabei die Fleischklümpchen mit einer Gabel zerdrücken. Mit Salz und Pfeffer würzen.

4. Die Hälfte der Bohnen in eine Auflaufform (gefettet) geben. Die Speckwürfel und Zwiebelringe daraufgeben. Die Hackfleischmasse darauf verteilen und mit den restlichen Bohnen belegen.

5. Ei mit Brühe und Sahne verschlagen, evtl. mit Salz und Pfeffer würzen. Den Auflauf damit übergießen und mit Semmelbröseln bestreuen. Butter daraufsetzen. Die Form auf dem Rost in den vorgeheizten Backofen schieben. Den Auflauf **etwa 20 Minuten garen.**

Weiße-Bohnen-Suppe mit Hack

Klassisch
4 Portionen

Pro Portion: E: 40 g, F: 30 g, Kh: 33 g, kJ: 2368, kcal: 566, BE: 2,5

530 g abgetropfte, weiße Bohnen (aus der Dose)
100 g Speckwürfel (aus dem Kühlregal)
400 g Rindergehacktes
3 Zwiebeln
Salz
gem. Pfeffer
Paprikapulver edelsüß
750 ml Fleischbrühe
800 g Pizzatomaten (aus der Dose)
1–2 EL Chilisauce
4 EL Crème fraîche

Zubereitungszeit: 25 Minuten
Garzeit: Suppe etwa 30 Minuten

1. Bohnen in ein Sieb geben, mit kaltem Wasser abspülen und abtropfen lassen. Speck in einem großen Topf auslassen.

2. Gehacktes hinzugeben und unter Rühren kräftig anbraten. Dabei die Fleischklümpchen mit einer Gabel zerdrücken.

3. Zwiebeln abziehen, in kleine Würfel schneiden, zur Hackfleischmasse geben und mit anbraten. Mit Salz, Pfeffer und Paprika würzen. Mit Brühe ablöschen.

4. Die weißen Bohnen und die Tomaten mit dem Saft hinzugeben. Die Zutaten zum Kochen bringen. Die Suppe etwa 30 Minuten bei mittlerer Hitze kochen lassen.

5. Die Hackfleischsuppe mit Chilisauce abschmecken und in Teller füllen. Jeweils 1 Esslöffel Crème fraîche daraufgeben.

Tipp: Dazu Fladenbrot oder Baguette servieren.

Wildfrikadellen mit Gewürzbrot I

Raffiniert

4 Portionen

Pro Portion: E: 49 g, F: 41 g, Kh: 57 g, kJ: 3325, kcal: 794, BE: 4,5

Für das Gewürzbrot:

220 g Weizenmehl
21 g frische Hefe
1 TL Zucker
70 ml lauwarme Milch
3 Stängel Dill
2 Zweige Rosmarin
2 Schalotten
1 Knoblauchzehe
20 g Butter
1 Ei (Größe M)
ger. Muskatnuss
1 TL gem. Gewürzmischung (Koriander, Fenchel, Anis, Piment, Zimt)
Salz, gem. Pfeffer

Für die Frikadellen:

1 Brötchen (Semmel) vom Vortag
500 g Wildfleisch (am besten aus der Keule), z. B. Reh, Hirsch oder Wildschwein
4 Wacholderbeeren
2 Stängel Rosmarin
200 g Gehacktes (halb Rind-, halb Schweinefleisch)
2 Eier (Größe M)
2 EL Wild-Preiselbeeren (aus dem Glas)
1 EL mittelscharfer Senf
1 EL Butterschmalz

Außerdem:

4 Auflaufförmchen (Ø etwa 8 cm)

Zubereitungszeit: 55 Minuten, ohne Teiggehzeit
Bratzeit: Frikadellen etwa 12 Minuten
Backzeit: etwa 20 Minuten

1. Für das Gewürzbrot das Mehl in eine Rührschüssel geben. In die Mitte eine Vertiefung drücken, die Hefe hineinbröckeln. Zucker und etwas Milch hinzufügen, mit einer Gabel mit etwas Mehl verrühren und zugedeckt 10–15 Minuten gehen lassen.

2. Dill und Rosmarin abspülen, trocken tupfen. Die Blättchen bzw. Nadeln von den Stängeln zupfen. Blättchen und Nadeln fein hacken. Schalotten und Knoblauch abziehen, sehr fein würfeln.

3. Die Butter zerlassen. Schalotten- und Knoblauchwürfel darin andünsten, zusammen mit dem Ei, der restlichen Milch, Dill und Rosmarin zum Vorteig geben. Mit Muskat, Gewürzmischung, Salz und Pfeffer würzen. Zutaten mit einem Mixer (Knethaken) zunächst kurz auf niedrigster, dann auf höchster Stufe in etwa 5 Minuten zu einem Teig verarbeiten. Den Teig zugedeckt so lange an einem warmen Ort gehen lassen, bis er sich sichtbar vergrößert hat (etwa 30 Minuten).

4. Für die Frikadellen in der Zwischenzeit Brötchen in kaltem Wasser einweichen. Das Wildfleisch trocken tupfen, evtl. enthäuten, kleiner schneiden und durch die feine Scheibe eines Fleischwolfes drehen. Wacholderbeeren zerdrücken. Rosmarin abspülen und trocken tupfen. Die Nadeln von den Stängeln zupfen. Nadeln klein schneiden.

5. Die Wildhackmasse in eine Schüssel geben. Brötchen gut ausdrücken und hinzugeben. Gemischtes Gehacktes, Eier, Preiselbeeren, Senf, Wacholderbeeren und Rosmarin hinzufügen. Die Zutaten gut verkneten, mit Salz und Pfeffer kräftig abschmecken. Die Hackfleischmasse in den Kühlschrank stellen.

6. Den Backofen vorheizen.
Ober-/Unterhitze: etwa 200 °C
Heißluft: etwa 180 °C

7. Den Brotteig auf der leicht bemehlten Arbeitsfläche nochmals kurz durchkneten, in 4 gleich große Portionen teilen und in die Auflaufförmchen (gefettet, mit Mehl ausgestreut) füllen. Den Teig nochmals zugedeckt so lange an einem warmen Ort gehen lassen, bis er sich sichtbar vergrößert hat (etwa 20 Minuten). Teigoberfläche mit Wasser bestreichen.

8. Die Förmchen auf dem Rost in den vorgeheizten Backofen schieben. Das Gewürzbrot **etwa 20 Minuten backen.**

9. Aus der Hackfleischmasse mit angefeuchteten Händen 8 gleich große Frikadellen formen. Das Butterschmalz in einer Pfanne erhitzen. Die Frikadellen darin von beiden Seiten etwa 12 Minuten bei mittlerer Hitze braten.

10. Die Wildfrikadellen mit dem Gewürzbrot anrichten.

Beilage: Kopfsalat mit Vinaigrette und eine kalte Sauce aus Crème fraîche mit körnigem Senf, Salz und etwas flüssigem Honig abgeschmeckt.

Tipp: Wenn kein Fleischwolf vorhanden ist, können Sie das Wildfleisch auch beim Metzger durch den Fleischwolf drehen lassen.

Wirsing-Mett-Knödel mit Zwiebelschmelze I

Etwas Besonderes

4 Portionen

Pro Portion: E: 27 g, F: 55 g, Kh: 68 g, kJ: 3633, kcal: 869, BE: 5,5

Für die Zwiebelschmelze:

200 g Zwiebeln
160 g Butter
Salz

Für die Wirsing-Mett-Knödel:

1 Kopf Wirsing (vorbereitet etwa 300 g)
500 g Weizentoastbrot
200 ml Milch (3,5 % Fett)
2 Eier (Größe M)
200 g Thüringer Mett (gewürztes Schweinemett)
gem. schwarzer Pfeffer
ger. Muskatnuss

Zum Bestreuen:

50 g frische Meerrettichwurzel
10 Schnittlauchhalme

Zubereitungszeit: 40 Minuten, ohne Quellzeit
Garzeit: etwa 15 Minuten

1. Für die Zwiebelschmelze 150 g Zwiebeln abziehen und klein würfeln. 130 g der Butter in einem kleinen Topf zerlassen. Die Zwiebelwürfel mit etwas Salz hinzugeben und bei mittlerer Hitze etwa 10 Minuten unter Rühren goldbraun rösten.

2. Den Wirsing putzen und den mittleren Strunk keilförmig herausschneiden. Den Wirsing vierteln, grob zerkleinern und in kochendem Salzwasser in etwa 5 Minuten weich kochen.

3. Den garen Wirsing in ein Sieb geben, mit kaltem Wasser abschrecken und gut abtropfen lassen oder trocken tupfen. Anschließend mit den Händen kräftig ausdrücken, er soll so trocken wie möglich sein.

4. Die restlichen Zwiebeln abziehen und klein würfeln. Restliche Butter in einer Pfanne zerlassen. Die Zwiebelwürfel darin kräftig andünsten. Brot zuerst in etwa 2 cm dicke Scheiben, dann in etwa 2 cm große Würfel schneiden.

5. Die Milch erhitzen. Brot-, Zwiebelwürfel, Milch, Eier, Mett, Wirsing, Salz, Pfeffer und Muskat in einer Schüssel gut verkneten und etwa 10 Minuten quellen lassen.

6. Aus der Knödelmasse mit angefeuchteten Händen 12 glatte Knödel formen. Wasser in einem großen Topf zum Kochen bringen, dann Salz hinzufügen. Die Knödel in das kochende Salzwasser geben und bei schwacher Hitze etwa 15 Minuten gar ziehen lassen (das Wasser darf sich nur leicht bewegen).

7. In der Zwischenzeit den Meerrettich schälen, abspülen, trocken tupfen und fein reiben. Schnittlauch abspülen, trocken tupfen und in Röllchen schneiden. Die Zwiebelbutter nochmals erwärmen.

8. Die Knödel mit einer Schaumkelle aus dem Topf nehmen, gut abtropfen lassen und auf vorgewärmten Tellern verteilen. Die Knödel mit der Zwiebelschmelze beträufeln, mit Schnittlauchröllchen und Meerrettich bestreuen.

Tipp: Dazu passt ein grüner Salat.

Zucchiniauflauf mit süßsaurer Sauce I

Preiswert – mit Alkohol

4 Portionen

Pro Portion: E: 30 g, F: 46 g, Kh: 7 g, kJ: 2434, kcal: 582, BE: 0,0

500 g Zucchini
2 EL Speiseöl
Salz
gem. Pfeffer
2 Knoblauchzehen
1 EL Weißweinessig
125 ml Weißwein
250 g Tomaten
125 g Schlagsahne
½ TL gem. Ingwer
100 g ger. Gouda
1 Zwiebel
400 g Gehacktes (halb Rind-, halb Schweinefleisch)
1 Ei (Größe M)
20 g Butter

Zubereitungszeit: 60 Minuten, ohne Abkühlzeit
Garzeit: etwa 30 Minuten

1. Zucchini abspülen, abtrocknen und die Enden abschneiden. Zucchini in Scheiben schneiden. Speiseöl in einer großen Pfanne erhitzen. Die Zucchinischeiben darin kurz von beiden Seiten anbraten, mit Salz und Pfeffer würzen.

2. Knoblauch abziehen, durch eine Knoblauchpresse drücken und auf den Zucchinischeiben verteilen. Den Essig und Wein hinzugießen und aufkochen lassen. Zucchinischeiben aus der Pfanne nehmen. Pfanne mit dem Sud beiseitestellen.

3. Den Backofen vorheizen.
Ober-/Unterhitze: etwa 180 °C
Heißluft: etwa 160 °C

4. Die Tomaten kreuzweise einschneiden und mit kochendem Wasser übergießen. Nach 1–2 Minuten herausnehmen und mit kaltem Wasser abschrecken. Tomaten häuten, halbieren und die Stängelansätze herausschneiden. Tomaten entkernen und in Würfel schneiden.

5. Die Sahne mit Ingwer verrühren, mit den Tomatenwürfeln zu dem Zucchinisud in die Pfanne geben und etwas einkochen lassen. Die Sauce etwas abkühlen lassen, dann Käse unterrühren.

6. Zwiebel abziehen und in kleine Würfel schneiden. Gehacktes in eine Schüssel geben. Zwiebelwürfel und Ei hinzugeben und zu einem Fleischteig verkneten, mit Salz und Pfeffer würzen.

7. Die Zucchinischeiben abwechselnd mit dem Hackfleischteig und etwas Tomaten-Käse-Sauce in eine Auflaufform (gefettet) schichten. Die oberste Schicht sollte aus Zucchinischeiben bestehen (Zucchinischeiben nach Belieben dachziegelartig anordnen). Restliche Tomaten-Käse-Sauce darauf verteilen und Butter in Flöckchen daraufsetzen.

8. Die Form auf dem Rost in den vorgeheizten Backofen schieben. Den Auflauf **etwa 30 Minuten garen.**

Beilage: Ofenfrisches Baguette.

Tipps: Die Zucchini sollten möglichst klein sein, da sie zarter sind und weniger Kerne enthalten. Zucchini werden nicht geschält.

Zwiebelmett-Pizza I

Einfach

4 Portionen

Pro Portion: E: 38 g, F: 35 g, Kh: 67 g, kJ: 3097, kcal: 740, BE: 5,5

Für den Teig:

300 g Weizenmehl
1 gestr. TL Salz
1 TL Zucker
175 g Milch (3,5 % Fett)

Für den Belag:

400 g stückige Tomaten (aus der Dose)
Salz
frisch gem. schwarzer Pfeffer
Zucker
2 EL Olivenöl
400 g Zwiebelmett
200 g ger. Gouda oder Mozzarella oder Pizza-Käse
1 mittelgroße Zwiebel
12 Stängel Thymian

Zubereitungszeit: 25 Minuten
Backzeit: etwa 12 Minuten je Backblech

1. Für den Teig das Mehl in eine Rührschüssel geben. Salz, Zucker und Milch hinzugeben. Die Zutaten mit einem Mixer (Knethaken) zunächst kurz auf niedrigster, dann auf höchster Stufe zu einem glatten Teig verarbeiten. Den Teig kurz ruhen lassen.

2. Für den Belag stückige Tomaten in einem Sieb kurz abtropfen lassen. Anschließend mit einem Pürierstab pürieren. Die Tomatensauce mit Salz, Pfeffer, 1 Prise Zucker und Olivenöl abschmecken.

3. Den Backofen vorheizen.
Ober-/Unterhitze: etwa 220 °C
Heißluft: etwa 200 °C

4. Den Teig in 4 gleich große Portionen teilen und auf einer leicht bemehlten Arbeitsfläche zu je einem flachen, runden Fladen ausrollen. Jeweils 2 Fladen auf ein Backblech (mit Backpapier belegt) legen.

5. Die Teigfladen mit der Tomatensauce bestreichen. Zwiebelmett aus der Haut drücken, mit den Händen in kleine Stücke zupfen und auf der Tomatensauce verteilen. Mit Käse bestreuen. Die Zwiebel abziehen, in Streifen schneiden und auf die Pizzen legen.

6. Die Backbleche nacheinander (bei Heißluft zusammen) in den vorgeheizten Backofen schieben. Die Pizzen **etwa 12 Minuten je Backblech knusprig braun backen.**

7. In der Zwischenzeit Thymian abspülen und trocken tupfen. Die Thymianstängel nach etwa 10 Minuten Backzeit auf den Pizzen verteilen und die Pizzen fertig backen.

8. Die Pizzen vom Backpapier lösen und auf Pizzatellern verteilen. Die Pizzen mit Pfeffer bestreuen. Sofort servieren.

Tipps: Die Zwiebelmett-Pizza mit frisch gezapftem Bier oder leichtem Weißwein servieren. 1 Teelöffel abgetropfte Kapern nach den Zwiebelstreifen auf der Pizza verteilt, erhöht den „lecker" Effekt. Sie können auch einen fertigen Pizzateig (aus dem Kühlregal) verwenden.

Abwandlung: Anstelle der Tomatensauce einfach 300 g Crème fraîche mit Salz und Pfeffer abschmecken, auf den ausgerollten Teigfladen verteilen und die Pizzen wie ab Punkt 5 beschrieben weiter zubereiten.

Allerlei Geformtes

Asiatische Hackbällchen . . . 9
Beefsteak, deutsches . . . 41
Buletten (Frikadellen, Fleischpflanzl) . . . 49
Cevapcici . . . 30
Cevapcicispieße . . . 31
Cheeseburger . . . 32
Chinesische Hackbällchen . . . 98
Chorizo-Hack-Spieße mit Gazpacho-Salat . . 36
Currybuletten . . . 39
Deutsche Hacksteaks à la Mayer . . . 40
Deutsches Beefsteak . . . 41
Farmersteak . . . 42
Fleischbällchen, gefüllte . . . 66
Fleischklößchen auf syrische Art . . . 46
Fleischklößchen mit Roquefortfüllung . . . 47
Fleischpflanzl (Buletten, Frikadellen) . . . 49
Friesische Hackbällchen . . . 48
Frikadellen (Buletten, Fleischpflanzl) . . . 49
Frikadellen im Ciabatta-Brötchen . . . 50
Frikadellen in Pilz-Zwiebel-Sauce . . . 51
Frikadellen, kleine . . . 159
Frikadellen mit Käsehaube . . . 52
Geflügelburger . . . 58
Geflügelfrikadellen auf buntem Paprikasalat . . . 59
Geflügelklößchen mit Zuckerschoten . . . 62
Gefüllte Fleischbällchen . . . 66
Gefüllte Hackbällchen als Fondue . . . 67
Gefüllte Hacktaler . . . 68
Grünkern-Lamm-Hacksteaks . . . 89
Gundermannbuletten . . . 90
Hackbällchen als Fondue, gefüllte . . . 67
Hackbällchen, asiatische . . . 9
Hackbällchen auf Pumpernickel, kleine . . . 160
Hackbällchen, chinesische . . . 98
Hackbällchen, friesische . . . 48
Hackbällchen in Kräutersahne . . . 95
Hackbällchen, italienische . . . 100
Hackbällchen mit Gorgonzolafüllung . . . 100
Hackbällchen mit Kräuterreis . . . 96
Hackbällchenplatte . . . 98
Hackfleisch-Feta-Fondue . . . 111
Hackröllchen auf Zitronengrasspießen . . . 127
Hackröllchen mit Minze . . . 128
Hackspieße mit Joghurtsauce . . . 131
Hacksteaks à la Mayer, deutsche . . . 40
Hacktaler, gefüllte . . . 68
Hack-Tomaten-Bällchen . . . 139
Italienische Hackbällchen . . . 100
Jerk-Patties mit Calypsosalat, karibische . . . 150
Kapernklöße in pikanter Nudelsauce . . . 149
Karibische Jerk-Patties mit Calypsosalat . . . 150
Kleine Frikadellen . . . 159
Kleine Hackbällchen auf Pumpernickel . . . 160
Köttbullar, schwedische . . . 251
Kräuter-Quark-Frikadellen . . . 165
Lammbällchen mit Auberginenpüree . . . 169
Lammbällchen mit Joghurt-Tomaten-Gurkensalat . . . 170
Lamm-Chevapcici . . . 98
Lamm-Köfte mit gebratenem Spitzpaprika . . . 181
Majoran-Hackbällchen auf Gemüsestreifen . 191
Mini-Burger „Madras“ . . . 201
Pilzfrikadellen, ungarische . . . 271
Rinderhack-Zitronengras-Spieße, scharfe . . . 247
Scharfe Rinderhack-Zitronengras-Spieße . . . 247
Schwedische Köttbullar . . . 251
Scotch eggs goes to Bollywood . . . 252
Tomatenhacksteaks . . . 270
Ungarische Pilzfrikadellen . . . 271
Wildfrikadellen mit Gewürzbrot . . . 274

Braten

Amerikanischer Hackbraten . . . 6
Bayerischer Krautbraten . . . 17
Bunter Hackbraten . . . 24
Gefüllter Rollbraten . . . 76
Griechischer Hackbraten . . . 85
Hackbraten, amerikanischer . . . 6
Hackbraten auf Kartoffelgratin . . . 101
Hackbraten, bunter . . . 24
Hackbraten „Falscher Hase“ . . . 102
Hackbraten, griechischer . . . 85
Hackbraten in Burgundersauce . . . 103
Hackbraten, italienischer . . . 145
Hackbraten mit grünem Pfeffer und Möhren . . . 104

Hackbraten mit Kürbiskernen 106
Hackbraten mit Püree und Porreegemüse . . 107
Hackbraten mit Quark 108
Hackbraten mit Schafskäse 107
Hackbraten, portugiesischer 233
Hackbraten vom Blech 109
Italienischer Hackbraten 145
Krautbraten, bayerischer 17
Lammhackbraten auf dem Gemüsebett 174
Lammhackbraten mit
Bohnen-Tomaten-Gemüse 175
Lammhackbraten mit Zaziki 177
Portugiesischer Hackbraten 233
Räuberbraten mit Steckrüben 234
Räuberhackbraten 235
Rollbraten, gefüllter 76

Aus dem Ofen

Ananas-Hack-Kuchen 8
Asiatische Hackpizza 11
Auberginen-Hackfleisch-Gratin 12
Badischer Nudeltraum 13
Bandnudelauflauf mit Hack 14
Bauernpastete 16
Berliner-Buletten-Auflauf 18
Bunte Hackpizza 23
Cannelloni mit Zucchini-Mett-Füllung,
gratinierte 81
Cannelloni Rosanella 27
Frikadellen, russische 238
Gratinierte Cannelloni mit
Zucchini-Mett-Füllung 81
Griechischer Nudelauflauf 86
Hack-Auberginen-Auflauf 92
Hackauflauf mit Möhren und Blumenkohl . . . 93
Hackauflauf, orientalischer 215
Hackfleischtorte 113
Hack-Gemüse-Auflauf 114
Hacknester 121
Hackpizza 122
Hackpizza, asiatische 11
Hackpizza, bunte 23
Hackpizza, orientalische 213
Hackpizza „Tex-Mex“ 123
Hack-Reis-Auflauf 126
Hack-Steinpilz-Quiche mit Dill 132
Hack-Tomaten-Auflauf 138
Hacktorte, orientalische 214
Hack-Zucchini-Involtini aus dem Ofen 141
Jägerbällchen 146
Kartoffelauflauf mit Hack und Porree 152
Kartoffel-Hack-Pizza 153
Kohlrabi-Hack-Auflauf 161
Kreolischer Lammhack-Kartoffel-Auflauf . . . 166
Lammbällchen aus dem Ofen, sardische . . . 240
Lammhack-Kartoffel-Auflauf,
kreolischer 166
Lammhack-Kuchen 178
Lasagne, klassisch 182
Lasagne mit Lammhack und Schafskäse . . . 185
Maultaschenauflauf 194
Mettkuchen 197
Mettpizza 198
Minifrikadellen-Auflauf 204
Minipizzen mit Hack 205
Moussaka 206
Nudelauflauf, griechischer 86
Nudel-Mett-Auflauf 207
Nudeln mit Lammhack auf maurische Art . . . 209
Nudeltraum, badischer 13
Orientalische Hackpizza 213
Orientalische Hacktorte 214
Orientalischer Hackauflauf 215
Paprika-Lasagne 222
Pfannkuchentorte mit Blumenkohl 226
Pizza mit Zwiebelmett und Schnittlauch 231
Russische Frikadellen 238
Sardische Lammbällchen aus dem Ofen . . . 240
Shepherd's Pie 254
Sweet-Potatoe-Top-Pie 265
Weiße-Bohnen-Hackauflauf 273
Zucchiniauflauf mit süßsaurer Sauce 279
Zwiebelmett-Pizza 280

Allerlei Gefülltes

Barbecue-Hack-Wraps 15
Blätterteigecken mit Hackfüllung 19
Cannelloni Rosanella 27

Chicoréehälften, gefüllte 65
Crêpes-Taschen mit Zwiebel-Mett-Füllung 38
Fleischbällchen, gefüllte 66
Gedämpfte Geflügel-Momos 57
Geflügel-Fritters in Tempura auf knackigem Gemüse 60
Geflügel-Momos, gedämpfte 57
Gefüllte Chicoréehälften 65
Gefüllte Kohlblätter 71
Gefüllte Kohlrabi 72
Gefüllte Paprikaschoten und Auberginen 73
Gefüllte Schmorgurken 74
Gefüllte Spitzkohlblätter 75
Gefüllter Kürbis 168
Gefüllter Rollbraten 76
Gemischte gefüllte Gemüse 78
Gemüse, gemischte gefüllte 78
Hack-Kartoffel-Röllchen 117
Hack-Käse-Strudel 118
Hackstrudel 135
Hacktaschen 137
Käse-Hack-Rouladen 156
Kohlblätter, gefüllte 71
Kohlrabi, gefüllte 72
Kohlrouladen 163
Kürbis, gefüllt 168
Lammhack-Pastilla, marokkanische 192
Marokkanische Lammhack-Pastilla 192
Nudeltaschen mit Lammhack 210
Paprika mit Hackfüllung 216
Paprikaschoten, gefüllt 223
Paprikaschoten und Auberginen, gefüllte 73
Rollbraten, gefüllter 76
Schmorgurken, gefüllte 74
Schmorgurken mit Geflügelhack 250
Spitzkohlblätter, gefüllte 75

Suppen und Eintöpfe

Bohnensuppe „Cevapcici" 20
Bohnensuppe, scharfe 244
Bratwurstklößchensuppe 21
Brühkartoffeln mit Hähnchenfleisch und Fleischklößchen 22
Bunter Hackeintopf 25
Bunter Paprika-Nudel-Eintopf 26
Chili con Carne 33
Chinakohleintopf mit Hack 34
Chinesische Gemüsesuppe mit Hackbällchen 35
Feuerbohnentopf 43
Frikadellentopf 53
Gehacktes-Porree-Topf 77
Gemüseeintopf mit Mettklößchen 79
Gemüse-Hack-Eintopf, süßsaurer 262
Gemüsesuppe mit Hackbällchen, chinesische 35
Graupeneintopf mit Geflügelklößchen 82
Hackbällchen in Bohnenragout 94
Hackeintopf, bunter 25
Hack-Pot-Pie 124
Hacksuppe, süßsaure 262
Hack-Tandoori-Suppe 136
Hacktopf, russischer 239
Indisches Linsencurry mit Geflügelhack-Klößchen 142
Linsencurry mit Geflügelhack-Klößchen, indisches 142
Kartoffelsuppe mit Hackbällchen 155
Käse-Porree-Suppe 158
Kidneybohnensuppe „Nevada", scharfe 244
Kohlrabitopf mit Bratwurstklößchen 162
Königsberger Klopse 164
Lammbällchen-Tajine 173
Leipziger Allerlei mit Kalbshackbällchen 186
Maissuppe mit Hack und Tomaten 188
Mettbällchen mit Wirsing-Möhren-Gemüse 196
Paprikakraut-Topf 220
Paprika-Nudel-Eintopf, bunter 26
Porreecremesuppe mit Mett 232
Russischer Hacktopf 239
Scharfe Bohnensuppe 244
Scharfe Kidneybohnensuppe „Nevada" 244
Schichtmittag 249
Spargel-Kerbel-Suppe mit Hackklößchen 259
Spitzkohleintopf mit Fleischklößchen 261
Süßsaure Hacksuppe 262
Süßsaurer Gemüse-Hack-Eintopf 262

Tatar-Schinken-Klößchen in Pfifferlingsrahm . . . 268
Weiße-Bohnen-Suppe mit Hack . . . 273

Snacks und Salate

Barbecue-Hack-Wraps . . . 15
Blätterteigecken mit Hackfüllung . . . 19
Buletten (Frikadellen, Fleischpflanzl) . . . 49
„Club-Sandwich" mit Geflügelhack, gebratenes . . . 54
Currybuletten . . . 39
Fit-Brötchen . . . 44
Fleischpflanzl (Buletten, Frikadellen) . . . 49
Frikadellen (Buletten, Fleischpflanzl) . . . 49
Gebratenes „Club-Sandwich" mit Geflügelhack . . . 54
Gefüllte Brötchen . . . 63
Glasnudelsalat mit geröstetem Hackfleisch . . . 80
Hackbällchen-Pilz-Salat . . . 97
Hackröllchen mit Minze . . . 128
Hackspieße mit Joghurtsauce . . . 131
Kroepoek-Häppchen, pikante . . . 228
Mini-Burger „Madras" . . . 201
Pasta-Frikadellen-Salat . . . 224
Pikante Kroepoek-Häppchen . . . 228
Pizza mit Zwiebelmett und Schnittlauch . . . 231
Reisnudelsalat mit Hackbällchen und Tomatensauce . . . 236
Scharfer Tortellonisalat . . . 248
Scotch eggs goes to Bollywood . . . 252
Tacos mit Hackfüllung . . . 266
Tortellonisalat, scharfer . . . 248

Saucen und Hackpfannen

Fleischbällchen in Mischgemüse . . . 45
Grüne Spaghetti in Gemüse-Hack-Sauce . . . 88
Hackfleischeier . . . 110
Hack-Gemüse-Pfanne . . . 116
Hackklößchen in Tomatensauce . . . 119
Hackröllchen-Bohnen-Pfanne . . . 129
Hacksauce „Jägerart" . . . 130
Minifrikadellen à la Coq au vin . . . 202
Paprikagemüse mit Hack . . . 217
Paprika-Hack-Pfanne . . . 219
Paprikareis mit Mettküchlein . . . 219
Penne mit Wirsingsauce und Mettbällchen . . . 225
Spaghetti alla bolognese . . . 255
Spaghetti alla Norma mit Polpettini . . . 256
Spaghetti mit Tomaten-Fleisch-Sauce . . . 258
Spätzle mit Lamm-Sugo . . . 260

Für Kinder

Badischer Nudeltraum . . . 13
Bunter Paprika-Nudel-Eintopf . . . 26
Cannelloni mit Zucchini-Mett-Füllung, gratinierte . . . 81
Cheeseburger . . . 32
Fleischbällchen in Mischgemüse . . . 45
Geflügelburger . . . 58
Gratinierte Cannelloni mit Zucchini-Mett-Füllung . . . 81
Hackauflauf mit Möhren und Blumenkohl . . . 93
Hackbällchen in Kräutersahne . . . 95
Hackbraten mit Püree und Porreegemüse . . . 107
Hackfleischeier . . . 110
Hackfleischtorte . . . 113
Kartoffelsuppe mit Hackbällchen . . . 155
Kohlrabitopf mit Bratwurstklößchen . . . 162
Köttbullar, schwedische . . . 251
Lasagne, klassisch . . . 182
Maissuppe mit Hack und Tomaten . . . 188
Nudel-Mett-Auflauf . . . 207
Nudeltraum, badischer . . . 13
Paprika-Nudel-Eintopf, bunter . . . 26
Schwedische Köttbullar . . . 251
Spaghetti alla bolognese . . . 255

Für Gäste

Amerikanischer Hackbraten . . . 6
Ananas-Hack-Kuchen . . . 8
Berliner-Buletten-Auflauf . . . 18
Blätterteigecken mit Hackfüllung . . . 19
Bunter Hackbraten . . . 24
Carne cruda . . . 28
Carne cruda alla piemontese . . . 28
Chicoréehälften, gefüllte . . . 65

Chinesische Gemüsesuppe mit Hackbällchen . . . 35
Chinesische Hackbällchen . . . 98
Chorizo-Hack-Spieße mit Gazpacho-Salat . . 36
„Club-Sandwich“ mit Geflügelhack, gebratenes . . . 54
Crêpes-Taschen mit Zwiebel-Mett-Füllung . . . 38
Fleischbällchen, gefüllte . . . 66
Frikadellen im Ciabatta-Brötchen . . . 50
Frikadellentopf . . . 53
Gebratenes „Club-Sandwich“ mit Geflügelhack . . . 54
Gefüllte Chicoréehälften . . . 65
Gefüllte Fleischbällchen . . . 66
Gefüllte Hackbällchen als Fondue . . . 67
Gefüllte Hacktaler . . . 68
Gefüllter Rollbraten . . . 76
Gemüsesuppe mit Hackbällchen, chinesische . . . 35
Griechischer Hackbraten . . . 85
Griechischer Nudelauflauf . . . 86
Hackbällchen als Fondue, gefüllte . . . 67
Hackbällchen auf Pumpernickel, kleine . . . 160
Hackbällchen, chinesische . . . 98
Hackbällchen, italienische . . . 100
Hackbällchen mit Gorgonzolasauce . . . 100
Hackbällchenplatte . . . 98
Hackbraten, amerikanischer . . . 6
Hackbraten, bunter . . . 24
Hackbraten, griechischer . . . 85
Hackbraten, italienischer . . . 145
Hackbraten mit Kürbiskernen . . . 106
Hackbraten mit Quark . . . 108
Hackbraten vom Blech . . . 109
Hackfleisch-Feta-Fondue . . . 111
Hack-Käse-Strudel . . . 118
Hacknester . . . 121
Hackpizza, orientalische . . . 213
Hackpizza „Tex-Mex“ . . . 123
Hackstrudel . . . 135
Hacksuppe, süßsaure . . . 262
Hacktaler, gefüllte . . . 68
Hack-Tomaten-Bällchen . . . 139
Hack-Zucchini-Involtini aus dem Ofen . . . 141
Indisches Linsencurry mit Geflügelhack-Klößchen . . . 142
Italienische Hackbällchen . . . 100
Italienischer Hackbraten . . . 145
Jägerbällchen . . . 146
Jerk-Patties mit Calypsosalat, karibische . . . 150
Karibische Jerk-Patties mit Calypsosalat . . . 150
Kleine Hackbällchen auf Pumpernickel . . . 160
Kräuter-Quark-Frikadellen . . . 165
Kroepoek-Häppchen, pikante . . . 228
Linsencurry mit Geflügelhack-Klößchen, indisches . . . 142
Lammbällchen mit Auberginenpüree . . . 169
Lammbällchen mit Joghurt-Tomaten-Gurkensalat . . . 170
Lamm-Chevapcici . . . 98
Lammhackbraten mit Zaziki . . . 177
Lammhack-Kuchen . . . 178
Lasagne mit Lammhack und Schafskäse . . . 185
Leipziger Allerlei mit Kalbshackbällchen . . . 186
Mettbällchen mit Wirsing-Möhren-Gemüse . . . 196
Mettpizza . . . 198
Minipizzen mit Hack . . . 205
Nudelauflauf, griechischer . . . 86
Orientalische Hackpizza . . . 213
Paprika-Lasagne . . . 222
Pasta-Frikadellen-Salat . . . 224
Pikante Kroepoek-Häppchen . . . 228
Rollbraten, gefüllter . . . 76
Sauerkraut-Mett-Puffer . . . 243
Scharfer Tortellonisalat . . . 248
Spargel-Kerbel-Suppe mit Hackklößchen . . . 259
Süßsaure Hacksuppe . . . 262
Tacos mit Hackfüllung . . . 266
Tatar-Häppchen . . . 267
Tatar-Häppchen, klassisch . . . 268
Tortellonisalat, scharfer . . . 248
Wirsing-Mett-Knödel mit Zwiebelschmelze . . 276

Aus aller Welt

Amerikanischer Hackbraten . . . 6
Asiatische Hackbällchen . . . 9
Asiatische Hackpizza . . . 11

Carne cruda . . . 28
Carne cruda alla piemontese . . . 28
Cevapcici . . . 30
Cevapcicispieße . . . 31
Cheeseburger . . . 32
Chili con Carne . . . 33
Chinesische Gemüsesuppe mit Hackbällchen . . . 35
Fleischklößchen auf syrische Art . . . 46
Frikadellen, russische . . . 238
Gedämpfte Geflügel-Momos . . . 57
Geflügel-Fritters in Tempura auf knackigem Gemüse . . . 60
Geflügel-Momos, gedämpfte . . . 57
Gemüsesuppe mit Hackbällchen, chinesische . . . 35
Griechischer Hackbraten . . . 85
Griechischer Nudelauflauf . . . 86
Hackauflauf, orientalischer . . . 215
Hackbällchen, asiatische . . . 9
Hackbraten, amerikanischer . . . 6
Hackbraten, griechischer . . . 85
Hackbraten, italienischer . . . 145
Hackbraten, portugiesischer . . . 233
Hackpizza, asiatische . . . 11
Hackpizza, orientalische . . . 213
Hack-Pot-Pie . . . 124
Hack-Tandoori-Suppe . . . 136
Hacktopf, russischer . . . 239
Hacktorte, orientalische . . . 214
Hack-Zucchini-Involtini aus dem Ofen . . . 141
Indisches Linsencurry mit Geflügelhack-Klößchen . . . 142
Italienischer Hackbraten . . . 145
Jerk-Patties mit Calypsosalat, karibische . . . 150
Karibische Jerk-Patties mit Calypsosalat . . . 150
Köttbullar, schwedische . . . 251
Kreolischer Lammhack-Kartoffel-Auflauf . . . 166
Kroepoek-Häppchen, pikante . . . 228
Lammbällchen aus dem Ofen, sardische . . . 240
Lammbällchen-Tajine . . . 173
Lammhack-Kartoffel-Auflauf, kreolischer . . . 166
Lammhack-Pastilla, marokkanische . . . 192
Lamm-Köfte mit gebratenem Spitzpaprika . . . 181
Lasagne, klassisch . . . 182
Linsencurry mit Geflügelhack-Klößchen, indisches . . . 142
Marokkanische Lammhack-Pastilla . . . 192
Mini-Burger „Madras“ . . . 201
Minifrikadellen à la Coq au vin . . . 202
Moussaka . . . 206
Nudelauflauf, griechischer . . . 86
Nudeln mit Lammhack auf maurische Art . . . 209
Orientalische Hackpizza . . . 213
Orientalische Hacktorte . . . 214
Orientalischer Hackauflauf . . . 215
Pikante Kroepoek-Häppchen . . . 228
Pilzfrikadellen, ungarische . . . 271
Portugiesischer Hackbraten . . . 233
Rinderhack-Zitronengras-Spieße, scharfe . . . 247
Russische Frikadellen . . . 238
Russischer Hacktopf . . . 239
Sardische Lammbällchen aus dem Ofen . . . 240
Scharfe Rinderhack-Zitronengras-Spieße . . . 247
Schwedische Köttbullar . . . 251
Scotch eggs goes to Bollywood . . . 252
Shepherd's Pie . . . 254
Spaghetti alla bolognese . . . 255
Spaghetti alla Norma mit Polpettini . . . 256
Sweet-Potatoe-Top-Pie . . . 265
Ungarische Pilzfrikadellen . . . 271

Beilagen

Aprikosensauce mit Curry . . . 201
Joghurtsauce, türkische . . . 201
Knoblauch-Mayonnaise . . . 128
Kräuterquark . . . 90
Möhrengemüse . . . 108
Perperoni-Sauce . . . 201
Tomatenreis . . . 238
Tomatensauce . . . 17
Türkische Joghurtsauce . . . 201

Für Fragen, Vorschläge oder Anregungen stehen Ihnen der Verbraucherservice der Dr. Oetker Versuchsküche Telefon: 00800 71 72 73 74 Mo.–Fr. 8:00–18:00 Uhr, Sa. 9:00–15:00 Uhr (gebührenfrei in Deutschland) oder die Mitarbeiter des Dr. Oetker Verlages Telefon: +49 (0) 521 520650 Mo.–Fr. 9:00–15:00 Uhr zur Verfügung.

Oder schreiben Sie uns: Dr. Oetker Verlag KG, Am Bach 11, 33602 Bielefeld oder besuchen Sie uns im Internet unter www.oetker-verlag.de, www.facebook.com/Dr.OetkerVerlag oder www.oetker.de

Umwelthinweis Dieses Buch und der Einband wurden auf chlorfrei gebleichtem Papier gedruckt. Die Einschrumpffolie – zum Schutz vor Verschmutzung – ist aus umweltfreundlichem und recyclingfähigem PE-Material.

Redaktion Carola Reich, Annette Riesenberg

Innenfotos Walter Cimbal, Hamburg (S. 44, 80)
Thomas Diercks, Kai Boxhammer, Christiane Krüger, Hamburg (S. 5, 15, 17, 22, 32, 38, 45, 48, 51, 53, 58, 59, 62, 66, 69, 71, 72, 73, 74, 76, 78, 84, 87, 88, 91, 101, 103, 109, 122, 126, 127, 129, 144, 153, 158, 160, 162, 163, 164, 165, 168, 182, 184, 187, 190, 197, 200, 206, 207, 211, 215, 217, 237, 255, 267, 275)
Ulli Hartmann, Halle/ Westf. (S. 8, 12, 14, 18, 23, 27, 34, 41, 46, 52, 63, 65, 68, 70, 75, 77, 79, 82, 89, 102, 113, 115, 116, 130, 131, 138, 139, 146, 147, 152, 154, 155, 159, 166, 169, 176, 178, 179, 188, 191, 205, 209, 223, 244, 249, 250, 263, 271)
Bela Hoche, Hamburg (S. 157, 238)
Ulrich Kopp, Sindelfingen (S. 26, 107, 227, 261, 266)
Bernd Lippert (S. 90, 98, 100, 118, 119, 240, 243)
Herbert Maas, Hamburg (S. 259)
Jane Peters, Hamburg (S. 9, 29, 33, 37, 39, 49, 55, 56, 61, 64, 83, 112, 120, 125, 133, 134, 140, 143, 151, 167, 172, 180, 193, 203, 208, 218, 221, 230, 241, 242, 245, 246, 253, 254, 257, 264, 269, 272, 277, 281)
Antje Plewinski, Berlin (S. 19, 94, 108, 111, 145, 174, 175, 182, 183, 234, 251)
Christiane Pries, Borgholzhausen (S. 20, 30)
Hans-Joachim Schmidt, Hamburg (S. 10, 24, 81, 92, 96, 106, 123, 161, 171, 189, 199, 204, 212, 214, 224, 225, 229, 232, 248, 260)
Axel Struwe, Bielefeld (S. 50, 128, 252)
Norbert Toelle, Bielefeld (S. 8, 21, 25, 35, 40, 42, 47, 54, 105, 110, 117, 196, 219, 220, 228, 235, 239, 258)
Brigitte Wegner, Bielefeld (S. 16, 31, 43, 67, 95, 97, 99, 142, 149, 170, 177, 181, 195, 216, 222, 233, 265, 270, 276, 278, 279)
Winkler-Studios, Bremen (S. 136)
Bernd Wohlgemuth, Hamburg (S. 13, 93, 137, 148)

Lektorat no:vum, Susanne Noll, Leinfelden-Echterdingen

Nährwertberechnungen Nutri Service, Hennef

Grafisches Konzept und Gestaltung MDH Haselhorst, Bielefeld
Titelgestaltung kontur:design GmbH, Bielefeld
Satz und Layout MDH Haselhorst, Bielefeld
Druck und Bindung Mohn Media Mohndruck GmbH, Gütersloh

ISBN: 978–3–7670–0778–9

NAYO

THE DARK SIDE OF ALL

J.A. KUNZ